Kompaktkurs VDHL
mit vielen anschaulischen Beispielen

von
Prof. Dr. Paul Molitor
Dr. Jörg Ritter

Oldenbourg Verlag München

Prof. Dr. Paul Molitor hat den Lehrstuhl für Technische Informatik der Martin-Luther-Universität Halle-Wittenberg inne.

Dr. Jörg Ritter ist wissenschaftlicher Mitarbeiter am Lehrstuhl für Technische Informatik an der Martin-Luther-Universität Halle-Wittenberg.

Bibliografische Information der Deutschen Nationalbibliothek

Die Deutsche Nationalbibliothek verzeichnet diese Publikation in der Deutschen Nationalbibliografie; detaillierte bibliografische Daten sind im Internet über http://dnb.d-nb.de abrufbar.

© 2013 Oldenbourg Wissenschaftsverlag GmbH
Rosenheimer Straße 145, D-81671 München
Telefon: (089) 45051-0
www.oldenbourg-verlag.de

Das Werk einschließlich aller Abbildungen ist urheberrechtlich geschützt. Jede Verwertung außerhalb der Grenzen des Urheberrechtsgesetzes ist ohne Zustimmung des Verlages unzulässig und strafbar. Das gilt insbesondere für Vervielfältigungen, Übersetzungen, Mikroverfilmungen und die Einspeicherung und Bearbeitung in elektronischen Systemen.

Lektorat: Johannes Breimeier
Herstellung: Tina Bonertz
Titelbild: shutterstock.com; Grafik: Irina Apetrei
Einbandgestaltung: hauser lacour
Gesamtherstellung: Grafik & Druck GmbH, München

Dieses Papier ist alterungsbeständig nach DIN/ISO 9706.

ISBN   978-3-486-71292-6
eISBN 978-3-486-71965-9

gewidmet unserem Lehrer

Herrn Prof. Dr. Dr. h. c. mult. Günter Hotz

Inhaltsverzeichnis

Einleitung		**1**

I	**VHDL-Crashkurs**		**7**
1	**Entwurf eines Morsecode-Detektors**		**11**
1.1	Schnittstelle des Morsecode-Detektors		13
1.2	Eine erste Realisierung des Morsecode-Detektors		17
1.2.1	Externer Taktgeber und der Taktteiler `clock_divider`		17
1.2.2	Der Baustein `press_duration`		20
1.2.3	Architektur des Bausteins `morse`		24
1.3	Verwendung endlicher Automaten		31
2	**VHDL – Ein Überblick**		**35**
2.1	Die verschiedenen Sichten in VHDL		35
2.1.1	Strukturelle Beschreibungen		35
2.1.2	Funktionale Beschreibungen		36
2.2	Simulation von VHDL-Beschreibungen		36
2.2.1	Signalwertzuweisungen und Signalaktualisierungen		38
2.2.2	Modellierung des Zeitverhaltens von Bausteinen		39
2.2.3	Ausführung eines Prozesses		47
2.2.4	Initialisierungsphase		49
2.2.5	Aktualisierungsphase		50
2.2.6	Ausführungsphase		52
2.2.7	Stoppregeln		52
2.2.8	Auswirkungen der Semantik von VHDL		52
3	**Aufbau und Grundkonzepte von VHDL**		**55**
3.1	Genereller Aufbau einer VHDL-Spezifikation		55
3.1.1	Schnittstellenbeschreibung eines Bausteins		55
3.1.2	Architekturen eines Bausteins		60
3.1.3	Konfigurationen		67
3.2	Variablen, Signale und Konstanten		71
3.2.1	Deklaration von Variablen, Signalen und Konstanten		71

3.2.2	Variablen- und Signalzuweisungen	72
3.2.3	Signalbasierte Attribute	72
3.3	Datentypen und Subtypen	73
3.3.1	Skalare Datentypen	75
3.3.2	Zusammengesetzte Datentypen	82
3.3.3	Zeiger in VHDL	91
3.3.4	Das Datei-Konzept	93
3.4	Sequentielle Anweisungen und Kontrollstrukturen	95
3.4.1	Bedingte Verzweigungen und Fallunterscheidungen	96
3.4.2	Schleifen	99
3.4.3	Weitere Anweisungen	102
3.4.4	Funktionen und Prozeduren	105
3.5	Nebenläufige Anweisungen und Konstrukte	105
3.5.1	Die nebenläufige `assert`-Anweisung	105
3.5.2	Die nebenläufigen Signalzuweisungen	106
3.6	Attribute	107
3.6.1	Selbstdefinierte Attribute	107
3.6.2	Vordefinierte Attribute	108

II Bibliotheken und Packages 109

4 Funktionen und Prozeduren 113

4.1	Funktionen	113
4.1.1	Funktionen mit unbeschränkten formalen Parametern	114
4.1.2	Funktionen mit unterbestimmten Ausgabetyp	116
4.1.3	Überladen von Funktionen	116
4.1.4	„Saubere" und „unreine" Funktionen	117
4.2	Prozeduren	118

5 Packages 121

5.1	Erläuterungen an einem Beispiel	121
5.2	Das `standard`-Package	123
5.2.1	Vordefinierte skalare Datentypen	123
5.2.2	Vordefinierte physikalische Datentypen	126
5.2.3	Vordefinierte Subtypen, Felder und die Funktion `now`	127
5.2.4	Datentypen zum Arbeiten mit Dateien	128
5.3	Das IEEE Standard Logic Package	129
5.3.1	Der Datentyp `std_ulogic`	129
5.3.2	Der Subtyp `std_logic`	130
5.3.3	Weitere Subtypen von `std_ulogic`	132
5.3.4	Auf `std_ulogic` definierte logische Operatoren	132

5.3.5	Konvertierungsfunktionen	133
5.3.6	Detektion der Flanken auf Signalen	136
5.3.7	Sonstige Funktionen	136
5.4	Das `textio`-Package	137
5.4.1	Vordefinierte Datentypen	137
5.4.2	Ein- und Ausgabe-Prozeduren	139
5.5	Das `numeric_std`-Package	144
5.6	Generische Packages	144

III Beispielschaltungen   147

6 Addierer und Subtrahierer   151

6.1	Absorbierende, propagierende und generierende Blöcke	155
6.2	Das APG-Package	158
6.2.1	Die Deklaration	158
6.2.2	Die Implementierung	160
6.3	Allgemeiner Aufbau eines Addierers	161
6.4	Serielle Addierer	167
6.5	Schnelle Addierer nach dem Ladner/Fisher-Prinzip	169

7 Reaktionstest-Spiel   173

7.1	Die Spielbeschreibung	173
7.2	Syntheserichtlinien für synchrone sequentielle VHDL-Entwürfe	174
7.2.1	Synchrone flankengesteuerte Schaltungen	176
7.2.2	Synchrone phasengesteuerte Schaltungen	178
7.2.3	Tristate-Treiber	179
7.2.4	Direktiven zur selektiven Auswahl von VHDL-Code	179
7.3	VHDL-Beschreibung des Spiels	180
7.3.1	Variable Taktteilung	180
7.3.2	Generierung von Pseudo-Zufallszahlen	185
7.3.3	Veränderung der Geschwindigkeit des Lauflichtes	187
7.3.4	Ansteuerung der 7-Segment-Anzeigen	188
7.3.5	Ansteuerung der LED-Zeile und der *game over*-Behandlung	188
7.3.6	Die Gesamtschaltung	191

IV Validierung von VHDL-Beschreibungen 197

8 Testbenches für APG-Addierer 205
8.1 Vollständige Validierung eines Addierers 206
8.2 Validierung von Addierern bei großer Bitbreite 208
8.2.1 Stimuli, die ausgewählte Ereignisse im Baustein auslösen 209
8.2.2 Anlegen von Pseudo-Zufallszahlen 211

9 Testbenches für komplexe Entwürfe 213
9.1 Xilinx MicroBlaze und Multimedia Demonstration Board 213
9.2 Ansteuerung des Videocodierers ADV7194 214
9.2.1 Der I^2C-Bus 216
9.2.2 Der Baustein `i2cTop` zur Ansteuerung des I^2C-Busses 217
9.2.3 Eine einfache Testbench 224
9.2.4 Eine Testbench auf Kommandobasis 226
9.2.5 Eine Testbench mit Kommando-Interpreter 229
9.3 Dynamische Rekonfigurierung 232

V VHDL IEEE Std 1076-1993 243

10 Reservierte Wörter 245

11 Die formale Syntax 247
11.1 Verwendete Schreibweisen 247
11.2 Die Syntax 248

Literaturverzeichnis 265

Index 269

Einleitung

*Was sich überhaupt sagen lässt, lässt sich klar sagen;
und wovon man nicht reden kann, darüber muss man schweigen.*

[Ludwig Wittgenstein, *Tractatus Logico-Philosophicus*]

Die VHDL-Geschichte

Wofür steht die Abkürzung *VHDL*? Wie sich das für eine Hardwarebeschreibungssprache gehört, enthält das Kürzel *VHDL* die Teilfolge *HDL*, die für die englische Bezeichnung „Hardwarebeschreibungssprache", *Hardware Description Language*, steht. Bleibt also nur noch das *V* zu erklären. Auch hier gibt es eine einfache Erklärung. Das *V* steht für die Initiative, unter der diese Hardwarebeschreibungssprache entwickelt wurde, nämlich *VHSIC*. VHDL ist also eine Abkürzung für

Very High Speed Integrated Circuit (VHSIC) **H**ardware **D**escription **L**anguage.

Sie ist eine in den frühen 80er Jahren im Auftrag des Verteidigungsministeriums der Vereinigten Staaten von Amerika im Rahmen des *Very High Speed Integrated Circuits* Programms entwickelte Hardwarebeschreibungssprache. Auslöser dieser Initiative waren die immer kürzer werdende Lebensdauer von Hardware und die Kosten der in diesem Zusammenhang notwendigen Hardware-Weiterentwicklungen. Das Verhalten der einzelnen Komponenten einer Hardware waren, wenn überhaupt, nur unzureichend dokumentiert. Die einzelnen Komponenten waren in verschiedenen, in der Regel zueinander inkompatiblen Sprachen spezifiziert. Ähnliches galt für die Validierung der Komponenten, die auf eine Fülle verschiedener Werkzeuge zurückgriff.

Angestrebt wurde durch VHSIC eine Hardwarebeschreibungssprache, die es erlaubt, unabhängig von der verwendeten Technologie und Entwurfsmethodik, Schaltungen auf verschiedenen Abstraktionsebenen unter Verwendung verschiedener Sichten zu beschreiben und diese dann mit einem einzigen Simulator zu validieren.

Intermetrics Inc., *IBM* und *Texas Instruments* wurden 1983 mit der Entwicklung von VHDL beauftragt. Die von diesem Konsortium entwickelte Sprache lag 1985 unter der Bezeichnung VHDL 7.2 vor. Die Rechte an VHDL wurden 1986 an das IEEE (*Institute of Electrical and Electronics Engineers, Inc.*) [27] übertragen. Die Sprache VHDL wurde im Jahre 1987 als IEEE Standard 1076 von der IEEE standardisiert [28]. Wesentliche Überarbeitungen des Standards erfolgten in den Jahren 1993 [29] und 2008 [31]. Der VHDL Standard IEEE 1076-2008 wurde im Januar 2009 veröffentlicht.

Zur Genese des Buches

Das Buch als solches erschien erstmalig im Jahre 2004 bei *Pearson Education Deutschland GmbH* unter dem Titel *VHDL – Eine Einführung*. Insofern handelt es sich bei dem vorliegenden Buch de facto um eine 2. Auflage, wenngleich bei einem anderen Verlag, dem *Oldenbourg Wissenschaftsverlag München*, erschienen.

Wenn Sie die 2. Auflage unseres Buches mit der 1. Auflage vergleichen, werden Sie feststellen, dass wir sparsam mit Änderungen umgegangen sind. Wir haben einige wenige Fehler korrigiert, an der einen oder anderen Stelle versucht, die Sachverhalte verständlicher zu beschreiben, und sind, dort wo aus unserer Sicht nötig, auf die mit IEEE 1076-2008 [31] einhergehenden Erweiterungen eingegangen.

Warum dann überhaupt eine 2. Auflage?

Der Hauptgrund ist, dass die 1. Auflage seit 2010 vergriffen ist, aber an mehreren Hochschulen und Akademien nach unserem Lehrbuch in VHDL eingeführt wird. Nach unserem Kenntnisstand wurde bzw. wird das Lehrbuch insbesondere an den Universitäten Freiburg, Klagenfurt, Oldenburg und Stuttgart, den Hochschulen Niederrhein, Pforzheim und Wilhelmshaven, der Höheren Technischen Bundeslehr- und Versuchsanstalt Graz-Gösting und der Staatlichen Schule für Technik und Medien Hamburg verwendet.

In unserem Lehrbuch haben wir versucht, eine eher lockere Sprache zu verwenden. Es sollte trotz des trockenen zu vermittelnden Stoffes Spaß machen, das Buch zu lesen. Die Rezensionen, welche die 1. Auflage des Buches erhalten hat, lassen uns glauben, dieses Ziel annäherungsweise erreicht zu haben. So heißt es in einer dieser Rezensionen *„Es ist eigentlich kaum vorstellbar, ein amüsant zu lesendes Buch über VHDL zu schreiben. Und doch: Den Kollegen ist eben dies trefflich gelungen! Für alle Veranstaltungen zu empfehlen, in denen ein Überblick über VHDL gegeben wird."*.

Zum VHDL IEEE Standard 1076-2008

Die in 2008 erfolgte und in den IEEE Standard 1076-2008 übernommene Überarbeitung von VHDL betrifft, soweit es den Kern der Sprache angeht, nur recht wenige Konstrukte von VHDL in der Version von 1993. Hervorzuheben sind an erster Stelle die stark verbesserten Möglichkeiten in Bezug auf generische Spezifikationen. Zudem wurden die Regeln bezüglich der bisher sehr strengen Typisierung von VHDL gelockert, was die Arbeit mit unbeschränkten Feldern erleichtert. Der IEEE Standard 1164, der das Package `std_logic_1164` mit den Typen `std_ulogic`, `std_logic`, `std_ulogic_vector`, und `std_logic_vector` spezifiziert, und der IEEE Standard 1076.3, der die Packages `numeric_bit` und `numeric_std` enthält, wurden erweitert und direkt in VHDL-2008 aufgenommen. Zudem wurden die Möglichkeiten der Ein- und Ausgabe von VHDL stark verbessert, was insbesondere die Implementierung von Testbenches vereinfacht. Schlussendlich wurde die Syntax verschiedener Ausdrücke erweitert. Einige wenige neue Anweisungen wurden eingeführt, so zum Beispiel die `case?`-Anweisung, die Fallunterscheidungen mit so genannten don't cares erlaubt.

Wir beziehen uns auch in dieser neuen Auflage unseres Buches im Wesentlichen auf den VHDL IEEE Standard 1076-1993. Dies ist dadurch bedingt, dass auch zum heutigen Zeitpunkt kaum eine VHDL-Entwicklungsplattform den IEEE Standard 1076-2008 vollständig unterstützt. Die frei verfügbaren Plattformen *VHDL Simili* von *Symphony EDA* [49] und *ModelSim Altera Starter*

Edition [1] von *Mentor Graphics Corporation* [40] beispielsweise unterstützen VHDL-2008 bisher nicht oder nur zu einem geringen Teil. Wir werden auf einige, wenn auch nicht auf alle, der mit VHDL-2008 eingebrachten Erweiterungen jeweils kurz eingehen. Da VHDL-2008 durch die Plattformen noch nicht voll unterstützt wird, war es uns leider nicht immer möglich, die Korrektheit der im Buch angegebenen neuen Codefragmente durch Simulation zu überprüfen.

Aufbau des Buches

K. C. Chang hat in seinem wegweisenden Buch *Digital Design and Modelling with VHDL and Synthesis* [13] VHDL als Abkürzung für *Very **Handy** Description Language* benutzt. Diese Interpretation haben wir als Leitsatz für unser Buch benutzt.

Das Ziel des vorliegenden Buches besteht *nicht* darin, die Hardwarebeschreibungssprache vollständig vorzustellen. Konstrukte, die nur selten benötigt werden, haben wir übergangen. Solche sporadisch eingesetzten Konstrukte, können in einem der Standardwerke, zum Beispiel *The Designer's Guide to VHDL* von Peter Ashenden [4] nachgeschlagen werden. Vielmehr verfolgen wir mit diesem Lehrbuch das Ziel, eine leicht verständliche, an interessanten Beispielen orientierte Einführung in VHDL zu geben.

Wir beginnen unser Buch mit einem Crashkurs in VHDL.

- In Kapitel 1 gehen wir das Projekt an, eine schon nicht mehr ganz einfache Schaltung mit VHDL zu beschreiben, nämlich einen Morsecode-Detektor – andere Bücher beginnen in der Regel mit einem etwas langatmigen Beispiel eines Volladdierers, eines seriellen Addierers oder eines Schieberegisters. Der Morsecode-Detektor ist eine sequentielle Schaltung, die immer genau einen Buchstaben oder eine Zahl erkennen und dann auf einer 7-Segment-Anzeige anzeigen kann. In diesem Kapitel lernen wir spielerisch, wie eine Beschreibung einer Schaltung mit VHDL aufgebaut ist, und erste wichtige Konstrukte, die VHDL zur Verfügung stellt. Wichtige Erkenntnisse, die wir uns bei dem Entwurf dieses Morsecode-Detektors erarbeiten, sind, wie auch in den noch folgenden Kapiteln, besonders gekennzeichnet.

- Kapitel 2 gibt einen systematischeren Überblick der Hardwarebeschreibungssprache. Wir erklären zuerst die beiden grundlegenden in VHDL zur Verfügung stehenden Sichten auf eine Schaltung, die strukturelle Sicht und die funktionale Sicht. Wir gehen dann detailliert auf die funktionale Simulation von VHDL-Beschreibungen ein. Dieser Abschnitt ist zentral für das Verständnis, nicht zuletzt weil die Semantik von VHDL über die funktionale Simulation definiert ist. Zudem sollten Hardwarebeschreibungen validiert werden, bevor die Systeme wirklich gebaut werden – auch hierfür ist die funktionale Simulation ein zentrales, in der Praxis immer noch *das* zentrale Werkzeug. Insbesondere lernen wir in diesem Zusammenhang detailliert kennen, wie Signale in VHDL behandelt werden und wie diese sich von den in Programmiersprachen üblichen Variablen, die es neben Signalen auch in VHDL gibt, unterscheiden. In diesem Kapitel arbeiten wir verstärkt mit so genannten Fallstricken, um Sie bewusst auf Gefahren bei der Verwendung verschiedener Konstrukte aufmerksam zu machen.

- Kapitel 3 stellt die in VHDL verfügbaren Konstrukte – das sind im Wesentlichen die Konstrukte `entity`, `architecture` und `configuration` –, Datentypen, Kontrollstrukturen und weitere Grundkonzepte vor. Ähnliche Kapitel findet man in jedem Lehrbuch zu einer Programmiersprache vor, die alle – wie auch in diesem Buche – recht langatmig sind. Nichtsdestotrotz sollten Sie sich dieses Kapitel in Ruhe durchlesen, da VHDL doch über einige Konzepte verfügt, die in „üblichen" Programmiersprachen nicht vorzufinden sind. Später können Sie das Kapitel im Sinne eines Nachschlagewerkes benutzen.

Teil II unseres Buches ist den so genannten Packages gewidmet. Packages entsprechen Bibliotheken, in denen oft verwendete Konstanten, Datentypen und dazugehörige Funktionen und Prozeduren definiert sind.

- Kapitel 4 beschäftigt sich mit der Verwendung von Funktionen und Prozeduren in VHDL. Es ergeben sich in VHDL im Vergleich zu anderen Programmiersprachen einige Besonderheiten, die zum Teil durch die in VHDL zur Verfügung gestellten Signale bedingt sind.

- Nach der Einführung von Funktionen und Prozeduren in Kapitel 4 kommen wir in Kapitel 5 auf Packages zu sprechen. An einem Beispiel, das wir im Rahmen generischer Addiererschaltungen in Kapitel 6 noch benötigen, erläutern wir die wesentlichen Aspekte dieser Packages. Anschließend stellen wir die Packages standard und std_logic_1164 vor, die mit der Überarbeitung von VHDL in 2008 jetzt zu VHDL selbst gehören und nun Teil des *VHDL Standard Language Reference Manual* sind, sowie das ebenfalls in 2008 erweiterte Package textio, das die Ein- und Ausgabe von bzw. auf Dateien ermöglicht:

    – Das Package standard stellt grundlegende Datentypen wie zum Beispiel die skalaren Datentypen boolean, bit, character, integer und real inklusive der oft benötigten Subtypen natural und positive, den physikalischen Datentyp time sowie die zusammengesetzten Datentypen boolean_vector, bit_vector, string, integer_vector, real_vector und time_vector mit den darauf vordefinierten Operationen zur Verfügung.

    – Das Package std_logic_1164 stellt Datentypen, Funktionen und Prozeduren zur Verfügung, die es erlauben, Hardware realitätsnaher zu beschreiben und zu simulieren, als dies zum Beispiel nur mit dem Basisdatentyp bit möglich ist. In diesem Package wird eine 9-wertige Logik bereitgestellt, die eine detaillierte Modellierung von Signalen, wie sie in der Praxis zu beobachten ist, während einer funktionalen Simulation erst möglich macht. Diese Realitätsnähe ist zwingend notwendig, wenn wir industrielle Schaltungen spezifizieren und simulieren wollen.

    – Das Package textio (und std_logic_textio) erlaubt dem Programmierer ein einfaches Handling mit Dateien und vereinfacht damit die Implementierung von sogenannten Testbenches.

Aufgrund der Trennung zwischen der Schnittstelle und der Implementierung von Packages in VHDL geben wir in der Regel jeweils immer nur die Deklaration der in den Packages zur Verfügung gestellten Datentypen, Funktionen und Prozeduren an. Implementierungen geben wir explizit nur dann an, wenn es für das Verständnis unbedingt notwendig ist.

In Teil III betrachten wir einige VHDL-Entwürfe, um zum einen den Entwurf komplexer Schaltungen zu üben und zum anderen die Mächtigkeit von VHDL in Bezug auf Modellierung weiter aufzuzeigen. Hierbei modellieren wir nicht nur einzelne Schaltungen, sondern auch ganze Familien von Schaltungen mit einer einzigen VHDL-Beschreibung:

- Wir beginnen in Kapitel 6 mit der Modellierung von Addierern. In diesem Kapitel, in dem wir insbesondere den Gebrauch von generischen Parametern und der **generate**-Konstrukte üben, entwickeln wir je eine Spezifikation einer Familie von seriellen Addierern, deren Laufzeit linear mit der Wortbreite der Operanden wächst, und einer Familie von so genannten $\log n$-Addierern, die die Addition zweier Zahlen in einer Zeit berechnen, die proportional zum Logarithmus der verwendeten Wortbreite ist. Beide Spezifikationen benutzen ein in diesem Kapitel speziell für die Addiererschaltungen entwickeltes Package, das schon in Kapitel 5 als Beispiel gedient hat.

- Kapitel 7 widmet sich einem Reaktionstest-Spiel. Wir hoffen, dass Sie als Leser viel Freude beim Implementieren und Ausprobieren dieser Schaltung auf einem FPGA-Demonstrationsboard haben werden. Das Reaktionstest-Spiel wird über zwei Tasten bedient. Am Anfang des Spiels leuchtet von acht zur Verfügung stehenden LEDs eine der mittleren. Durch gleichzeitiges Betätigen der Tasten beginnt das Spiel. Betrachtet man den LED-Block als Lauflicht, beginnt das Lauflicht nun entweder nach rechts oder nach links zu wandern. Wird nun die erste Taste gedrückt, so ändert das Lauflicht seine Richtung. Durch Betätigung der zweiten Taste, ändert das Lauflicht wiederum seine Richtung. Das Spiel gilt als verloren, falls das Lauflicht eine der äußeren LEDs erreicht. Jeder Übergang der leuchtenden LED zur nächsten linken beziehungsweise rechten LED erhöht einen Zähler beginnend ab 0. Dieser Zähler repräsentiert den Spielstand und wird über eine 7-Segment-Anzeige hexadezimal angezeigt. Sinn und Zweck des Spiels ist es natürlich, einen möglichst hohen Spielstand zu erreichen. Den eigentlichen Reiz erhält die Geschichte dadurch, dass bei jedem ausgelösten Richtungswechsel die Geschwindigkeit des Lauflichtes erhöht wird. Damit wird der Spieler dazu angehalten, die leuchtende LED immer möglichst weit an den Rand des Blocks wandern zu lassen. So erhöht sich natürlicherweise aber auch das Risiko zu verlieren. Spielerisch lernen Sie dabei wichtige Konzepte zum Entwurf von sequentiellen Schaltungen kennen. Wir behandeln anhand des Reaktionstest-Spiels auch die einfache Generierung von Pseudo-Zufallszahlen und gehen auf Fallstricke bei der Synthese von variablen Taktteilern ein.

Teil IV beschäftigt sich mit der Validierung von VHDL-Spezifikationen, einem der zentralen, wenn nicht dem zentralen Punkt beim Entwurf von Schaltungen. Die Idee besteht darin, zur funktionalen Simulation einer mit VHDL beschriebenen Schaltung eine so genannte *Testbench* zu schreiben. Eine solche Testbench wird selbst mit VHDL programmiert und enthält die zu testende Schaltung als Baustein – wir nennen die zu testende Schaltung in diesem Zusammenhang in der Regel DUT (DESIGN UNDER TEST). Sie legt Stimuli an die Signale des Entwurfs an, in der Regel an die Eingabepins, und vergleicht das Ist-Verhalten mit dem Soll-Verhalten. Der Vorteil einer solchen Testbench besteht darin, dass eine schon existierende Testbench in der Regel wieder zur Validierung – ohne große Änderungen an ihr vornehmen zu müssen – benutzt werden kann, nachdem eine Schaltung verbessert, weiter verfeinert beziehungsweise optimiert wurde. Teil IV geht detailliert auf den Entwurf und die Implementierung von Testbenches an Hand nichttrivialer Beispiele ein.

Das Buch schließt mit Teil V, der als Anhang gesehen werden kann und verschiedene Übersichten bereitstellt.

Zusatzmaterialien per Internet

Wir haben unter der Internetadresse http://www.informatik.uni-halle.de/ti/publications/books Zusatzmaterialien hinterlegt, die Ihnen das Arbeiten mit dem Buch erleichtern sollen.

Alle im Buch vorgestellten Entwürfe und Codefragmente nach dem VHDL-1993 Standard wurden auf Korrektheit getestet und sind als VHDL-Quellen auf der Website zu finden, sodass Sie an den Entwürfen Änderungen vornehmen beziehungsweise die Entwürfe erweitern können, um so die Effekte der einzelnen in VHDL zur Verfügung gestellten Konstrukte besser zu verstehen. Vielleicht macht es Ihnen auch Spaß, das Reaktionstest-Spiel aus Kapitel 7 auf einem Demonstrationsboard zu implementieren, um zu schauen, welchen Highscore Sie bei diesem Spiel erreichen.

Auf der Website finden Studierende und Dozenten des Weiteren die Vorlesungsfolien der an der Martin-Luther-Universität Halle-Wittenberg gehaltenen Vorlesungen zu VHDL im PDF-Format. Die Folien werden schrittweise an die neue Auflage angepasst.

Sind Sie Dozentin oder Dozent und wollen Ihre Vorlesung nach diesem Buch aufbauen, so stellen wir Ihnen auf Anfrage gerne die Quelldaten unserer Folien zur Verfügung – Sie erreichen uns über die Mailadresse paul.molitor@informatik.uni-halle.de bzw. joerg.ritter@informatik.uni-halle.de. Wir hoffen, dass sich hiermit die Vorbereitung Ihrer eigenen Lehrveranstaltung vereinfacht. In diesem Zusammenhang haben wir aber einen, hoffentlich verständlichen, Wunsch: Sollten Sie die Folien – auch in abgeänderter Form – in Ihren Lehrveranstaltungen einsetzen, so bitten wir darum, dass Sie Ihren Studierenden das vorliegende Buch als Begleitmaterial zu Ihrer Lehrveranstaltung empfehlen. Wir würden uns zudem freuen, wenn wir die PDF-Files Ihrer Folien ebenfalls auf der oben genannten Internetseite einstellen dürften.

Danksagungen

Dieses Buch ist Herrn Prof. Dr. Dr. h. c. mult. Günter Hotz gewidmet. Wir sind dankbar, ihn als Lehrer und Förderer bis zum heutigen Tage zu haben.

Wir danken den Studierenden für ihr Engagement bei der Bearbeitung der Praktikumsaufgaben – ein Teil dieser Aufgaben und der von ihnen erarbeiteten Lösungswege sind in das vorliegende Buch eingeflossen. Besonderer Dank gebührt Herrn Christian Figura und Herrn Bert Wesarg für ihre Ausdauer bei der Bearbeitung der teilweise sehr kniffligen Simulation und Synthese einer Netzwerkanbindung und einer Komponente zur dynamischen Rekonfiguration für das *Multimedia Board* von Xilinx [55].

Dem *Oldenbourg Wissenschaftsverlag München* danken wir für seine Geduld mit uns.

Im Herbst 2012

Paul Molitor und Jörg Ritter

Teil I

VHDL-Crashkurs

Einleitung zu Teil 1 – VHDL-Crashkurs

Wir wollen unser Lehrbuch mit einem anschaulichen Beispiel beginnen. Ein Beispiel, das von unseren Studierenden in der Regel mit Enthusiasmus bearbeitet wird. Es handelt sich um einen Morsecode-Detektor. Die Aufgabe besteht im Entwurf einer digitalen Schaltung, die es erlaubt, über eine Taste den Morsecode eines Zeichens einzugeben. Die Schaltung analysiert die Impulse und gibt das erkannte Zeichen nach erfolgreicher Analyse auf einer 7-Segment-Anzeige aus.

In diesem ersten Kapitel begegnen wir den grundlegenden, in der Hardwarebeschreibungssprache VHDL verfügbaren Konstrukte. Es sind dies

- Das **entity**-Konstrukt, über das die Ein-/Ausgabe-Schnittstelle, d. h. das Interface, eines Bausteins spezifiziert wird.

- Das **architecture**-Konstrukt, in dem der strukturelle Aufbau bzw. das funktionale Verhalten eines Bausteins definiert wird.

- Das **process**-Konstrukt, das für Verhaltensbeschreibungen benutzt werden kann.

- Das **component**-Konstrukt, das es erlaubt, schon vorher beschriebene Bausteine in einer Architekturbeschreibung zu deklarieren, sodass im Rahmen eines hierarchischen Entwurfes Instanzen dieses Bausteins verwendet werden können.

- *Signale* (**signal**), die in einem gewissen Sinne für physikalische Leitungen bzw. Busse stehen.

- Der in VHDL vordefinierte *physikalische Datentyp* **time**, der es erlaubt, innerhalb von VHDL mit Verzögerungszeiten zu arbeiten.

- Verschiedene Kontrollstrukturen, wie sie auch in üblichen höheren Programmiersprachen zu finden sind.

Diese Konstrukte erlauben uns bereits, kleinere Schaltungen mit VHDL zu spezifizieren. Weitergehende Konzepte, die von VHDL bereitgestellt werden, wie zum Beispiel generische Beschreibungen von Schaltkreisfamilien, mit denen man nicht nur parametrisierte, sondern auch rekursiv aufgebaute Schaltungen leicht beschreiben kann, behandeln wir in späteren Kapiteln.

Aufbauend auf diesen in Kapitel 1 erworbenen Kenntnissen stellen wir in Kapitel 2 den prinzipiellen, allgemeinen Aufbau von VHDL-Beschreibungen vor und widmen uns insbesondere der Simulation von VHDL-Beschreibungen, über die die Semantik von VHDL definiert ist. Kapitel 3 schließt dann diesen ersten Teil mit einer Übersicht über die in VHDL gebotenen Konzepte und die zur Verfügung stehenden Konstrukte. Auch bei dieser Übersicht verwenden wir keine formalen Definitionen in Form einer die Syntax beschreibende Grammatik, sondern versuchen, in der Regel an Hand von Beispielen, Ihnen die Möglichkeiten von VHDL nahe zu bringen. Eine formale Grammatik, die die Syntax von VHDL-1993 beschreibt, finden Sie im Anhang in Kapitel 11.

1 Entwurf eines Morsecode-Detektors

Als einführendes Beispiel lassen Sie uns eine Schaltung entwerfen, welche mit dem Morsecode kodierte Zeichen erkennt und die erkannten Zeichen beziehungsweise Ziffern auf einer 7-Segment-Anzeige ausgibt. Da mit einer 7-Segment-Anzeige leider nicht alle Zeichen darstellbar sind, soll unsere Schaltung auch nur eine Teilmenge der Buchstaben und Ziffern erkennen können. Es sollen dies die in Tabelle 1.1 aufgelisteten Buchstaben und Zahlen sein.

Buchstabe	Code	Zahl	Code
A	.−	0	−−−−−
C	−.−.	1	.−−−−
E	.	2	..−−−
F	..−.	3	...−−
H	....	4	....−
L	.−..	5	.....
P	.−−.	6	−....
U	..−	7	−−...
		8	−−−..
		9	−−−−.

Tabelle 1.1: Morsecode

Wie Sie dem Exkurs über den Morsecode auf Seite 12 entnehmen können, werden Buchstaben, Ziffern und Satzzeichen jeweils durch eine Folge von kurzen und langen Tönen definierter Länge mit entsprechenden Pausen dazwischen kodiert. Kurze Töne beziehungsweise Impulse werden üblicherweise durch einen Punkt, lange Töne beziehungsweise Impulse durch ein Strich dargestellt. Die Dauer dieser Impulse hängt von der festgelegten Übertragungsgeschwindigkeit ab, welche in *words per minute* (wpm) angegeben wird. Bei einer (langsamen) Übertragungsgeschwindigkeit von 5 wpm entspricht die Dauer eines kurzen Impulses 240 ms. Nähere Erläuterungen hierzu finden Sie in dem Exkurs über die Morsecodierung auf Seite 12.

Auf dem von uns verwendeten Demonstrationsboard, welches wir als Zielplattform für unsere Schaltung benutzen werden, lässt sich ein Takt mit einer Frequenz von 15 Hz sehr einfach erzeugen. Bei dieser Taktfrequenz entsprechen drei Takte 200 ms und vier Takte 267 ms. Die Schaltung soll immer genau einen Buchstaben beziehungsweise eine Ziffer erkennen und diese danach auf der 7-Segment-Anzeige dauernd anzeigen. Dabei legen wir für unsere Anwendung fest, dass ein kurzer Impuls ein bis drei Takte (entspricht 66,6 ms bis 200 ms), ein langer Impuls fünf bis neun Takte (entspricht 333,3 ms bis 600 ms) lang sein soll, sodass wir in etwa bei einer

Übertragungsgeschwindigkeit von 5 wpm sein werden. Die Zeicheneingabe soll abgeschlossen sein, wenn für eine Zeitdauer von 10 Takten weder ein kurzer noch ein langer Impuls erzeugt wurde. Bei fehlerhafter Eingabe, das heißt, wenn kein Code aus Tabelle 1.1 erkannt wurde, soll dies dem Benutzer durch ein Minus auf der 7-Segment-Anzeige signalisiert werden.

> **Exkurs: Morsecodierung**
>
> Wir geben zunächst eine kurze Übersicht zum **Morsecode** als solchem.
>
> Mit der Morsecodierung können die lateinischen Buchstaben, Ziffern und einige Satzzeichen übertragen werden. Das bekannteste Morsecodewort ist wohl das Codewort für die Zeichenfolge *SOS* (*Save Our Souls*) als Notsignal. Es besteht aus 3 kurzen, gefolgt von 3 langen und wieder 3 kurzen Pieptönen – das Zeichen *S* wird durch 3 kurze, das Zeichen *O* durch 3 lange Töne repräsentiert.
>
> Für das Senden und Empfangen von Morsecode wurden Geschwindigkeiten der Übertragung durch die Einheit **wpm** (*word per minute*) festgelegt. Üblich sind die Geschwindigkeiten 5 wpm, 13 wpm und 20 wpm. Der Definition dieser Einheit wurde das Referenzwort *PARIS* zu Grunde gelegt. Weiterhin wurde vereinbart, dass
>
> - ein kurzer Impuls einer Zeiteinheit,
> - ein langer Impuls drei Zeiteinheiten,
> - die Pause zwischen den Tönen eines Buchstaben einer Zeiteinheit,
> - die Pause zwischen den Codewörtern zweier Zeichen drei Zeiteinheiten
>
> und
>
> - die Pause zwischen dem Morsecode zweier Wörter sieben Zeiteinheiten
>
> entspricht.
>
> Damit entspricht die Länge des Morsecodes für das Wort *PARIS* einschließlich der nachfolgenden Pause genau 50 Zeiteinheiten:
>
>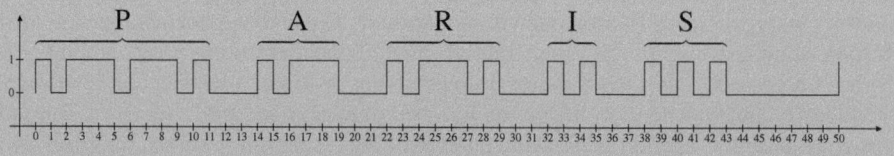
>
> Bei 5 Wörtern pro Minute, d. h. bei 5 wpm, entspricht somit eine Zeiteinheit $\frac{60\,\text{s}}{5 \cdot 50} = 240\,\text{ms}$.

In Abbildung 1.1 sind vier 7-Segment-Anzeigen und ihre Beschaltung auf dem von uns verwendeten Demonstrationsboard zu sehen. Jede besteht aus sieben Leuchtdioden (*light emitting diode*, LED) in Balkenform, die wir in der Abbildung mit 0 bis 6 beschriftet haben. Die Leuchtdiode für den Dezimalpunkt wollen wir hier nicht betrachten. Zur Ansteuerung der 7-Segment-Anzeigen (vgl. Abbildung 1.1) müssen wir die Anschlüsse AN0, AN1, AN2 und AN3 mit Masse verbinden,

1.1 Schnittstelle des Morsecode-Detektors

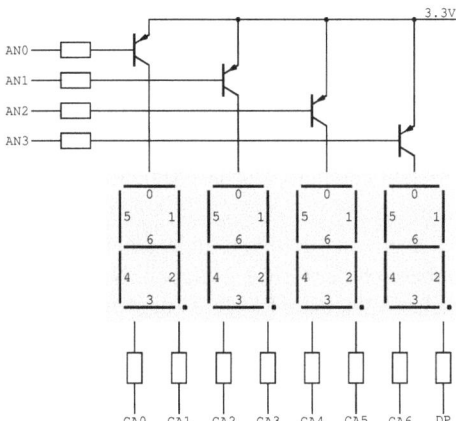

Abbildung 1.1: *Die Beschaltung der 7-Segment-Anzeigen auf dem verwendeten Demonstrationsboard. Die Anschlüsse* AN0 *bis* AN3 *und* CA0 *bis* CA6 *bzw.* DP *sind jeweils mit einem primären Ausgang des FPGA verbunden.*

damit die Anoden der Leuchtdioden mit der Versorgungsspannung verbunden sind; über die Kathoden CA0–CA6 wird festgelegt, welche Leuchtdioden der 7-Segment-Anzeigen aufleuchten sollen. Wir verbinden die Kathoden mit Masse, um die entsprechenden Leuchtdioden der 7-Segment-Anzeigen aufleuchten zu lassen, ansonsten mit der Versorgungsspannung. Der Einfachheit halber steuern wir alle vier 7-Segment-Anzeigen gemeinsam an. Um zum Beispiel die Ziffer 7 auf den 7-Segment-Anzeigen darzustellen, wird an den Ausgängen des FPGA für die Kathoden CA0, CA1 und CA2 der Wert '0' und an den Ausgängen für die Leuchtdioden CA3, CA4, CA5 und CA6 der Wert '1' ausgegeben. Zur Darstellung des Buchstaben A müssen alle Kathoden mit Ausnahme von CA3 mit dem Wert '0' angesteuert werden.

> Löst ein Signal eine Aktion aus, wenn es mit logisch Null belegt ist, so nennt man das Signal auch **active low**. Analog bezeichnet man Signale als **active high**, wenn eine Aktion durch logisch Eins ausgelöst wird. Man benutzt in diesem Zusammenhang die Sprechweisen *„Der Pin muss auf logisch Null (oder Masse) gezogen werden."* bzw. *„Der Pin muss auf logisch Eins gezogen werden"*.

1.1 Schnittstelle des Morsecode-Detektors

Als Erstes wollen wir uns die Schnittstelle des Morsecode-Detektors zur Außenwelt anschauen. Eingabe des Systems sind drei Signale:

- clk, über das ein Taktsignal von 50 MHz angelegt wird – die Taktfrequenz von 50 MHz ist bedingt durch das in unserer Lehrveranstaltung benutzte Demonstrationsboard (siehe Abbildung 1.2)

- reset, über das die Schaltung zurückgesetzt werden kann und das alle Leuchtdioden der 7-Segment-Anzeige erlöschen lässt, und

- button, über den wir die Impulse für die Morsecodierungen erzeugen.

Die Ausgabe des Systems besteht ebenfalls aus drei Signalen:

- seg7, über das die 7-Segment-Anzeigen angesteuert werden. Das Signal seg7 muss demnach einen Wertebereich der Größe 2^7 haben. Nahe liegend wäre, dass dem Signal ein beliebiger Boolescher Vektor der Länge 7 zugewiesen werden kann, und

- an, für die Verbindung der Anoden der 7-Segment-Anzeigen. Für vier Anoden sind vier Leitungen bereitzustellen.

- led3, über das wir nach außen ausgeben wollen, ob es sich bei der letzten Eingabe um einen kurzen oder langen Impuls gehandelt hat. Dies dient nur zur komfortablen Morsecode-Eingabe, bei der zu kurzes oder zu langes Betätigen des Morse-Tasters direkt vom Benutzer bemerkt werden kann.

Die Schnittstelle orientiert sich an einem Demonstrationsboard, welches wir im Rahmen unserer Lehrveranstaltung zu VHDL benutzen. Das Board ist in Abbildung 1.2 während der Verwendung als Morsedetektor zu sehen [32].

Abbildung 1.2: FPGA-Demonstrationsboard: Nach Eingabe eines kurzen und eines langen Impulses erscheint das Zeichen A auf den vier 7-Segment-Anzeigen unten rechts

Die für den Morsedetektor wesentlichen Komponenten des *FPGA-Demonstrationsboards* sind

- ein programmierbarer logischer Baustein, einem so genannten FPGA, in diesem Fall der Baustein Xilinx Spartan XC3S500E [57],

1.1 Schnittstelle des Morsecode-Detektors

- vier Tasten, die mit `BTN0`, `BTN1`, `BTN2` und `BTN3` bezeichnet sind,

- ein Taktgenerator mit einer Frequenz von 50 MHz

- vier 7-Segment-Anzeigen und

- eine Leuchtdioden-Reihe `LD7,...,LD0`, die Sie in Abbildung 1.2 links von den vier 7-Segment-Anzeigen sehen.

> **Exkurs: FPGA**
>
> **Field Programmable Gate Arrays** (FPGAs) sind Hardwarebausteine, deren interne Struktur festgelegt ist. Programmierbar – je nach Typ nur einmal (Fuse/Anti-Fuse-Technik) oder mehrfach (SRAM-basiert) – sind die logischen Funktionen in den Zellen der festgelegten Gitterstruktur sowie die Verdrahtung unter Verwendung vorhandener Verdrahtungsleitungen.

Es stehen damit die Tasten `BTN0`, `BTN1`, `BTN2`, `BTN3` des Demonstrationsboards als mögliche Eingaben an den FPGA, auf dem wir unseren Morsecode-Detektor realisieren wollen, und die vier 7-Segment-Anzeigen sowie die Leuchtdioden-Reihe des Demonstrationsboards als Ausgabemedien zur Verfügung.

Lassen Sie uns auf den Morsecode-Detektor selbst zurückkommen. Die auf Seite 13 schon verbal beschriebene Schnittstelle des Bausteins wird in VHDL über das so genannte **entity**-Konstrukt spezifiziert. Abbildung 1.3 zeigt die VHDL-Beschreibung der Schnittstelle des Morsecode-Detektors.

```
3   entity morse is
4     port (clk, reset, button: in std_logic;
5           seg7: out std_logic_vector(6 downto 0);
6           an:   out std_logic_vector(3 downto 0);
7           led3: out std_logic_vector(2 downto 0));
8   end morse;
```

*Abbildung 1.3: Die Ein-/Ausgabe-Schnittstelle. Die primären Eingänge der Schaltung werden vom Typ **in**, die primären Ausgänge vom Typ **out** spezifiziert.*

Da es sich bei dem Morsecode-Detektor nicht um einen generischen Baustein handelt – auf generische Bausteine werden wir in einem der späteren Kapitel im Detail eingehen –, besteht eine solche Schnittstellenbeschreibung aus dem Schlüsselwort **entity** gefolgt vom Namen des Bausteins, in diesem Fall `morse`, welcher frei wählbar ist. In Zeile (4) beginnt die eigentliche Beschreibung der Ein- und Ausgabesignale des Bausteines. Wir sehen, dass alle Eingangssignale (markiert mit dem Schlüsselwort **in**) und alle Ausgangssignale (markiert mit dem Schlüsselwort **out**) vom Datentyp `std_logic` beziehungsweise `std_logic_vector` sind. Signale von letzterem Datentyp haben Vektoren über dem Datentyp `std_logic` als Werte.

Der Datentyp `std_logic` (sowie der Datentyp `std_ulogic`) ist eine, bis 2008 im IEEE Standard 1164 spezifizierte, seit der Überarbeitung von VHDL in 2008 direkt im VHDL IEEE Standard enthaltene 9-wertige Logik, welche die Werte

- `'U'` (*nicht initialisiert*),
- `'X'` (*unbekannt*),
- `'0'` (*starke logische Null*),
- `'1'` (*starke logische Eins*),
- `'Z'` (*hochohmig*),
- `'W'` (*schwach unbekannt*),
- `'L'` (*schwache logische Null*),
- `'H'` (*schwache logische Eins*) und
- `'-'` (*don't care*)

umfasst [30].

Der Datentyp wird in der VHDL-Bibliothek `ieee.std_logic_1164` deklariert. Wir gehen in Abschnitt 5.3 auf Seite 129 detailliert auf dieses Package ein. Insbesondere werden wir erläutern, warum wir in welchen Szenarien besser anstelle des Datentyps `bit`, der nur aus den Werten `'0'` und `'1'` besteht, den Datentypen `std_logic` (bzw. `std_ulogic`) verwenden sollten, kennen wir doch in der Digitaltechnik nur die Werte `'0'` und `'1'`.

Die Schnittstellenbeschreibung in Abbildung 1.3 sagt also aus, dass der Baustein `morse` drei Eingabesignale besitzt, nämlich `clk` vom Typ `std_logic`, `reset` vom Typ `std_logic` und `button` vom Typ `std_logic`. Die Ausgabesignale des Bausteines `morse` sind `seg7`, `an` und `led3`, die jeweils Werte vom Felddatentyp `std_logic_vector` bestehend aus sieben, vier beziehungsweise drei Komponenten vom Typ `std_logic` annehmen können.

Bevor wir uns Gedanken über die Realisierung des Bausteines machen, sollten wir noch festlegen, wie Belegungen der Ein- und Ausgabesignale funktional interpretiert werden sollen. Ausgehend von dem oben skizzierten Demonstrationsboard sollten die beiden Signale `reset` und `button` *active high* sein. Die Ansteuerung der Leuchtdioden der 7-Segment-Anzeigen wurde auf Seite 13 schon besprochen, sodass die Interpretation einer Belegung des Ausgabesignals `seg7`, das die 7-Segment-Anzeigen des Demonstrationsboards ansteuern soll, klar sein sollte. Für das Ausgabesignal `led3`, das die drei nebeneinander liegenden Leuchtdioden `LD0`, `LD1`, `LD2` des Demonstrationsboards ansteuern werden wird, wollen wir festlegen, dass die 0. Komponente von `led3`, also `led3(0)`, genau dann den Wert 1 haben soll, wenn ein kurzer Impuls erkannt worden ist, die 1. Komponente von `led3`, d. h. `led3(1)`, bei einem langen Impuls auf 1 liegen soll und die 2. Komponente von `led3` bei einer langen Pause. Diese Anzeige soll beim Morsen dazu dienen, ein Gefühl für die korrekte Betätigungsdauer des Morsetasters zu erlangen.

1.2 Eine erste Realisierung des Morsecode-Detektors

Kommen wir nun zu der eigentlichen Realisierung des Morsecode-Detektors. Ein möglicher Aufbau könnte aus

- einem Taktteiler `clock_divider` zur Erzeugung eines `enable`-Signals bezogen auf eine Frequenz von 15 Hz, mit der die Übertragungsgeschwindigkeit von 5 wpm leicht realisierbar ist (siehe Seite 11),
- einem Baustein – lassen Sie uns ihn `press_duration` nennen –, über den erkannt wird, ob an der `button`-Taste ein kurzer, langer oder ungültiger Impuls eingegeben wurde, und
- einem Baustein zur Ansteuerung der Peripherie, d. h. der 7-Segment-Anzeigen und der Leuchtdioden `LD0`, `LD1` und `LD2`,

bestehen. Abbildung 1.11 auf Seite 24 zeigt skizzenhaft diesen Aufbau, auf den wir im Folgenden Schritt für Schritt eingehen werden.

1.2.1 Externer Taktgeber und der Taktteiler `clock_divider`

Lassen Sie uns mit dem Taktteiler beginnen. In der letztendlichen Realisierung wollen wir den auf dem Demonstrationsboard verfügbaren Taktgenerator, d. h. Quarz-Oszillator, verwenden. Dieser stellt ein Taktsignal mit einer Frequenz von 50 MHz bereit, welches durch einen Taktteiler auf 15 Hz herunter getaktet werden soll. Die entsprechende Schnittstellenbeschreibung ist in Abbildung 1.4 zu sehen.

```
3   entity clock_divider is
4     port (clock, reset: in std_logic;
5           enable15Hz: out std_logic);
6   end clock_divider;
```

Abbildung 1.4: Schnittstellenbeschreibung des Taktteilers

Zur Taktteilung verwenden wir eine funktionale Beschreibung eines einfachen Zählers. Dieser wird auf den Wert

$$3.333.333 \approx \frac{50\,\text{MHz}}{15\,\text{Hz}}$$

initialisiert und in jedem Takt (bezogen auf den eingehenden 50 MHz Takt) dekrementiert. Erreicht der Zähler den Wert 0, so wird das Signal `enable15Hz` für die Dauer *eines* Taktes auf den Wert `'1'` gesetzt. Sonst trägt das Signal `enable15Hz` den Wert `'0'`. Wir können das Signal offensichtlich nutzen, um die eigentliche Schaltung mit einer Frequenz von circa 15 Hz, d. h. mit einer Periodendauer von 66.666 Mikrosekunden, zu betreiben, da das Signal alle 66.666 Mikrosekunden für die Dauer eines Taktes den Wert `'1'` annimmt.

Abbildung 1.5 zeigt eine korrekte funktionale Spezifikation des Taktteilers in VHDL. Ohne jetzt bereits auf alle Details einzugehen, sieht man, dass innerhalb der Architektur eine Konstante `CLK_PERIOD` vom Datentyp `integer` mit dem Wert 3.333.333 ($= \lfloor \frac{50 \cdot 10^6}{15} \rfloor$) deklariert wird. In dem Prozess ClockDiv – wir werden gleich auf Prozesse eingehen – wird der Zähler cnt auf den Wert der Konstante CLK_PERIOD und das Signal enable15Hz auf den Wert '0' gesetzt, falls das Eingangssignal reset den Wert '1' trägt – erinnern Sie sich bitte daran, dass das Signal reset *active high* ist. Ist das Eingangssignal reset nicht aktiv, d. h. trägt es den Wert '0', so wird bei jeder steigenden Flanke des Taktsignals clock der Wert des Zählers cnt um 1 dekrementiert und das Signal enable15Hz auf den Wert '0' gesetzt bzw. gehalten, es sei denn der Zähler cnt wurde bereits bis 0 zurückgezählt. In letzterem Fall hat der Prozess 3.333.333 viele steigende Flanken des Taktsignals gesehen, was durch Setzen des Signals enable15Hz auf den Wert '1' angezeigt wird. Gleichzeitig wird der Zähler cnt wieder auf seinen Anfangswert 3.333.333 gesetzt.

```vhdl
7  architecture behavior of clock_divider is
8    signal cnt: integer;
9    constant CLK_PERIOD: integer := 50*10**6/15;  -- 50MHz/15Hz
10 begin
11   ClockDiv: process (reset,clock)
12   begin
13     if reset='1' then
14       cnt <= CLK_PERIOD;
15       enable15Hz <= '0';
16     elsif clock='1' and clock'event then
17       if cnt = 0 then
18         enable15Hz <= '1';
19         cnt <= CLK_PERIOD;
20       else
21         enable15Hz <= '0';
22         cnt <= cnt - 1;
23       end if;
24     end if;
25   end process;
26 end behavior;
```

Abbildung 1.5: *Die Architektur des Taktteilers*

Die Beschreibung des funktionalen Verhaltens beziehungsweise des strukturellen Aufbaus eines Bausteins erfolgt innerhalb des Konstruktes **architecture**. Jeder Architektur – einer Entity können verschiedene Architekturen zugeordnet werden[1] – wird ein Name zugewiesen. In unserem Beispiel haben wir behavior als Name gewählt.

> Jedem **entity**-Konstrukt muss (wenigstens) eine Architektur-Beschreibung zugeordnet werden, welche das Verhalten des Bausteins spezifiziert.

Dies kann, wie in unserem Beispiel in Abbildung 1.5, eine Verhaltensbeschreibung sein oder eine strukturelle Beschreibung, in der angegeben wird, welche Bausteine zur Realisierung benötigt

---

[1] Denken Sie beispielsweise an einen Addierer! Es gibt verschiedene Möglichkeiten, um einen Baustein zur Addition von zwei Zahlen zu realisieren. Der *Carry-Ripple-Addierer*, ein serieller Addierer (siehe Abschnitt 6.4), beispielsweise benötigt nur wenig Platz, hat aber eine verglichen mit anderen Realisierungen recht hohe Laufzeit; der Ladner-Fisher-Addierer (siehe Abschnitt 6.5) hat dagegen recht kurze Reaktionszeiten, dafür aber einen erhöhten Platzbedarf. Die in VHDL bestehende Möglichkeit, einer **entity** mehrere Architekturen zuordnen zu können, erlaubt das einfache Austauschen einer Realisierung eines Bausteins. Details hierzu finden Sie in Abschnitt 3.1.3.

1.2 Eine erste Realisierung des Morsecode-Detektors

werden und wie diese, zusammen mit den Ein- und Ausgängen, untereinander verschaltet werden müssen.[2] Strukturelle Beschreibungen werden wir in diesem Kapitel noch kennenlernen.

Das Demonstrationsboard ist mit einem Quarzoszillator ausgestattet, welcher ein Taktsignal von 50 MHz liefert. Dieses Taktsignal ist mit einem Eingang des FPGA fest verdrahtet und kann somit in der Realisierung unseres Morsecode-Detektors benutzt werden. In Bezug auf die eigentliche Realisierung eines Taktsignals von 50 MHz ist also nichts zu tun. Zur *Simulation* des Morsecode-Detektors benötigen wir aber eine funktionale Beschreibung dieses Taktgebers. Eine solche funktionale Beschreibung ist in Abbildung 1.6 zu sehen. Es handelt sich dabei um einen Teil unserer Testbench für den Morsecode-Detektor – Testbenches werden in Teil IV des Buches eingeführt.

```
22      constant CLK_PERIOD: time := 20 ns;
23
24  begin
25
26      CLOCK_GENERATION: process
27      begin
28          clk<='0';
29          wait for CLK_PERIOD/2;
30          clk<='1';
31          wait for CLK_PERIOD/2;
32      end process;
```

Abbildung 1.6: *Eine funktionale Beschreibung des Taktgebers*

In Zeile (22) wird zuerst eine Konstante, der wir den Namen CLK_PERIOD gegeben haben, definiert.[3] Die Konstante ist diesmal vom Typ time,[4] einem in VHDL vordefinierten *physikalischen Datentyp*, und ist mit einem Wert von 20 ns initialisiert. Sie gibt also die Dauer eines Taktes bei einer Taktfrequenz von 50 MHz an.

> **Physikalische Datentypen** unterscheiden sich von den üblichen Datentypen dadurch, dass jedem Wert eine Einheit zugeordnet wird. So sind beim physikalischen Datentyp time die Einheiten fs für Femto-, ps für Piko-, ns für Nano-, us für Mikro- und ms für Millisekunde neben sec für Sekunde, min für Minute und hr für Stunde bekannt. Intern werden alle physikalischen Werte dieses Datentyps time vom Simulator auf die primäre Einheit fs zurückgerechnet.

Das funktionale Verhalten des Taktgebers wird durch einen unendlich lang laufenden Prozess beschrieben. Der Prozess ordnet dem Ausgabesignal clk zuerst den Wert '0' zu und legt

---

[2] Eine Ausnahme zu der gerade formulierten Regel gibt es jedoch. Bei der VHDL-Synthese kann eine so genannte „Black Box" eingebunden werden, deren äußere Schnittstelle über das **entity**-Konstrukt zwar deklariert, die Architektur aber nicht definiert wird. Die Architektur-Beschreibung der Black Box liegt meist als Netzliste vor und wird während der Implementierungsphase nur eingebunden. Man spricht in diesem Zusammenhang von *IP-Cores*, wobei *IP* hier für *intellectual property* steht.

[3] Wenngleich diese Konstante den gleichen Namen trägt wie die Konstante in der Architektur behavior des Bausteins clock_divider (siehe Abbildung 1.5), handelt es sich um eine neue Konstante. Beide Konstanten sind jeweils lokal deklariert.

[4] Nähere Informationen zu dem Datentyp time finden Sie in Abschnitt 5.2.

sich dann für die Dauer von `CLK_PERIOD/2`, was 10 Nanosekunden entspricht, „schlafen". Nach dieser „Ruhephase" ordnet der Prozess dem Ausgangssignal `clk` den Wert `'1'` zu und stoppt erneut für die Dauer von `CLOCK_PERIOD/2`. Anschließend springt der Prozess zurück in Zeile (28) und die Abarbeitung beginnt von neuem.

> Ein **Prozess** besteht aus einer Folge von sequentiellen Anweisungen und beschreibt wie bestimmte Signale in Anhängigkeit anderer Signale belegt werden.
>
> Eine Simulation führt die in einem Prozess enthaltenen Anweisungen in der vorgegebenen Reihenfolge nacheinander aus; nach der Ausführung der letzten Anweisung eines Prozesses springt die Simulation wieder zurück zu der ersten Anweisung, um diese wieder auszuführen, und setzt so die Ausführung des Prozesses (ggf. unendlich lang) fort.
>
> Explizite (und implizite) **wait**-Anweisungen sorgen dafür, dass sich ein Prozess „schlafen" legt, entweder für eine spezifizierte Dauer (wie in Abbildung 1.6) oder bis ein bestimmtes Ereignis – in der Regel die Änderung des Pegels eines bestimmten Signals oder eines der Signale aus der *Sensitivitätsliste* des Prozesses (siehe Seite 21) – eingetreten ist.

1.2.2 Der Baustein `press_duration`

Im Folgenden müssen wir uns überlegen, wie (mittels Hardware) festgestellt werden kann, ob über den Taster, den wir mit `button` bezeichnet haben, ein kurzer oder ein langer Impuls eingegeben wurde, oder ob für eine gewisse Zeit der Taster nicht betätigt wurde. Wir wollen dies realisieren, indem wir bei jeder steigenden Flanke des Taktes, bei der das Signal `enable15Hz` aktiviert ist, überprüfen, ob der Taster gedrückt wurde. Eingabesignale des Bausteins `press_duration` sind demnach neben dem Takt `clk` und dem Signal `enable15Hz` die beiden Signale `reset` und `button`. Als Ausgabesignale sehen wir drei Signale vom Datentyp `std_logic` vor, nämlich `short_press`, `long_press` und `long_pause`, die genau dann auf dem Wert `'1'` liegen sollen, wenn ein kurzer beziehungsweise ein langer oder für gewisse Zeit kein Impuls erkannt wurde. Abbildung 1.7 zeigt die Schnittstellenbeschreibung in der VHDL-Syntax. An den Eingabeport `enable` wird das vom Baustein `clock_divider` erzeugte Signal `enable15Hz` angelegt, an den Eingabeport `clock` der 50 MHz Takt `clk`.

```vhdl
5    entity press_duration is
6      port (clock, reset, enable, button: in std_logic;
7            short_press, long_press, long_pause: out std_logic);
8    end press_duration;
```

Abbildung 1.7: Schnittstellenbeschreibung des Bausteins `press_duration`

Solange die Taste `reset` nicht gedrückt ist, merken wir uns die Belegungen der `button`-Taste in einem Signal,

```vhdl
11   signal sh: std_logic_vector (10 downto 0);
```

das im Wesentlichen als Schieberegister verwendet wird. Der Wertebereich des Signals `sh` ist die Menge der `std_logic`-Vektoren der Länge 11. Die Komponenten des Signals werden über die Indizes 0, 1, ..., 9, 10 adressiert. Das Schlüsselwort **downto** in der Spezifikation des Indexwertebereiches gibt an, dass bei dem Signal `sh` sich die Reihenfolge der Indizes in umgekehrter Reihenfolge ergibt, d. h. `sh=(sh(10),sh(9),...,sh(1),sh(0))` gilt.

Wird die Taste `reset` gedrückt, so soll das Signal `sh` auf den Wert "00000000000" gesetzt werden. Bei jeder steigenden Flanke des Taktes und gleichzeitig aktivem `enable`-Signal wird das Signal `sh` um eine Stelle nach links geschoben und an die freie Stelle rechts der Zustand der `button`-Taste gespeichert. Dies führt zu folgendem VHDL-Code

```
20      if reset='1' then
21        sh <= (others=>'0');
22      elsif clock='1' and clock'event then
23        if enable='1' then
24          sh <= sh(9 downto 0) & button;
25        end if;
26      end if;
```

Das Konstrukt **others** weist (in dieser Konstellation) jeder Stelle des Vektors `sh`, unabhängig von der Breite des Vektors, den gleichen Wert, in diesem Fall den Wert '0' zu.

Der Operator `&` angewendet auf zwei Vektoren konkateniert diese, d. h. fügt sie zu einem Vektor zusammen, indem sie den zweiten Vektor hinter den ersten hängt. Somit hat nach Ausführung der oben angegebenen Operation `&` die nullte Komponente von `sh`, also `sh(0)`, genau dann den Wert '1', wenn die `button`-Taste während der steigenden Flanke und gleichzeitig aktivem `enable`-Signal gedrückt war – erinnern Sie sich bitte daran, dass die Taste `button` *active high* ist. Der Ausdruck `sh(9 downto 0)` bezeichnet den Teilvektor (`sh(9)`,`sh(8)`,...,`sh(1)`,`sh(0)`) von `sh`.

Damit bleibt nur noch zu erklären, dass die Bedingung in

```
22      elsif clock='1' and clock'event then
```

genau dann wahr ist, wenn in dem aktuellen Simulationsschritt der Takt seinen Wert von '0' zu '1' ändert, also eine steigende Flanke des Taktes vorliegt.

> Das Attribut `event`, das für jedes Signal im Sprachschatz von VHDL definiert ist, gibt an, ob in dem aktuellen Simulationszyklus eine Wertänderung auf dem Signal erfolgt ist.

Somit ist die obige Bedingung genau dann wahr, wenn in dem aktuellen Simulationszyklus der Takt nach der Wertänderung auf dem Wert '1' liegt, also genau dann wenn eine steigende Flanke des Taktes in diesem Simulationsschritt zu beobachten ist.[5]

Damit erhalten wir die in Abbildung 1.8 gezeigte funktionale Beschreibung des Prozesses, der die Belegung der Tasten `reset` und `button` abfragt.

Der Prozess SHIFTREG besitzt eine sogenannte *Sensitivitätsliste*, die aus den beiden Signalen `clock` und `reset` besteht. Eine solche Sensitivitätsliste bedingt, dass nach Abarbeitung des Prozessblockes die Abarbeitung nicht direkt wieder von neuem beginnt. Vielmehr legt sich der Prozess „schlafen". Er wird erneut angestoßen, wenn eine Wertänderung an wenigstens einem der beiden Signale `clock` und `reset` erfolgt. Der Block des Prozesses wird dann wieder genau einmal abgearbeitet.

---

[5]Genau genommen müsste zusätzlich überprüft werden, ob der vorhergehende Wert des Signals `clock` tatsächlich '0' war, da der Datentyp `std_logic` neben den Werten '0' und '1' noch weitere Werte enthält. Alternativ kann die im Package `std_logic_1164` definierte Funktion `rising_edge` verwendet werden – siehe Abschnitt 5.3.6.

```
18    SHIFTREG: process (clock,reset)
19    begin
20       if reset='1' then
21          sh <= (others=>'0');
22       elsif clock='1' and clock'event then
23          if enable='1' then
24             sh <= sh(9 downto 0) & button;
25          end if;
26       end if;
27    end process;
```

Abbildung 1.8: Abtastung der button- und reset-Taste

Jedem Prozess ist eine **Sensitivitätsliste** zugeordnet. Die Sensitivitätsliste besteht aus einer (eventuell leeren) Liste von Signalen, auf die der Prozess *lesend* zugreift. Sie wird hinter dem Schlüsselwort **process** angegeben. Sollen alle Signale, auf die der Prozess lesend zugreift, in der Sensitivitätsliste enthalten sein, kann seit VHDL-2008 das Schlüsselwort **all** anstelle der expliziten Aufzählung aller Signale benutzt werden.

Ist die Sensitivitätsliste nicht leer und erreicht der Prozess während der Simulation die **end process**-Anweisung, so geht der Prozess in den inaktiven Zustand über und wartet auf eine Wertänderung von einem Signal aus der Sensitivitätsliste. Die Sensitivitätsliste wird also als implizite **wait**-Anweisung interpretiert.

Ist die Sensitivitätsliste eines Prozesses leer und enthält der Block des Prozesses keine **wait**-Anweisung(en), so gerät die Simulation in eine Endlosschleife, da der Block des Prozesses während der Simulation in einer Endlosschleife unendlich oft ausgeführt wird.

Um das Verhalten des Bausteins press_duration abzuschließen, müssen noch die Ausgabesignale in Abhängigkeit der Belegung des Signals sh gesetzt werden. Wir hatten vereinbart, dass

- das Ausgabesignal long_pause genau dann auf den Wert '1' gesetzt werden soll, wenn während mindestens zehn Takten die button-Taste nicht gedrückt ist, also sh(9 **downto** 0) = "0000000000" gilt,
- das Ausgabesignal short_press genau dann auf den Wert '1' gesetzt werden soll, wenn die button Taste ein bis drei Takte gedrückt wurde, und
- das Ausgabesignal long_press genau dann auf den Wert '1' gesetzt werden soll, wenn die button-Taste fünf bis neun Takte gedrückt wurde.

Genau dies wird durch den in Abbildung 1.9 gezeigten VHDL-Quellcode realisiert.

Das Signal short_press erhält den Wert '1', wenn höchstens drei Takte nach dem Zeitpunkt, an dem die button-Taste erneut gedrückt wurde, die Taste wieder losgelassen wird. Wenn wir also die button-Taste loslassen, d. h. sh(0)='0' gilt, liegt genau dann ein kurzer Impuls vor, wenn sh(1)='1' und mindestens einer der Komponenten sh(2), sh(3), sh(4) gleich '0' ist. Entsprechend soll das Ausgabesignal long_press auf den Wert '1' gesetzt werden, wenn

1.2 Eine erste Realisierung des Morsecode-Detektors

```vhdl
13    long_pause <= '1' when sh(9 downto 0)="0000000000" else '0';
14    short_press <= not sh(0) and sh(1) and not (sh(2) and sh(3) and sh(4));
15    long_press <= '1'
16      when sh(5 downto 0)="111110" and sh(10 downto 6)/="11111"
17      else '0';
```

Abbildung 1.9: Setzen der Ausgabesignale

```vhdl
 5  entity press_duration is
 6    port (clock, reset, enable, button: in std_logic;
 7          short_press, long_press, long_pause: out std_logic);
 8  end press_duration;
 9
10  architecture functional_behavior of press_duration is
11    signal sh: std_logic_vector (10 downto 0);
12  begin
13    long_pause <= '1' when sh(9 downto 0)="0000000000" else '0';
14    short_press <= not sh(0) and sh(1) and not (sh(2) and sh(3) and sh(4));
15    long_press <= '1'
16      when sh(5 downto 0)="111110" and sh(10 downto 6)/="11111"
17      else '0';
18    SHIFTREG: process (clock,reset)
19    begin
20      if reset='1' then
21        sh <= (others=>'0');
22      elsif clock='1' and clock'event then
23        if enable='1' then
24          sh <= sh(9 downto 0) & button;
25        end if;
26      end if;
27    end process;
28  end functional_behavior;
```

Abbildung 1.10: Die vollständige Spezifikation des Bausteins `press_duration`

höchstens neun Takte nach dem Zeitpunkt, an dem die button-Taste erneut gedrückt wurde, die Taste wieder losgelassen wird, und die Taste mindestens fünf Takte gedrückt war, also `sh(5 downto 0)` gleich `"111110"` und `sh(10 downto 6)` ungleich `"11111"` ist.

VHDL erlaubt es, Vektoren über `std_logic` unter Verwendung der hexadezimalen Schreibweise übersichtlicher zu schreiben. So kann der in Zeile (13) enthaltene Vergleich

```
sh(9 downto 0)="0000000000"
```

durch

```
sh(9 downto 0)=X"00"&"00"
```

oder

```
sh(9 downto 0)=10X"000"
```

ersetzt werden.[6] Abschnitt 3.3.2 auf Seite 84 geht näher auf diese Schreibweisen ein.

Damit ist die Beschreibung des Bausteins `press_duration` abgeschlossen. Abbildung 1.10 zeigt die vollständige Architekturbeschreibung.

Noch eine kurze Bemerkung zu den drei Anweisungen in den Zeilen (13)–(17): Jede dieser drei Anweisungen stellt einen *impliziten Prozess* dar, deren Sensitivitätsliste jeweils aus allen Signalen besteht, die auf der rechten Seite der Zuweisung stehen. Implizite Prozesse arbeiten wie die bereits an einem Beispiel gesehenen „expliziten" Prozesse. Mehr zu impliziten Prozessen finden Sie auf Seite 26.

1.2.3 Architektur des Bausteins `morse`

Die beiden oben beschriebenen Bausteine wollen wir nun benutzen, um die Architektur des Morsecode-Detektors anzugeben. Abbildung 1.11 zeigt den prinzipiellen Aufbau.

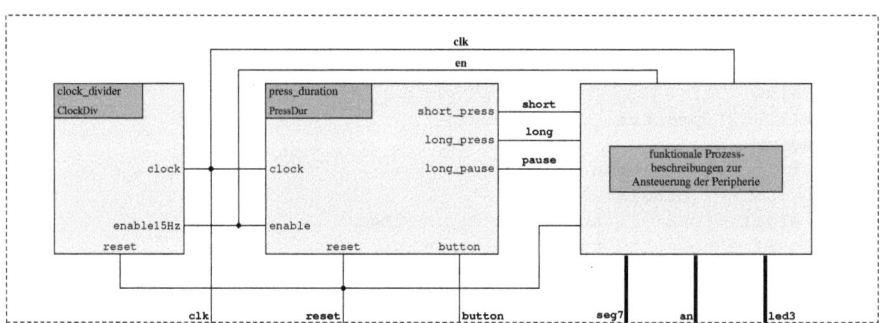

Abbildung 1.11: *Prinzipieller Aufbau des Morsecode-Detektors*

Wir werden sehen, dass es sich weder um eine reine strukturelle, noch um eine reine funktionale Beschreibung handelt, sondern um eine Mischform. Ein Teil der Architektur wird strukturell beschrieben, nämlich wie die beiden Bausteine `clock_divider` und `press_duration` verwendet und mit ihrer Umgebung verdrahtet werden. Die Ausgabesignale des Bausteins `press_duration` werden dann weiterverarbeitet, um die 7-Segment-Anzeigen und die drei Leuchtdioden anzusteuern. Die Beschreibung dieser Ansteuerung wird funktionaler Art sein.

Wir beginnen mit dem strukturellen Teil. Wie in Abbildung 1.11 zu sehen ist, verwenden wir je eine Instanz der Komponenten `clock_divider` und `press_duration`. Bevor Instanzen von Komponenten – die dazugehörigen Bausteine müssen bei einem *bottom-up-Entwurf* als Entities mit einer dazugehörigen Architektur im Vorfeld beschrieben worden sein – in einer strukturellen VHDL-Beschreibung verwendet werden können, müssen diese über das Konstrukt **component** deklariert werden. Die Instanzen erhalten während der entsprechenden Instanziierung Namen, in unserem Fall haben wir die Namen `ClockDiv` und `PressDur` gewählt. Abbildung 1.12 zeigt unter anderem wie die Deklaration der Komponenten und die Instanziierungen dieser

---

[6]Die Schreibweise `sh=11X"000"` ist erst seit VHDL-2008 möglich. Die in diesem Beispiel nach `std_logic_vector` transformierte hexadezimale Zahl wird durch Abschneiden der am weitesten links stehenden Stellen an die Länge von `sh` angepasst. Sind die abzuschneidenden Stellen nicht mit dem Wert `'0'` belegt, so erfolgt eine Fehlermeldung.

1.2 Eine erste Realisierung des Morsecode-Detektors

Komponenten in VHDL für unser Beispiel aussehen. Zusätzlich werden noch interne Signale deklariert, die wir zur Realisierung des Morsecode-Detektors brauchen. Es sind dies die in Abbildung 1.11 schon zu sehenden Signale en, short, long, pause als auch das Signal token, das im Rahmen der Verhaltensbeschreibung der Ausgabesignale seg7 und led3 eine Rolle spielen wird.

```
 9   architecture structure of morse is
10
11     component press_duration
12       port (clock, reset, enable, button: in std_logic;
13             short_press, long_press, long_pause: out std_logic);
14     end component;
15
16     component clock_divider
17       port (clock, reset: in std_logic;
18             enable15Hz: out std_logic);
19     end component;
20
21     signal en, short, long, pause: std_logic;
22     signal token: std_logic_vector(9 downto 0);
23   begin
24     PressDur: press_duration
25       port map (clock => clk, reset => reset, enable => en,
26                 button => button, short_press => short,
27                 long_press => long, long_pause => pause);
28
29     ClockDiv: clock_divider
30       port map (clock => clk, reset => reset, enable15Hz => en);
```

Abbildung 1.12: Deklaration und Instanziierung der Komponenten

Wir sehen, dass während der Instanziierung einer Komponente über das Konstrukt **port map** spezifiziert wird, wie die Instanz mit ihrer Außenwelt strukturell verbunden wird. So wird in unserem Beispiel das Ausgabesignal enable15Hz der Instanz ClockDiv der Komponente clock_divider mit dem internen Signal en des Morsecode-Detektors verbunden.

Lassen Sie uns jetzt die Ansteuerung der drei Leuchtdioden und der 7-Segment-Anzeigen anschauen. Wir beginnen mit der Ansteuerung der drei Leuchtdioden, die über das Ausgabesignal led3 erfolgt und die nach außen anzeigen sollen, ob bei der letzten Eingabe ein kurzer oder langer Impuls oder kein Impuls eingegeben wurde. Die 0. LED, die durch led3(0) modelliert wird, soll leuchten, wenn ein kurzer Impuls anliegt. Die 1. LED led3(1) soll leuchten, wenn ein langer Impuls anliegt. Wurde kein Impuls erkannt (Pause zwischen den Morsezeichen), soll die 2. LED leuchten. Der dazugehöriger VHDL-Quelltext

```
74    led3(0) <= short;  -- kurzer Impuls erkannt
75    led3(1) <= long;   -- langer Impuls erkannt
76    led3(2) <= pause;  -- Ende des Zeichens erkannt
```

enthält drei implizite Prozesse beziehungsweise bei der zu den drei Anweisungen äquivalenten Vektor-Zuweisung

```
74a   led3 <= (short, long, pause);
```

einen impliziten Prozess.

> Unter **impliziten Prozessen** versteht man Zuweisungen an Signale, die außerhalb eines Blockes `process...end process` erfolgen. Die Sensitivitätsliste eines impliziten Prozesses besteht aus allen Signalen, von denen die Zuweisung abhängt.

Der erste der drei impliziten Prozesse von oben ist somit äquivalent mit dem expliziten Prozess

```
74a     process (short)
74b     begin
74c         led3(0) <= short;
74d     end process;
```

Die Beschreibung des Morsecode-Detektors wird nun mit einer Beschreibung der Ansteuerung der 7-Segment-Anzeigen abgeschlossen. Abbildung 1.13 zeigt den von uns benutzten VHDL-Quelltext, der aus einem expliziten Prozess besteht.

Die Sensitivitätsliste des Prozesses besteht aus den beiden Signalen `reset` und `clk`. In dem internen Signal `token`, das einen Vektor der Länge 10 über dem Datentyp `std_logic` darstellt, werden die durch den Baustein `PressDur` erkannten Impulse abgespeichert. Hierbei soll `"01"` für einen kurzen Impuls und `"11"` für einen langen Impuls stehen.

Das Signal `token` wird durch das Drücken der `reset`-Taste auf Null, d. h. auf `"0000000000"` gesetzt. Entsprechend sollen beim Betätigen dieser Taste auch die 7-Segment-Anzeigen nichts anzeigen, d. h. alle Kathoden der Leuchtdioden der 7-Segment-Anzeigen werden mit ′1′ angesteuert. Dies kann, wie in Abbildung 1.13 sehr bequem über das Konstrukt **others** erfolgen, das unabhängig von der Breite eines Vektors allen Stellen den gleichen Wert zuordnet. Das 'Abzählen' der Stellen entfällt somit. Die Zeilen (36) und (37) sind damit äquivalent zu

```
36a     token <= "0000000000";
```

und

```
37a     seg7 <= "1111111";
```

In den Zeilen (40-43) wird bei Erkennen eines kurzen beziehungsweise langen Impulses eine entsprechende Information in dem Signal `token` abgespeichert, indem der aktuelle Inhalt des Signals um zwei Stellen nach links geshiftet wird und die Zeichenkette `"01"` beziehungsweise `"11"` von rechts nachgeschoben wird. Wird eine Pause erkannt, so ist das Einlesen des Zeichens abgeschlossen (Zeilen (44-46)) und es kann mit der Ansteuerung des Signals `seg7` begonnen werden.

Die Ansteuerung des Signals `seg7` erfolgt über eine **case**-Anweisung. In Zeile (48) wird abgefragt, ob der Morsecode `".-"` eingegeben wurde. Dies entspricht der Belegung `token(9` **downto** `4)="000000"`, `token(3` **downto** `2)="01"` (kurzer Impuls) und `token(1` **downto** `0)="11"` (langer Impuls). Ist dies der Fall, so wurde das Zeichen A erkannt und die Leuchtdioden der 7-Segment-Anzeige können so angesteuert werden, dass das Zeichen A auf den Anzeigen aufleuchtet.

1.2 Eine erste Realisierung des Morsecode-Detektors

```vhdl
33  process (reset,clk)
34  begin
35    if reset='1' then
36      token <= (others=>'0');
37      seg7 <= (others =>'1');
38    elsif clk='1' and clk'event then
39      if en='1' then
40        if short='1' then
41          token <= token(7 downto 0) & "01"; -- kurzer Impuls
42        elsif long='1' then
43          token <= token(7 downto 0) & "11"; -- langer Impuls
44        elsif pause='1' then
45          -- Ende des Zeichens erreicht
46          -- 7-Segment-Anzeige kann angesteuert werden
47          case token is
48            when "0000000111" => seg7 <="0001000"; -- A
49            when "0011011101" => seg7 <="1000110"; -- C
50            when "0000000001" => seg7 <="0000110"; -- E
51            when "0001011101" => seg7 <="0001110"; -- F
52            when "0001010101" => seg7 <="0001001"; -- H
53            when "0001110101" => seg7 <="1000111"; -- L
54            when "0001111101" => seg7 <="0001100"; -- P
55            when "0000010111" => seg7 <="1000001"; -- U
56            when "1111111111" => seg7 <="1000000"; -- 0
57            when "0111111111" => seg7 <="1111001"; -- 1
58            when "0101111111" => seg7 <="0100100"; -- 2
59            when "0101011111" => seg7 <="0110000"; -- 3
60            when "0101010111" => seg7 <="0011001"; -- 4
61            when "0101010101" => seg7 <="0010010"; -- 5
62            when "1101010101" => seg7 <="0000010"; -- 6
63            when "1111010101" => seg7 <="1111000"; -- 7
64            when "1111110101" => seg7 <="0000000"; -- 8
65            when "1111111101" => seg7 <="0010000"; -- 9
66            when others => seg7 <= "0111111";
67            -- Fehlerausgabe "-"
68          end case;
69        end if;
70      end if;
71    end if;
72  end process;
```

Abbildung 1.13: Ansteuerung der 7-Segment-Anzeigen

Mit VHDL-2008 wurde eine prägnantere Form für die **case**-Anweisung (zusätzlich) eingeführt. So ist die in Abbildung 1.13 enthaltene **case**-Anweisung äquivalent zu der **with...select**-Anweisung

```
47a         with token select
47b           seg7 <= "0001000" when "0000000111",  -- A
47c                   "1000110" when "0011011101",  -- C
47d                   "0000110" when "0000000001",  -- E
47e                   "0001110" when "0001011101",  -- F
47f                   "0001001" when "0001010101",  -- H
47g                   "1000111" when "0001110101",  -- L
47h                   "0001100" when "0001111101",  -- P
47i                   "1000001" when "0000010111",  -- U
47j                   "1000000" when "1111111111",  -- 0
47k                   "1111001" when "0111111111",  -- 1
47l                   "0100100" when "0101111111",  -- 2
47m                   "0110000" when "0101011111",  -- 3
47n                   "0011001" when "0101010111",  -- 4
47o                   "0010010" when "0101010101",  -- 5
47p                   "0000010" when "1101010101",  -- 6
47q                   "1111000" when "1111010101",  -- 7
47r                   "0000000" when "1111110101",  -- 8
47s                   "0010000" when "1111111101",  -- 9
47t                   "0111111" when others;
```

Die Abbildungen 1.14 und 1.15 zeigen den VHDL-Code der Architektur structure von morse nochmals im Zusammenhang.[7]

Wir wollen uns den Entwurf noch ein wenig genauer anschauen und die Semantik des angegebenen VHDL-Quelltextes besser verdeutlichen. Nehmen Sie an, dass Sie die reset-Taste kurz drücken! Was passiert? Es gibt zwei Prozesse, die durch die Betätigung der reset-Taste aktiviert werden: Auf der einen Seite der Prozess SHIFTREG in der Architektur functional_behavior des Bausteins press_duration (siehe Abbildung 1.10 auf Seite 23) und andererseits der in Abbildung 1.13 abgebildete Prozess zur Ansteuerung der 7-Segment-Anzeigen. Jeder der beiden Prozesse enthält das Signal reset in seiner Sensitivitätsliste.

Der Prozess SHIFTREG realisiert ein asynchrones Reset und setzt das Signal sh auf den Nullvektor. Hierdurch werden die drei impliziten Prozesse dieser Architektur aktiviert und das Signal long_pause wird auf den Wert '1', die Signale short_press und long_press auf den Wert '0' gesetzt.

Der Steuerungsprozess der 7-Segment-Anzeigen setzt aufgrund der Betätigung der reset-Taste das Signal token auf den Nullvektor und das Signal seg7 auf den Einsvektor, sodass, jedenfalls für eine kurze Zeit, alle Leuchtdioden der 7-Segment-Anzeigen aus sind. Da „parallel" dazu das Signal long_pause auf den Wert '1' gesetzt wurde und dieses Signal das interne Signal pause treibt, weist der Steuerungsprozess (siehe Abbildung 1.13) bei der nächsten steigenden Flanke des Taktes (sofern zu diesem Zeitpunkt die reset-Taste nicht mehr gedrückt ist) das Signal seg7 auf den Wert "0111111", sodass nur der mittlere Balken der 7-Segment-Anzeige aufleuchtet — was ja korrekterweise bedeutet, dass noch kein gültiges Zeichen erkannt wurde.

---

[7]Nicht explizit besprochen haben wir die Belegung des Signals an, das die Anoden der 7-Segment-Anzeigen ansteuert. Auf Seite 13 haben wir ausgeführt, dass die Anoden auf Masse gelegt werden müssen, also das Signal an mit dem Wert "0000" belegt werden muss.

1.2 Eine erste Realisierung des Morsecode-Detektors

```vhdl
 9  architecture structure of morse is
10
11     component press_duration
12       port (clock, reset, enable, button: in std_logic;
13             short_press, long_press, long_pause: out std_logic);
14     end component;
15
16     component clock_divider
17       port (clock, reset: in std_logic;
18             enable15Hz: out std_logic);
19     end component;
20
21     signal en, short, long, pause: std_logic;
22     signal token: std_logic_vector(9 downto 0);
23  begin
24     PressDur: press_duration
25       port map (clock => clk, reset => reset, enable => en,
26                 button => button, short_press => short,
27                 long_press => long, long_pause => pause);
28
29     ClockDiv: clock_divider
30       port map (clock => clk, reset => reset, enable15Hz => en);
31
32     an <= "0000";
33     process (reset,clk)
34     begin
35       if reset='1' then
36         token <= (others=>'0');
37         seg7 <= (others =>'1');
38       elsif clk='1' and clk'event then
39         if en='1' then
40           if short='1' then
41             token <= token(7 downto 0) & "01"; -- kurzer Impuls
42           elsif long='1' then
43             token <= token(7 downto 0) & "11"; -- langer Impuls
44           elsif pause='1' then
45             -- Ende des Zeichens erreicht
46             -- 7-Segment-Anzeige kann angesteuert werden
```

Abbildung 1.14: Die Architektur structure *von* morse. *Fortsetzung in Abbildung 1.15.*

```vhdl
47        case token is
48          when "0000000111" => seg7 <="0001000"; -- A
49          when "0011011101" => seg7 <="1000110"; -- C
50          when "0000000001" => seg7 <="0000110"; -- E
51          when "0001011101" => seg7 <="0001110"; -- F
52          when "0001010101" => seg7 <="0001001"; -- H
53          when "0001110101" => seg7 <="1000111"; -- L
54          when "0001111101" => seg7 <="0001100"; -- P
55          when "0000010111" => seg7 <="1000001"; -- U
56          when "1111111111" => seg7 <="1000000"; -- 0
57          when "0111111111" => seg7 <="1111001"; -- 1
58          when "0101111111" => seg7 <="0100100"; -- 2
59          when "0101011111" => seg7 <="0110000"; -- 3
60          when "0101010111" => seg7 <="0011001"; -- 4
61          when "0101010101" => seg7 <="0010010"; -- 5
62          when "1101010101" => seg7 <="0000010"; -- 6
63          when "1111010101" => seg7 <="1111000"; -- 7
64          when "1111110101" => seg7 <="0000000"; -- 8
65          when "1111111101" => seg7 <="0010000"; -- 9
66          when others => seg7 <= "0111111";
67          -- Fehlerausgabe "-"
68        end case;
69      end if;
70     end if;
71    end if;
72   end process;
73
74   led3(0) <= short; -- kurzer Impuls erkannt
75   led3(1) <= long;  -- langer Impuls erkannt
76   led3(2) <= pause; -- Ende des Zeichens erkannt
77 end structure;
```

Abbildung 1.15: *Die Architektur* structure *von* morse*: Fortsetzung des Codes aus Abbildung 1.14.*

Wie sie vielleicht bemerkt haben, haben wir es während den gerade gegebenen Erläuterungen vermieden, darüber zu diskutieren, welcher der zu einem Zeitpunkt gleichzeitig aktivierten Prozesse zuerst von uns besprochen werden soll. Es könnte ja sein, dass die Reihenfolge, in der wir die Prozesse „simulieren", das Ergebnis der Überlegungen beeinflusst. Aus diesem Grunde ist es notwendig, exakt zu definieren, wie die Simulation einer VHDL-Beschreibung abzulaufen hat. In diesem Zusammenhang spricht man davon, dass „die Semantik von VHDL durch die Simulation definiert ist". Kapitel 2 wird sich aus diesem Grunde sehr intensiv mit der Simulation von VHDL-Beschreibungen auseinander setzen.

1.3 Verwendung endlicher Automaten

Eine andere Herangehensweise, um den Morsecode-Detektor zu realisieren, wäre, explizit einen endlichen Automaten [26] zur Beschreibung dieses sequentiellen Schaltkreises [8] zu benutzen. In der Tat, auch die oben angegebene Hardwarebeschreibung des Morsecode-Detektors enthält ein Gedächnis, das durch das Signal `sh` der Architektur `functional_behavior` des Bausteins `press_duration` (siehe Abbildung 1.10) realisiert wird. Das Signal `sh` zählt in einem gewissen Sinne, wie oft hintereinander die `button`-Taste gedrückt beziehungsweise nicht gedrückt ist.

Wir wollen im Folgenden eine zweite Architektur des Bausteins `press_duration` aus Abschnitt 1.2.2 angeben, die wir aus einem endlichen Automaten entwickeln. Es wird eine funktionale Beschreibung sein. Der endliche Automat muss im Wesentlichen zählen, wie lange die `button`-Taste gedrückt oder nicht gedrückt ist.

Ein **endlicher** (Mealy-)**Automat** ist definiert als Sechstupel $(S, I, O, \delta, \lambda, s_0)$, wobei

- S eine endliche Menge von *Zuständen*,
- I ein endliches *Eingabealphabet*,
- O ein *endliches Ausgabealphabet*,
- δ eine Abbildung von $S \times I$ nach S,
- λ eine Abbildung von $S \times I$ nach O und
- s_0 ein Element aus S, der Anfangszustand des endlichen Automaten ist.

Abbildung δ ist die *Überführungsfunktion*. Sie gibt den Folgezustand in Abhängigkeit des aktuellen Zustandes und des aktuellen Eingabesymbols an.

Abbildung $\lambda : S \times I \to O$ heißt *Ausgabefunktion* und gibt an, welche Ausgabe bei welchem Zustandsübergang erfolgt.

---

[8]**Kombinatorische Schaltungen** sind Schaltungen, bei denen jeweils die Belegung der Ausgangssignale zu jeder Zeit nur von der Belegung der Eingangssignale der Schaltung abhängt. Die Belegung der Ausgangssignale ist unabhängig von den Werten der Eingangssignale aus einem vorherigen Schritt. Die Belegung der Ausgangssignale einer **sequentiellen Schaltung** hingegen hängt in der Regel sowohl von der aktuellen Belegung als auch von vorhergehenden Belegungen der Eingangssignale ab. Sequentielle Schaltungen verfügen demnach über ein „Gedächnis", das in der Regel über Speicherelemente, wie zum Beispiel Flipflops, realisiert wird.

Gilt $\delta(s,x) = t$ und $\lambda(s,x) = y$ für ein Eingabesymbol $x \in I$, ein Ausgabesymbol $y \in O$ und zwei Zustände $s, t \in S$, dann geht der endliche Automat in den Zustand t über und gibt dabei den Wert y aus, wenn er sich aktuell im Zustand s befindet und das Eingabesymbol x anliegt.

Wir gehen davon aus, dass nach der Initialisierung oder nach dem Betätigen der Taste reset unser endlicher Automat im Startzustand s_0 ist. Diesen haben wir mit der Bitfolge "00000" kodiert. Wir beginnen mit dem Fall, dass die button-Taste bei der nächsten steigenden Flanke des Taktes gedrückt ist, also button='1' gilt. Wir vereinbaren, dass der endliche Zustand dann in einen Zustand "10001" übergeht. Die vordere Eins steht hierbei für den Fakt, dass wir uns in einer zu erkennenden Einerfolge befinden. Die hinteren vier Bits werden für das Zählen benutzt. Ist bei der nächsten steigenden Flanke die button-Taste weiter gedrückt, so geht der endliche Automat in den Zustand "10010" über. Der Zustand wird bei Anliegen von button='1' so lange „erhöht", bis der Zustand "11010" erreicht ist. Dieser Zustand wird dann erreicht, wenn die button-Taste während zehn Takten gedrückt war und somit keine gültige Eingabe erfolgt ist.

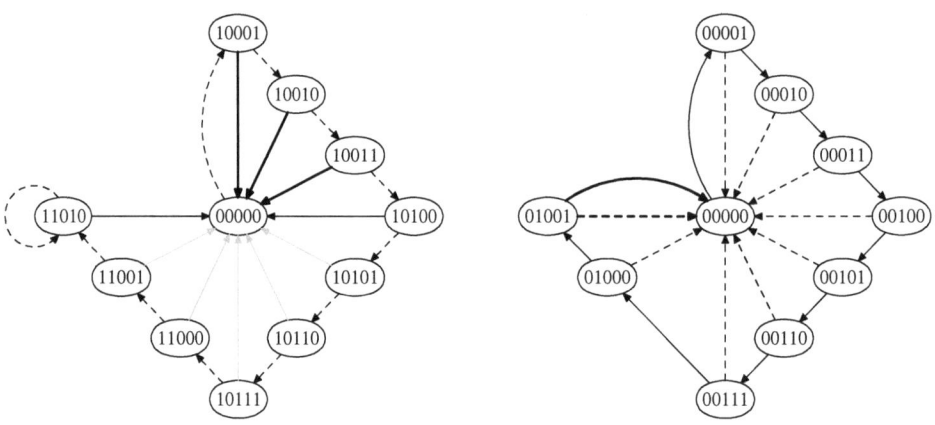

Abbildung 1.16: *Teilautomaten zur Analyse der Betätigung des Morsetasters bezogen auf die steigenden Taktflanken*

Die linke Darstellung in Abbildung 1.16 zeigt den Teilautomaten, der für die Analyse der Betätigungsdauer des Morsetasters verantwortlich ist. Die gestrichelten gerichteten Kanten stellen Übergänge dar, die aktiviert werden, wenn die button-Taste gedrückt und die Taste reset nicht gedrückt ist. Bei der Benutzung eines solchen Übergangs wurde weder ein kurzer noch ein langer Impuls entdeckt. Alle durchgezogenen Kanten, ob dick oder dünn, grau oder schwarz, stellen Übergänge dar, die aktiviert werden, wenn weder die button-Taste noch die Taste reset gedrückt ist. Der endliche Automat startet im Zustand "00000" und beginnt mit dem Zählen der Takte, bei denen die button-Taste gedrückt ist. Dicke schwarze Kanten symbolisieren Übergänge, bei denen ein kurzer Impuls entdeckt wurde, die grauen Kanten symbolisieren Übergänge, bei denen ein langer Impuls entdeckt wurde. Die dünn schwarz

1.3 Verwendung endlicher Automaten

eingezeichneten durchgezogenen Kanten stehen für Übergänge, bei denen kein gültiger Impuls erkannt wurde. Falls die `button`-Taste genau vier Takte oder länger als neun Takte gedrückt, so wird der Impuls als ungültig klassifiziert. Der Übersichtlichkeit halber haben wir in dem Teilautomaten die Übergänge, die bei Betätigung der `reset`-Taste genommen werden, nicht eingezeichnet. Entsprechende Kanten müssten von jedem Zustand zum Zustand "00000" noch eingefügt werden.

Das Ein-/Ausgabeverhalten dieses Teilautomaten kann wieder mit Hilfe einer **case**-Anweisung in VHDL beschrieben werden. Abbildung 1.17 zeigt den entsprechenden VHDL-Quelltext, der Teil der neuen Architektur des `press_duration`-Bausteins ist. Die **case**-Anweisung beginnt in der Zeile (28). Sie wird ausgeführt, wenn die `reset`-Taste nicht gedrückt ist (Zeile (23)) und eine steigende Flanke des Taktes (Zeile (26)) und gleichzeitig aktivem `enable`-Signal vorliegt. In Abhängigkeit des aktuellen Zustandes, der durch die aktuelle Belegung des Signals `state` repräsentiert ist, wird jeweils der Folgezustand in Abhängigkeit des Status der `button`-Taste berechnet. Befindet sich der endliche Automat weder in dem Zustand "00000" noch in einem der Zustände "10100" oder "11010" und ist die `button`-Taste nicht gedrückt, so ist damit ein kurzer Impuls (Zeile (37)) oder ein langer Impuls (Zeile (42)) erkannt und das Signal `short_press` bzw. `long_press` wird auf den Wert '1' gesetzt. Im Zustand "11010" (Zeile (46)) wird solange verblieben, bis die `button`-Taste losgelassen wird (oder die `reset`-Taste gedrückt wird). Im Zustand "00000" (Zeile (34)) werden alle drei Ausgabesignale `short_press`, `long_press` und `long_pause` auf den Wert '0' gesetzt.

Der (im Package `std_logic_signed`) auf dem Datentyp `std_logic_vector` definierte Operator + interpretiert hierbei die beiden Operanden als im Zweierkomplement dargestellte Zahlen (siehe den Exkurs zu der Zweierkomplement-Zahlendarstellung auf Seite 151), addiert diese und gibt das Ergebnis wieder als Vektor über `std_logic` zurück.

Damit fehlt nur noch die Analyse, zu welchen Zeitpunkten der Morsetaster nicht betätigt ist, um festzustellen, ob der Morsecode eines Zeichens abgeschlossen ist. Startend von dem Zustand "00000" wird wiederum einfach nur gezählt. Wird der Zustand "01001" erreicht, so wurde die `button`-Taste während neun Takten nicht betätigt. Abbildung 1.16 zeigt auf der rechten Seiten den entsprechenden endlichen Automaten.

Die dick eingezeichneten Kanten in der rechten Darstellung in Abbildung 1.16 kennzeichnen die Übergänge, bei dem das Signal `long_pause` auf '1' gesetzt wird. Die gestrichelten Kanten stehen wie vorhin wieder für Übergänge, die aktiviert werden, wenn die `button`-Taste gedrückt ist[9], die durchgezogenen für die Übergänge, die aktiviert werden, wenn `button` nicht gedrückt ist.

Auch dieser Teilautomat ist, wie in Abbildung 1.17 dargestellt, mit der **case**-Anweisung leicht in VHDL beschreibbar. Wir können beide Automaten sogar über die gleiche **case**-Anweisung spezifizieren.

---

[9]An dieser Stelle weist unser Entwurf eine kleine Ungenauigkeit auf, da wir an sich das Erkennen, dass die Taste `button` wieder gedrückt ist, in Bezug auf die Länge der nächsten Einerfolge mitzählen müssten. Wir überlassen die entsprechende Anpassung des Entwurfs dem Leser.

```vhdl
18 architecture finite_state_machine of press_duration is
19   signal state: std_logic_vector (4 downto 0);
20 begin
21   process (reset,clock)
22   begin
23     if reset='1' then
24       state <= "00000"; short_press <= '0';
25       long_press <= '0'; long_pause <= '0';
26     elsif clock='1' and clock'event then
27       if enable='1' then
28         case state is
29           when "00000" =>
30             if button='1' then state<= "10001";
31             else state <= "00001";
32             end if;
33             short_press <= '0'; long_press <= '0';
34             long_pause <= '0';
35           when "10001" | "10010" | "10011" =>
36             if button='1' then state <= state + '1';
37             else state <= "00000"; short_press <= '1';
38             end if;
39           when "10101" | "10110" | "10111" |
40                "11000" | "11001" =>
41             if button='1' then state <= state + '1';
42             else state <= "00000"; long_press <= '1';
43             end if;
44           when "11010" =>
45             if button='1' then state <= "11010";
46             else state <= "00000";
47             end if;
48           when "00001" | "00010" | "00011" |
49                "00100" | "00101" | "00110" |
50                "00111" | "01000" =>
51             if button='0' then state <= state + '1';
52             else state <= "00000";
53             end if;
54           when "01001" =>
55             long_pause<='1';
56             state <= "00000";
57           when others =>
58             if button='1' then state <= state + '1';
59             else state <= "00000";
60             end if;
61         end case;
62       end if;
63     end if;
64   end process;
65 end finite_state_machine;
```

Abbildung 1.17: Modellierung des endlichen Automaten in VHDL

2 VHDL – Ein Überblick

Im ersten Kapitel haben wir durch die Diskussion eines ausführlichen Beispiels einen ersten Eindruck erhalten, wie man mit Hilfe dieser Beschreibungssprache tatsächlich Schaltungen entwerfen und auf entsprechenden Hardwarebausteinen und Demonstrationsplatinen auch ausführen kann. In den folgenden Abschnitten wollen wir uns nun mit VHDL selbst beschäftigen.

Wir beginnen mit der Vorstellung der in VHDL verfügbaren Sichten auf ein System. In Abschnitt 2.2 sehen wir uns dann an, wie VHDL-Beschreibungen simuliert werden. Dieser Abschnitt ist von zentraler Bedeutung, da die Semantik von VHDL über die Simulation definiert ist.

Eine wesentliche Rolle bei der Simulation spielen Signale und die Handhabung von Signalzuweisungen, die im Kontext der Simulation über Transaktionen realisiert werden. Wir werden uns Signalen, insbesondere wie sie sich von Variablen unterscheiden, und dem gerade angesprochenen Transaktionskonzept in Abschnitt 2.2.1 detailliert widmen.

Ein weiterer Schwerpunkt dieses Kapitels sind die von VHDL bereitgestellten Möglichkeiten, Signalverzögerungen an Bausteinen, die physikalisch zum Teil durch innere Kapazitäten, zum Teil durch Lastkapazitäten bedingt sind, zu modellieren.

2.1 Die verschiedenen Sichten in VHDL

VHDL erlaubt sowohl strukturelle Beschreibungen als auch Verhaltensbeschreibungen, um das Ein-/Ausgabeverhalten eines Bausteins zu spezifizieren.

2.1.1 Strukturelle Beschreibungen

Strukturelle Beschreibungen werden seit jeher im Schaltkreisentwurf benutzt. Auch wir haben in unserem Einführungsbeispiel schon die Methode *strukturelle Beschreibung* eingesetzt, so zum Beispiel in der Architektur `structure` des Bausteins `morse`, in der je eine Instanz der Komponenten `clock_divider` und `press_duration` benutzt wird (siehe Abbildung 1.12 auf Seite 25).

> Unter einer **strukturellen Beschreibung** eines Bausteins versteht man die Beschreibung einer Skizze, die angibt, welche Komponenten (genauer: wie viele Instanzen der einzelnen Komponenten) zur Realisierung dieses Bausteins benutzt werden und wie diese Instanzen untereinander und mit den Ein- und Ausgängen des Bausteins verdrahtet sind.

In der Regel werden solche strukturellen Beschreibungen grafisch über so genannte *Schematic-Entry*-Editoren eingegeben. Schematic-Entry-Editoren können bisher jedoch nur dann eingesetzt werden, wenn es sich bei der Entwurfsaufgabe nicht um die Beschreibung parametrisierter Schaltungen handelt. Die vor ungefähr zwei Dekaden im akademischen Bereich entwickelten Schematic-Entry-Editoren zur Beschreibung parametrisierbarer Schaltungen, wie zum Beispiel *Cadic* [8, 12, 35] oder *Escher* [15], konnten sich nicht im industriellen Bereich durchsetzen. In der Regel werden in der Praxis für parametrisierte Spezifikationen von Schaltungen textuelle Beschreibungen, unter Verwendung von Hardwarebeschreibungssprachen, verwendet. Hierzu später aber mehr, insbesondere in Teil III.

2.1.2 Funktionale Beschreibungen

VHDL bietet neben der Möglichkeit, Schaltungen strukturell zu beschreiben, auch die Möglichkeit, nur das Verhalten eines zu entwerfenden Systems anzugeben.

> Im Gegensatz zu strukturellen Beschreibungen werden bei **funktionalen Beschreibungen** (auch unter dem Begriff **Verhaltensbeschreibungen** geläufig) die Bausteine nicht über ihre Komponenten sondern durch nebenläufige (d. h. gleichzeitig nebeneinander laufenden) *Prozesse*, die die Belegungen der Signale des Bausteins funktional bestimmen, beschrieben. Prozesse beschreiben, wie sich Signale in Abhängigkeit anderer Signale verhalten.

So wäre bei einer kombinatorischen Schaltung[1] ein Prozess, der zum Beispiel unter Verwendung der **case**-Anweisung die Funktionstabelle der zu realisierenden Booleschen Funktion nachbildet, eine Verhaltensbeschreibung des Bausteins.

In unserem Einführungsbeispiel in Kapitel 1 sind wir bereits reinen Verhaltensbeschreibungen begegnet, so zum Beispiel in der in der Abbildung 1.17 auf Seite 34 gezeigten Architektur `finite_state_machine` des Bausteins `press_duration`. Der in dieser Architektur definierte Prozess wird aktiviert, wenn eine Signaländerung auf wenigstens einem der beiden Signale `reset` und `clock` zu beobachten ist. Ist dies der Fall, so werden den Signalen `state`, `short_press`, `long_press` und `long_pause` in Abhängigkeit der Belegungen der Signale `clock`, `reset`, `state` und `button` neue Werte zugewiesen. Der Prozess beschreibt also, wie sich die Signale in Abhängigkeit anderer Signale verhalten.

Der Prozess in Abbildung 1.13 auf Seite 27, der das Verhalten der 7-Segment-Anzeige in Abhängigkeit der Signale `reset`, `clk` und `token` spezifiziert, stellt ein weiteres Beispiel dar.

2.2 Simulation von VHDL-Beschreibungen

Bevor eine Schaltung physikalisch gebaut wird, sollte die Schaltungsbeschreibung, d. h. der VHDL-Quellcode, validiert werden. Dies geschieht in der Regel durch ereignis-gesteuerte Simulation. Auf Vorgehensweisen zur Organisation der Validierung durch Simulation einer mit VHDL beschriebenen Schaltung, Stichwort *Testbenches*, werden wir später, in dem Teil IV des Buches, eingehen. Hier wollen wir die Simulation selbst betrachten, um so die Auswirkung der VHDL-Anweisungen und -Konstrukte besser zu verstehen.

---
[1] Siehe die Fußnote zu kombinatorischen und sequentiellen Schaltungen auf Seite 31

2.2 Simulation von VHDL-Beschreibungen

Das bei einer Simulation einer VHDL-Beschreibung vorliegende Szenario ist durch die Menge der Prozesse des zu simulierenden Bausteins gegeben. Auch wenn eine Schaltung zu großen Teilen strukturell beschrieben sein sollte, ist es im Gegensatz zur Synthese für die Simulation unabdingbar, dass für die „untersten" Bausteine eine Verhaltensbeschreibung vorliegt. Hierarchische, strukturelle Beschreibungen werden in diesem Sinne bis auf die Prozesse hinunter „flach geklopft".

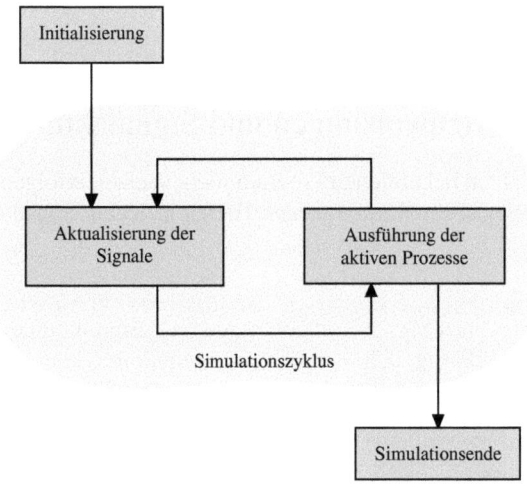

Abbildung 2.1: *Ablauf einer Simulation in VHDL*

Wie in Abbildung 2.1 illustriert, startet eine VHDL-Simulation mit einer

- *Initialisierungsphase*, in der im Wesentlichen die Signale in Abhängigkeit ihres Datentyps auf ihre jeweils „kleinsten" Werte gesetzt und alle Prozesse des zu simulierenden Bausteins einmal ausgeführt werden (siehe Abschnitt 2.2.4)

gefolgt von den eigentlichen *Simulationszyklen*. Ein solcher Simulationszyklus besteht aus zwei Phasen,

- der *Aktualisierungsphase*, in der die Signalbelegungen aktualisiert werden, und

- der *Ausführungsphase*, in der die zu dem jeweiligen Simulationszeitpunkt aktivierten Prozesse ausgeführt und die Zuweisungen neuer Belegungen an die Signale zusammen mit den Zeitpunkten, an denen die Signale diese neuen Belegungen übernehmen, gesammelt werden.

Die Simulation bricht ab, wenn entweder keine Änderung mehr in der Schaltung erfolgen kann oder ein anderes Abbruchkriterium, wie zum Beispiel die Überschreitung der durch den Benutzer festgelegten maximalen Simulationsdauer, erfüllt ist.

Bevor wir auf jede der vier Phasen detailliert eingehen, müssen wir uns zuvor verschiedene
Punkte näher anschauen, um verstehen zu können, was während einer Simulation einer VHDL-
Spezifikation wirklich vor sich geht. Dies ist

- die *Behandlung von Signalen*, speziell die *Wertzuweisungen an Signale*,
- inklusive der *Modellierung des Zeitverhaltens von Grundbausteinen* und
- die *Ausführung von Prozessen*.

2.2.1 Signalwertzuweisungen und Signalaktualisierungen

Im Unterschied zu Variablen bei üblichen Programmiersprachen, erfolgen Wertzuweisungen an
Signale über ein spezielles *Transaktionskonzept*. Hierzu ist jedem Signal eine *Transaktionsliste*
zugeordnet.

> Die **Transaktionsliste** eines Signals enthält zu jedem Zeitpunkt eines Simulationslaufes
> die bisher berechneten, künftig, d. h. in späteren Simulationszyklen, noch auszuführenden
> Wertzuweisungen an das Signal. Die Liste ist monoton steigend nach den Zeitpunkten
> geordnet, an denen die Zuweisungen an das Signal realisiert werden müssen.

Für ein Signal `sig`, einen Wert `sig_value` von dem zu `sig` gehörigen Datentyp und einen Wert
`time_value` vom physikalischen Datentyp `time` (siehe Abschnitt 5.2 auf Seite 123), bedingt
die Ausführung der VHDL-Anweisung

```
sig <= sig_value after time_value;
```

während der Ausführungsphase eines Simulationszyklus ***nicht*** unmittelbar die Zuweisung des
Wertes `sig_value` an das Signal `sig`, auch dann nicht, wenn der Wert von `time_value` gleich
0 Femtosekunden wäre. Vielmehr wird in der zu `sig` gehörigen Transaktionsliste vermerkt, dass
das Signal `sig` zum Zeitpunkt

```
t_current+time_value
```

auf den Wert `sig_value` gesetzt werden muss. Hierbei bezeichnet `t_current` den Zeitpunkt
im Modell, zu der die VHDL-Anweisung ausgeführt wurde. Die Transaktionsliste könnte
beispielsweise so aufgebaut sein, dass ihre Elemente Paare bestehend aus einem Zeitpunkt und
einem Wert sind. Es würde dann das Paar

```
(t_current+time_value, sig_value)
```

in die zu dem Signal `sig` gehörige, nach der ersten Komponente sortierte *Transaktionsliste*
eingefügt werden.[2]

---

[2] Zur Realisierung der Transaktionslisten bietet sich die Benutzung von Heaps an [17].

2.2 Simulation von VHDL-Beschreibungen

Es ist wichtig zu verstehen, dass dieses Procedere, d. h. das Abspeichern einer Wertzuweisung in eine Transaktionsliste, auch in dem Falle durchgeführt wird, wenn keine Zeitangabe bei der Signalzuweisung angegeben ist, d. h. bei einer Anweisung der Form

```
sig <= sig_value;
```

die semantisch äquivalent ist zu

```
sig <= sig_value after 0 ns;
```

Die eigentlichen Signalaktualisierungen erfolgen erst dann, wenn alle im vorherigen Simulationszyklus aktivierten Prozesse abgearbeitet wurden und jeweils wieder in einen Wartezustand übergegangen sind. Zuerst wird die Modellzeit auf den Zeitpunkt t_next „weitergedreht", an dem die nächste Transaktion durchzuführen ist – um den gerade angesprochenen Fall in den Griff zu bekommen, dass eine Signalzuweisung ohne Zeitangabe erfolgt, muss das künstliche Konzept der *Delta-Verzögerung* eingeführt werden; auf dieses Konzept werden wir auf Seite 50 detailliert zu sprechen kommen. Es werden dann alle in den Transaktionslisten abgespeicherten Transaktionen, deren erste Komponente gleich t_next ist, d. h. die zu diesem Zeitpunkt durchzuführen sind, realisiert und aus den Transaktionslisten gelöscht. Durch die realisierten Signalaktualisierungen werden gegebenenfalls wieder Prozesse aktiviert, die dann in der nächsten Ausführungsphase ausgeführt werden.

Exkurs: Variablen

Neben Signalen stehen in VHDL auch **Variablen** zur Verfügung. Variablen dienen dazu, innerhalb von Prozessen, Funktionen und Unterprogrammen Ergebnisse zwischenzuspeichern. Variablen dürfen nur innerhalb von Prozessen, Funktionen und Unterprogrammen deklariert und nicht als Objekte einer strukturellen Beschreibung in einer Architektur verwendet werden.

Während die Syntax einer Variablendeklaration – ein Beispiel wäre

```
variable result: std_logic;
```

in der eine Variable namens result vom Typ std_logic deklariert wird – an die Syntax einer Deklaration eines Signals angelehnt ist, unterscheidet sich das Zuweisungssymbol explizit. Der Zuweisungsoperator bei Variablen wird mit dem Symbol := dargestellt, bei Signalen mit <=. Diese Unterscheidung ist sinnvoll, da diese zwei Zuweisungsoperatoren in der Tat sehr unterschiedlich interpretiert werden. Im Gegensatz zu einer Signalzuweisung, die wir gerade ausführlich besprochen haben, wird eine Variablenzuweisung sofort, d. h. schon in der Ausführungsphase des entsprechenden Simulationszyklus, ausgeführt.

2.2.2 Modellierung des Zeitverhaltens von Bausteinen

An sich gehört dieser Abschnitt in das Kapitel 3, in dem die Grundkonzepte von VHDL erläutert werden. Da die Art des bei einer Signalzuweisung benutzten Zeitmodells eine bedeutende Rolle in der Simulation spielt, haben wir uns des besseren Verständnisses wegen aber entschlossen, die Modellierung des Zeitverhaltens von Bausteinen in dieses Kapitel vorzuziehen.

Bei den VHDL-Anweisungen für die Zuweisung von Werten an Signale wird unterschieden, ob es sich um eine *nichtträge* oder eine *träge* Zuweisung handelt. Bevor wir in Details gehen, wollen wir kurz den physikalische Hintergrund beleuchten.

Exkurs: Störimpulse

Aufgrund unterschiedlicher Leitungslängen und Verzögerungen in Gattern können unterschiedliche Signale unterschiedlich lang verzögert werden. Signalwechsel können so zu unterschiedlichen Zeitpunkten die Eingänge eines Gatters erreichen und so ein ungewolltes Schalten am Ausgang des Gatters bewirken, das, nachdem alle Signalwechsel das Gatter erreicht haben, wieder „zurückgenommen" wird. Man spricht in diesem Zusammenhang von so genannten **Störimpulsen**. Störimpulse sind also in ihrer Dauer (in der Regel) kurze Impulse, die auf ungewollte Laufzeiteffekte zurückzuführen sind.

Reale Gatter absorbieren aufgrund ihrer inneren Kapazitäten kurze Impulse, also insbesondere Störimpulse, an ihren Eingängen. Jeder Baustein benötigt eine gewisse Zeit, um einen neuen Wert an einem der Eingänge zu übernehmen. Verändert sich der logische Pegel während dieser Zeit, so schlägt der Störimpuls nicht bis zum Ausgang des Gatters durch, d. h. der Störimpuls ist am Ausgang des Gatters nicht zu beobachten. Diese physikalische Eigenschaft realer Gatter wird in VHDL mit Hilfe der **trägen Signalzuweisung** modelliert.

Standardmäßig wird in VHDL das träge Modell verwendet. Über das Schlüsselwort `inertial` kann explizit angegeben werden, dass das träge Modell zu Grunde gelegt werden soll. Die *nichtträge* Wertzuweisung wird durch Angabe des Schlüsselwortes `transport` ausgewählt. Im Folgenden werden wir diese beiden Modelle genauer betrachten. Wir wollen uns aber zuerst anschauen, wie eine Signalzuweisung allgemein in VHDL aussieht.

Syntax einer Signalzuweisung

Wertzuweisungen an Signale innerhalb von Prozessen sehen syntaktisch wie folgt aus:[3]

    signal_assignment_statement ::=
        [[label **:**]] target **<=** [[delay_mechanism]] waveform **;**

wobei das Zeitmodell ausgewählt werden kann über

    delay_mechanism ::=
        `transport` | [[`reject` *time*_expression]] `inertial`

und eine Waveform dargestellt wird durch [4]

---

[3] Zur verwendeten Schreibweise verweisen wir auf Kapitel 11, Seite 247.

[4] Das Schlüsselwort `unaffected` wird einem Signal „zugewiesen", wenn explizit ausgedrückt werden soll oder muss, dass das entsprechende Signal unberührt, d. h. unverändert, bleibt. Es findet nur bei impliziten Prozessen Anwendung, also bei Signalzuweisungen außerhalb von Prozessblöcken. In dem zugehörigen expliziten Prozess entspricht dies einer `null`-Anweisung (siehe Seite 102).

2.2 Simulation von VHDL-Beschreibungen

waveform ::=
    waveform_element { , waveform_element } | **unaffected**

waveform_element ::=
    *value*_expression ⟦ **after** *time*_expression ⟧ |
    null ⟦ **after** *time*_expression ⟧

Als Beispiel lassen Sie uns das Signal inp aus Abbildung 2.2 auf Seite 42 betrachten, das als Eingabesignal eines Inverters fungieren soll. Die in dieser Abbildung für das Signal inp dargestellte Waveform sei durch eine, hier nicht näher spezifizierte Testbench generiert. Dies könnte in dieser Testbench durch die Zuweisung

```
12    inpTB <= '0','1' after 5 ns,'0' after 10 ns,'1' after 20 ns;
```

an ein Signal inpTB erfolgen, welches an den Eingang des Inverters angeschlossen wird.

Träge Wertzuweisung

Das träge Modell wird standardmäßig angewendet, d. h. entspricht der Standard-Einstellung. Zum besseren Verständnis einer VHDL-Beschreibung kann es aber auch explizit durch das Schlüsselwort **inertial** ausgewählt werden: Die Zuweisungen

```
12a     outp <= not inp after 10 ns;
```

und

```
12a     outp <= inertial not inp after 10 ns;
```

sind äquivalent.

Die durch einen Baustein verursachte Verzögerung, d. h. die Zeit, die vergeht bis sich eine Wertänderung an einem Eingang an einem Ausgang bemerkbar macht, wird beim trägen (wie auch beim nichtträgen) Modell über das Schlüsselwort **after** angegeben.

Das wichtigste Merkmal des trägen Modells besteht darin, dass alle Eingangsimpulse, die kürzer als oder gleich der angegebenen Verzögerungszeit sind, absorbiert werden, d. h. keinen Einfluss auf die Belegung des entsprechenden Ausgangssignals haben. So beschreibt der VHDL-Quellcode

```
4   entity inverter is
5   port (
6      inp : in std_logic;
7      outp : out std_logic);
8   end inverter;
9
10  architecture delayMechanism of inverter is
11  begin
12     outp <= inertial not inp after 10 ns;
13  end architecture;
```

einen Inverter, bei dem sich eine Änderung am Eingang erst nach 10 ns am Ausgang bemerkbar macht. Impulse am Eingangssignal inp, die kürzer als oder gleich 10 ns sind, haben keine Auswirkungen auf das am Ausgangssignal outp zu beobachtende Verhalten. Das Verhalten des angegebenen Inverters wird im Zeitdiagramm in Abbildung 2.2 beispielhaft erläutert. Beachten

Sie, dass es sich um einen über die träge Wertzuweisung modellierten Inverter handelt. Dies hat zur Folge, dass der Impuls der Breite 5 ns, der zum Zeitpunkt 5 ns auf dem Eingabesignal inp beginnt, vom Inverter absorbiert wird, d. h. nicht auf das Ausgangssignal outp durchschlägt, da er kürzer als die angegebene Verzögerungszeit des Inverters von 10 ns ist. Gleiches gilt für den Impuls beginnend ab 10 ns. Die Änderung des Eingangssignals zum Zeitpunkt 20 ns auf logisch 1 liegt dagegen genügend lange an. Deshalb kann der invertierte Wert nach einer Verzögerung von 10 ns am Ausgang des Inverters beobachtet werden.

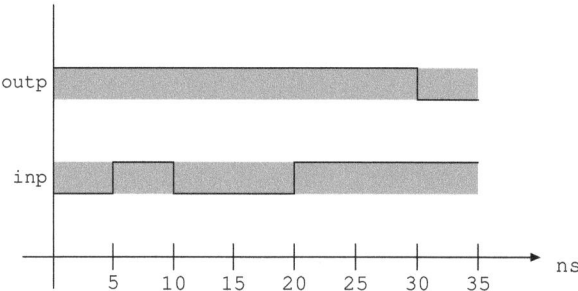

Abbildung 2.2: Ein über träge Wertzuweisung modellierter Inverter mit einer Verzögerungszeit von 10 ns.

Über das Schlüsselwort **reject** erlaubt das träge Zeitmodell auch den Fall zu modellieren, dass zwar sehr kurze Impulse am Eingangssignal durch den Baustein absorbiert werden, längere Impulse aber auf das Ausgangssignal durchschlagen sollen, auch wenn die Breite kleiner als die Bausteinverzögerung ist.[5] Die hinter dem Schlüsselwort **reject** angegebene Zeitschranke gibt an, bis zu welcher Dauer ein Impuls absorbiert werden soll.

Betrachten Sie beispielsweise die Signalzuweisung

12*a*   outp <= **reject** 3 ns **inertial not** inp **after** 10 ns;

Abbildung 2.3 zeigt, wie das Gatter sich durch die Angabe der **reject**-Zeitschranke im Vergleich zur Modellierung in Abbildung 2.2 auf die gleichen Eingangsimpulse hin verhält. Der Impuls der Breite 5 ns am Eingang inp zum Zeitpunkt 5 ns wird im Gegensatz zu dem in Abbildung 2.2 gezeigten Verhalten nicht absorbiert und ist genauso wie die Änderungen zu den Zeitpunkten 10 ns und 20 ns am Ausgang nach einer Verzögerung von jeweils 10 ns zu beobachten.

Der Vollständigkeit halber sei noch bemerkt, dass die beiden Anweisungen

12*a*   outp <= **not** inp **after** 10 ns;

und

12*a*   outp <= **reject** 10 ns **inertial not** inp **after** 10 ns;

äquivalent sind.

---

[5] Diese Erweiterung ist erst seit VHDL-93 im Sprachumfang enthalten.

2.2 Simulation von VHDL-Beschreibungen

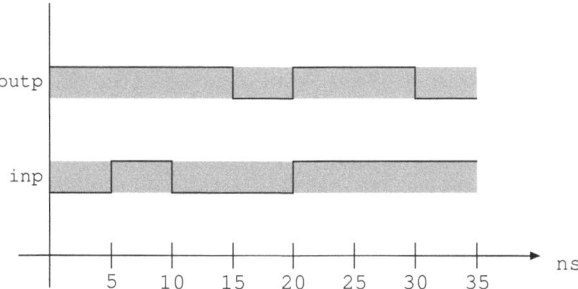

Abbildung 2.3: Ein über träge Wertzuweisung modellierter Inverter mit Angabe einer **reject**-Zeitschranke von 3 ns.

Nichtträge Wertzuweisung

Das nichtträge Modell kann zur Modellierung von „idealen" Leitungen verwendet werden. Bei dieser Art der Signalzuweisung werden *alle* Änderungen an den Eingängen in dem Sinne berücksichtigt, dass sie auf dem entsprechenden Ausgangssignal beobachtbar sind – vorausgesetzt die Wertänderungen an den Eingängen bedingen aus funktionaler Sicht eine Wertänderung am Ausgang. Eine eventuelle Verzögerung durch den Baustein kann wie beim trägen Modell über das Schlüsselwort **after** angegeben werden. So beschreibt

12a   outp <= **transport not** inp **after** 10 ns;

einen *idealisierten* Inverter, dessen Verhalten in Abbildung 2.4 exemplarisch zu sehen ist. Jede Änderung am Eingang ist nach der eingestellten Verzögerung von 10 ns am Ausgang invertiert zu beobachten. Alle Impulse, auch die kurzen Impulse, auf dem Eingangssignal inp führen in diesem Modell zu entsprechenden Änderungen am Ausgang.

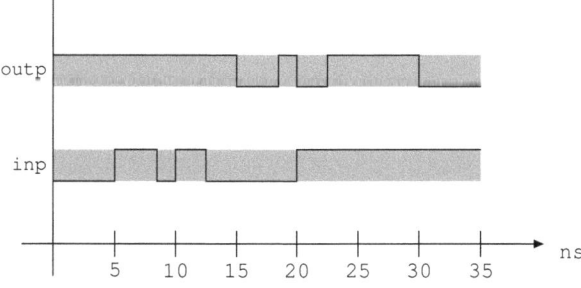

Abbildung 2.4: Ein über nichtträge Wertzuweisung modellierter Inverter.

Effekte unterschiedlicher Verzögerungszeiten in Bausteinen

VHDL unterstützt die detaillierte Modellierung von elementaren Bausteinen, welche in Abhängigkeit der Belegung der Eingänge unterschiedliche Berechnungszeiten für die Ausgänge besitzen. In solchen Fällen ist die Analyse der Semantik der VHDL-Signalzuweisung über die Angabe der zugehörigen Zeitdiagramme allein nicht aussagekräftig genug. Problematisch ist der Fall, in dem die zu einem Zeitpunkt t auszuführende Zuweisung an ein Signal in die entsprechende Transaktionsliste abgespeichert wird, die Transaktionsliste dieses Signals aber schon Transaktionen enthält, die zu späteren Zeitpunkten als Zeitpunkt t zu realisieren sind.

Wir beginnen mit dem einfacheren Fall, dem nichtträgen Modell, und betrachten wieder einen Inverter, den wir nun detaillierter unter Verwendung des nichtträgen Modells beschreiben. Anschließend beleuchten wir die Effekte unterschiedlicher Verzögerungszeiten bei Verwendung des trägen Modells.

Nichtträges Modell

Im nichtträgen Modell gilt im Falle unterschiedlicher Verzögerungszeiten in Bausteinen folgende Vereinbarung:

> Sei (t,w) eine Transaktion auf einem Signal s – d. h. dem Signal s soll zum Zeitpunkt t der Wert w zugewiesen werden –, die zum Zeitpunkt $t_0 \leq t$ in der Transaktionsliste von s vermerkt wird. Wird das nichtträge Modell verwendet, so werden beim Abspeichern dieser Transaktion in die zu s gehörige Transaktionsliste alle schon zum Zeitpunkt t_0 vorgemerkten Transaktionen aus der Transaktionsliste gelöscht, die zum Zeitpunkt t oder später durchzuführen sind.

Wir wollen diese Vorgehensweise wieder am Beispiel des Inverters illustrieren. Wir verfeinern die Beschreibung des Inverters in der Hinsicht, dass die Invertierung bei steigenden Flanken am Eingang langsamer als bei fallenden Flanken reagiert. Der VHDL-Quellcode

```
12a    process (inp)
12b    begin
12c      if inp='1' then
12d        outp<= transport '0' after 20 ns;
12e      elsif inp='0' then
12f        outp<= transport '1' after 12.5 ns;
12g      end if;
12h    end process;
```

zeigt eine solche Spezifikation. Die Verzögerung des hier beschriebenen Inverters beläuft sich auf 12.5 ns bei einer fallenden Flanke und auf 20 ns bei einer steigenden Flanke am Eingang.

Wir legen nun den Signalverlauf aus Abbildung 2.5 an den Eingang inp des so modellierten Inverters an. Beginnend mit einer leeren Transaktionsliste für den Ausgang outp wird – über die Zuweisung in Zeile (12d) – zum Zeitpunkt 5 ns die Transaktion (25 ns, '0') in die zu outp gehörige Transaktionsliste eingefügt.

Zum Zeitpunkt 10 ns sehen wir eine fallende Flanke am Eingang inp. Dies führt über die Zuweisung in Zeile (12f) zu einer neuen Transaktion auf dem Signal outp, nämlich die durch (22.5 ns, '1') beschriebene Transaktion. Diese wird in die Transaktionsliste eingefügt. Sie liegt zeitlich vor der schon in der Transaktionsliste vermerkten Transaktion (25 ns, '0'). Somit wird die Transaktion (25 ns, '0') durch die neue Transaktion ungültig. Wir erhalten also eine neue Transaktionsliste, die wiederum nur einen Eintrag enthält, nämlich den Eintrag (22.5 ns, '1').

2.2 Simulation von VHDL-Beschreibungen

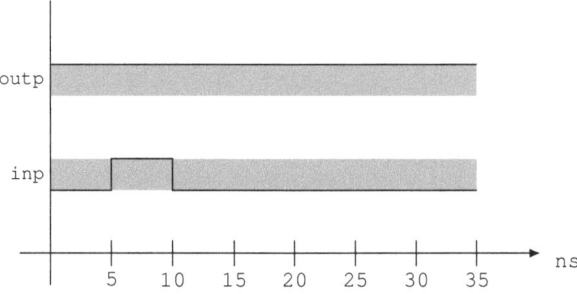

Abbildung 2.5: Auf dem nichtträgen Modell basierendes Verhalten eines Inverters.

Folgerichtig bleibt der Signalverlauf am Ausgang `outp` unverändert auf logisch Eins, da die einzige in der Transaktionsliste des Signals `outp` vermerkte Transaktion (22.5 ns, '1') keine Signaländerung bewirkt – das Ausgabesignal `outp` trägt ja bereits den Wert '1'.

Träges Modell

Wie vorhin schon angekündigt ist die Situation bei Anwendung des **inertial**-Modells etwas komplexer. Analog zum **transport**-Modell gilt aber auch hier, dass alle schon vorgemerkten Transaktionen eines Signals, die zu einem Zeitpunkt größer gleich t durchgeführt werden sollen, aus der Transaktionsliste entfernt werden, wenn wir eine neue Transaktion des Signals, die zum Zeitpunkt t ausgeführt werden soll, durch Einfügen in die Transaktionsliste vormerken. Für die in der Liste enthaltenen Transaktionen mit Zeitstempel kleiner t wird unterschieden, ob diese in das **reject**-Intervall der zugehörigen Anweisung fallen oder nicht.

Lassen sie uns die Vorgehensweise zur Berechnung der Transaktionslisten beispielhaft anhand folgender Zuweisung nach dem trägen Modell

```
24      o2 <= reject 22 ns inertial '1' after 25 ns;
```

mit einer **reject**-Zeitschranke von 22 ns und einer Verzögerung von 25 ns beschreiben. Diese Anweisung wurde dem Codefragment aus Abbildung 2.6 – siehe Zeile (24) – entnommen. Die Transaktion wird zum Zeitpunkt t_0=15 ns in die Transaktionsliste des Signals o2 eingefügt.

Nach Ausführung der beiden Anweisungen in Zeile (13) und Zeile (19) des Quellcodes während eines Simulationslaufes erhalten die beiden Signale o1 und o2 die gleichen Transaktionslisten. Beide bestehen aus den Einträgen (0 ns, '0'), (5 ns, '0'), (15 ns, '1'), (20 ns, '0'), (25 ns, '1'), (30 ns, '1'), (45 ns, '1'), (50 ns, '0'). Der Prozess wird dann aufgrund der **wait**-Anweisung gestoppt. Zum Zeitpunkt seiner erneuten Aktivierung sind jeweils die ersten drei der vorgemerkten Transaktionen der Signale o1 und o2 – die ja zum Zeitpunkt 0 ns, 5 ns und 15 ns durchzuführen waren – schon realisiert, sodass beide Transaktionslisten zu diesem Zeitpunkt durch die Liste (20 ns, '0'), (25 ns, '1'), (30 ns, '1'), (45 ns, '1'), (50 ns, '0') gegeben sind.

Durch die Zuweisung aus Zeile (24) zum Zeitpunkt 15 ns wird nun eine das Signal o2 betreffende Transaktion zum Zeitpunkt 40 ns (= 15 ns + 25 ns) mit dem Wert '1' erzeugt. Dies bedingt folgende Änderungen an der Transaktionsliste von o2:

```
10   process
11   begin
12     o1 <= transport '0',
13                     '0' after  5 ns, '1' after 15 ns,
14                     '0' after 20 ns, '1' after 25 ns,
15                     '1' after 30 ns, '1' after 45 ns,
16                     '0' after 50 ns;
17     -- exakt gleiche Zuweisung an o2
18     o2 <= transport '0',
19                     '0' after  5 ns, '1' after 15 ns,
20                     '0' after 20 ns, '1' after 25 ns,
21                     '1' after 30 ns, '1' after 45 ns,
22                     '0' after 50 ns;
23     wait for 15 ns;
24     o2 <= reject 22 ns inertial '1' after 25 ns;
25     wait;
26   end process;
```

Abbildung 2.6: Programmcode zur Illustration des trägen Zeitmodells.

- Alle bereits vorgemerkten Transaktionen mit Zeitstempel größer gleich 40 ns werden gelöscht, d. h. die Transaktionsliste des Signals o2 ergibt sich vorerst als (20 ns,'0'), (25 ns,'1'), (30 ns,'1')

- Die neue Transaktion (40 ns,'1') wird in die Transaktionsliste eingefügt, sodass wir vorerst die Transaktionsliste (20 ns,'0'), (25 ns,'1'), (30 ns,'1'), (40 ns,'1') erhalten.

- Es sind noch die schon vorgemerkten Transaktionen zu betrachten, die vor dem Zeitpunkt 40 ns durchzuführen wären. Hier wird zwischen den Transaktionen unterschieden, die bezogen auf den Zeitpunkt 40 ns in den Bereich der **reject**-Zeitschranke fallen und diejenigen, die davor liegen.

Durch die angegebene **reject**-Zeitschranke von 22 ns bleiben alle Transaktionen mit Zeitstempel kleiner als 18 ns (= 40 ns - 22 ns) unangetastet. In unserem Beispiel gibt es keine solchen Transaktionen in der Transaktionsliste von o2, sodass die Transaktionsliste diesbezüglich unverändert bleibt.

Für die Transaktionen der Transaktionsliste von o2, die in das Intervall der **reject**-Zeitschranke fallen – das sind in unserem Beispiel die Transaktionen (20 ns,'0'), (25 ns,'1') und (30 ns,'1') – gilt folgendes. Generell werden diese ebenfalls gelöscht, mit einer Ausnahme. Gibt es eine Teilfolge von Transaktionen direkt vor der neu eingefügten Transaktion, die dem Signal alle den gleichen Wert wie die neue Transaktion zuweisen, dann werden die Transaktionen dieser Teilfolge nicht überschrieben und verbleiben in der Transaktionsliste. In unserem Beispiel hat die neue Transaktion den Wert '1' und es gibt eine Teilfolge der Länge 2 von Transaktionen mit der geforderten Eigenschaft, nämlich die Liste bestehend aus (25 ns,'1') und (30 ns,'1'). Gelöscht wird demzufolge nur die Transaktion (20 ns,'0').

2.2 Simulation von VHDL-Beschreibungen

Im Ergebnis erhalten wir somit die Transaktionsliste (25 ns, '1'), (30 ns, '1'), (40 ns, '1') für das Signal o2. Abbildung 2.7 zeigt uns den durch eine Simulation berechneten Signalverlauf der Signale o1 und o2.

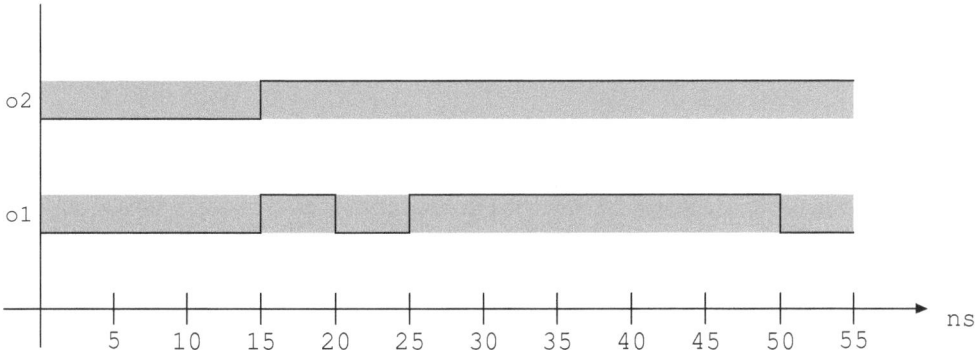

Abbildung 2.7: Illustration des auf dem trägen Modell basierenden Verhaltens.

Bei der Verwendung einer Folge von `waveform_element`-Konstrukten in einer Signalzuweisung ohne explizite Angabe des verwendeten Modells, wie beispielsweise die Zuweisung

```
12    inpTB <= '0','1' after 5 ns,'0' after 10 ns,'1' after 20 ns;
```

wird der standardmäßig eingestellte **inertial**-Modus nur auf das erste Element Anwendung finden. Die restlichen Elemente in der Zuweisung werden nach dem **transport**-Modell ausgeführt. Betrachten Sie dazu die obige Zuweisung an das Signal inpTB. Die Zuweisung '0' mit 0 ns Verzögerung wird nach dem trägen Modell, alle anderen Zuweisung werden nach dem nichtträgen Modell behandelt.

2.2.3 Ausführung eines Prozesses

Bevor wir zu den vier Phasen der Simulation von VHDL-Beschreibungen kommen, müssen wir noch einige Erläuterungen zu der Ausführung von Prozessen anführen.

Wird ein Prozess aktiviert – sei es im Rahmen der Initialisierung, bedingt durch eine Wertänderung an einem Signal der Sensitivitätsliste des Prozesses oder durch Ablauf der in einer **wait**-Anweisung vorgegebenen Dauer –, so wird dieser Prozess in der nächsten Ausführungsphase abgearbeitet. Der Prozess läuft so lange, bis wieder eine (ggf. auch implizite) **wait**-Anweisung erreicht wird.

> **Fallstrick 1**
>
> Wird keine **wait**-Anweisung erreicht, so verbleibt die Simulation in diesem Prozess – nachdem die Simulation die letzte, d. h. unterste, Quellzeile des Prozessblocks ausgeführt hat, springt sie wieder zur ersten Quellzeile des Prozessblocks und setzt die Ausführung fort, und gerät in eine unendliche Schleife. Die Simulation verbleibt insbesondere im aktuellen Simulationszyklus, speziell in der Ausführungsphase dieses Simulationszyklus, sodass im Folgenden weder Signale aktualisiert werden noch die Simulationsuhr inkrementiert wird.

Wichtig in diesem Zusammenhang ist zu wissen, dass *nichtleere* Sensitivitätslisten implizite **wait**-Anweisungen darstellen.

> Eine nichtleere Sensitivitätsliste eines Prozesses stellt eine implizite **wait**-Anweisung dar. Sie ist äquivalent zu einer expliziten **wait**-Anweisung, welche am Ende des Prozessblockes steht.

Lassen Sie uns zur Illustration zwei Prozesse betrachten, welche wir schon in unserem einführenden Beispiel in Kapitel 1 verwendet haben. Sie sind in den Abbildungen 2.8 und 2.9 nochmals dargestellt. Wird der in Abbildung 2.8 gezeigte Prozess CLOCK_GENERATION erstmalig aufgerufen, so wird nur die Anweisung aus Zeile (28) ausgeführt. Es wird dann eine **wait**-Anweisung erreicht, welche bewirkt, dass der Prozess für die durch CLOCK_PERIOD/2 angegebene Dauer in den Wartezustand übergeht. Nach Ablauf dieser Zeit wird der Prozess wieder aktiviert. Es wird die Anweisung in Zeile (30) ausgeführt und wieder geht der Prozess wegen der **wait**-Anweisung in Zeile (31) für die gleiche Dauer wie zuvor in den Wartezustand. Ist auch diese Zeit abgelaufen, so wird der Prozess wieder aktiv, erreicht das Ende des Prozessblockes und springt wieder zurück in die Zeile (28), die erste Zeile des Prozessblockes, die er wieder abarbeitet, um dann wieder aufgrund von Zeile (29) in den Wartezustand überzugehen.

```
22     constant CLK_PERIOD: time := 20 ns;
23
24 begin
25
26     CLOCK_GENERATION: process
27     begin
28       clk<='0';
29       wait for CLK_PERIOD/2;
30       clk<='1';
31       wait for CLK_PERIOD/2;
32     end process;
```

Abbildung 2.8: Prozess ohne Sensitivitätsliste

```
18     SHIFTREG: process (clock,reset)
19     begin
20       if reset='1' then
21         sh <= (others=>'0');
22       elsif clock='1' and clock'event then
23         if enable='1' then
24           sh <= sh(9 downto 0) & button;
25         end if;
26       end if;
27     end process;
```

Abbildung 2.9: Prozess mit Sensitivitätsliste

Der in Abbildung 2.9 gezeigte Prozess hat im Gegensatz zu dem gerade betrachteten Prozess eine nichtleere Sensitivitätsliste (aber keine explizite **wait**-Anweisung). Die Sensitivitätsliste wird während der Simulation als **wait**-Anweisung am Ende des Prozessblockes interpretiert, sodass

2.2 Simulation von VHDL-Beschreibungen

```
18a     SHIFTREG: process
18b     begin
18c       if reset='1' then
18d         sh <= (others=>'0');
18e       elsif clock='1' and clock'event then
18f         if enable='1' then
18g           sh <= sh(9 downto 0) & button;
18h         end if;
18i       end if;
18j       wait on clock, reset;
18k     end process;
```

Abbildung 2.10: Äquivalente Beschreibung des Prozesses aus Abbildung 2.9

der Prozess semantisch äquivalent zu dem in Abbildung 2.10 gezeigten Prozess ist. Gelangt dieser in den Wartezustand, so wird er nur durch eine Wertänderung auf einem der beiden Signale `clock` und `reset` wieder aktiviert.

2.2.4 Initialisierungsphase

Wir kommen nun auf die einzelnen Phasen einer Simulation zu sprechen. Eine VHDL-Simulation startet mit einer Initialisierungsphase, die im Wesentlichen aus drei Schritten besteht: Initialisierung der Signale, Initialisierung der Simulationsuhr und Ausführung eines jeden Prozesses:

1. Im ersten Schritt wird jedem Signal in Abhängigkeit von seinem Datentyp ein Wert zugeordnet. Bei Aufzählungstypen ist dies der bei der Definition des Datentyps erste in der Aufzählung vorkommende Wert. So ist dies bei dem in der IEEE Standard Bibliothek[6] definierten Datentypen `std_ulogic`, auf den der von uns in den vorangegangenen Beispielen schon verwendete Datentyp `std_logic` aufbaut und der durch

   ```
   6       type std_ulogic is ('U','X','0','1','Z','W','L','H','-');
   ```

   definiert ist, der Wert `'U'`. Dies ist sinnvollerweise genau so deklariert worden, da der Wert `'U'` für „nicht initialisiert" oder „unbekannt" steht.

2. Die Simulationsuhr wird auf den Wert 0 gesetzt.

3. *Alle* Prozesse des zu simulierenden Bausteins werden einmal ausgeführt.

Fallstrick 2

Befindet sich in der funktionalen Beschreibung des simulierten Bausteins ein expliziter Prozess mit leerer Sensitivitätsliste und ohne **wait**-Anweisung im Block des Prozesses, so stoppt dieser Prozess, einmal gestartet, nicht und die Initialisierungsphase gerät in eine unendliche Schleife.

---

[6]Siehe Abschnitt 5.3 auf Seite 129.

2.2.5 Aktualisierungsphase

In der Aktualisierungsphase wird zunächst der Zeitpunkt im Modell berechnet, zu dem das zeitlich nächste „Ereignis" zu erfolgen hat. Die Menge der hierbei zu betrachtenden Ereignisse besteht aus den in den Transaktionslisten der Signale vorgemerkten Signalaktualisierungen sowie die in einer Weckliste vorgemerkten Weckzeiten schlafender Prozesse, die sich aufgrund einer **wait**-Anweisung der Form

```
wait for time_value;
```

in einem Wartezustand befinden. Der Zeitpunkt des nächsten Ereignisses (bzw. der nächsten Ereignisse) ergibt sich aus dem Minimum der in den Transaktionslisten der Signale und der Weckliste notierten Zeiten. Sind alle Listen nach den Zeitpunkten geordnet, an denen die entsprechenden Ereignisse durchzuführen sind, so brauchen nur die Listenköpfe betrachtet zu werden, um den nächsten durch die Simulation zu betrachtenden Zeitpunkt `t_next` zu berechnen. Die Simulationsuhr wird entsprechend inkrementiert.

Nachdem der Zeitpunkt `t_next` des nächsten Ereignisses bestimmt ist, werden alle in den Transaktionslisten abgespeicherten Transaktionen, die zum Zeitpunkt `t_next` durchzuführen sind, realisiert und aus den Transaktionslisten gelöscht. „Durchführung der Transaktionen" bzw. „Realisierung der Transaktionen" bedeutet, dass erst jetzt die entsprechenden Wertzuweisungen an die Signale tatsächlich erfolgen.

Werden dabei Werte von Signalen aus Sensitivitätslisten von Prozessen verändert, so werden die entsprechenden Prozesse aktiviert. Sie werden, neben den durch das Vorrücken der Simulationsuhr geweckten Prozesse, in der nächsten Ausführungsphase ausgeführt.

Delta-Verzögerungen

An dieser Stelle sollte erwähnt werden, dass die Simulationsuhr nicht in jedem Falle *wirklich* inkrementiert wird. Zur Illustration wollen wir uns die in Abbildung 1.10 auf Seite 23 gezeigte Architektur `functional_behavior` des Bausteins `press_duration` nochmals anschauen. Diese Architektur enthält einen expliziten Prozess und drei implizite Prozesse, die aber leicht in semantisch äquivalente explizite Prozesse umgewandelt werden können. In Abbildung 2.11 haben wir diese Transformation zum besseren Verständnis der nachfolgenden Erläuterungen durchgeführt. Im Folgenden beziehen wir uns auf den Quelltext aus Abbildung 2.11.

Lassen Sie uns davon ausgehen, dass zum Zeitpunkt t die Taste `reset` des Morsecode-Detektors nicht gedrückt ist, also `reset='0'` gilt, und das Signal `enable` aktiviert ist. Desweiteren wollen wir annehmen, dass die Transaktionslisten aller Signale mit Ausnahme der Transaktionsliste des Signals `clock` leer wären und die Transaktionsliste von `clock` nur aus dem Eintrag (t1, '1') bestünde. Was passiert nun?

- Die Aktualisierungsphase rückt die Simulationsuhr auf die Zeit t1 vor und ändert den Wert des Signals `clock` von '0' auf '1'.
- Durch diese Wertänderung wird der Prozess SHIFTREG aktiviert.
- Die auf die Aktualisierungsphase folgende Ausführungsphase führt letztendlich den Prozess SHIFTREG aus. Da `reset='0'` und `enable='1'` gilt und eine steigende Flanke auf

2.2 Simulation von VHDL-Beschreibungen

```
13a   LONG_PAUSE_EXPL: process(sh)
13b   begin
13c     if sh(9 downto 0)="0000000000" then long_pause <= '1';
13d     else long_pause <='0';
13e     end if;
13f   end process;

15a   SHORT_PRESS_EXPL: process(sh)
15b   begin
15c     short_press <= not sh(0) and sh(1) and not sh(4);
15d   end process;

16a   LONG_PRESS_EXPL: process(sh)
16b   begin
16c     if sh(5 downto 0)="111110" and sh(10 downto 6)/="11111" then
16d       long_press <= '1';
16e     else long_press<='0';
16f     end if;
16g   end process;

18    SHIFTREG: process (clock,reset)
19    begin
20      if reset='1' then
21        sh <= (others=>'0');
22      elsif clock='1' and clock'event then
23        if enable='1' then
24          sh <= sh(9 downto 0) & button;
25        end if;
26      end if;
27    end process;
```

Abbildung 2.11: Die Prozesse der Architektur functional_behavior von press_duration.

dem Takt zu beobachten ist, wird die Anweisung der Zeile (24) ausgeführt, d. h. ein Eintrag der Form (t1 + 0 ns, new_value) der Transaktionsliste des Signals sh hinzugefügt. Anschließend geht dieser Prozess wieder in einen Wartezustand, sodass alle Prozesse wieder „schlafen".

- Wieder wird die Aktualisierungsphase aufgerufen. Sie stellt diesmal fest, dass die nächste Transaktion, nämlich die Zuweisung des Wertes new_value an das Signal sh, zum Zeitpunkt t1 stattfinden soll, also zu dem gleichen Zeitpunkt wie der des Simulationszyklus, der gerade abgearbeitet worden ist.

Man sieht, dass aufeinander folgende Simulationszyklen ablaufen können, ohne dass die Simulationsuhr weitergerückt werden darf. Um dennoch zwischen den unterschiedlichen Simulationszyklen unterscheiden zu können, spricht man in diesem Zusammenhang von einer *Delta-Verzögerung*. In unserem gerade skizzierten Beispiel läuft der erste Simulationszyklus zum Zeitpunkt t1 mit Delta-Verzögerung 0 und der zweite Simulationszyklus zum Zeitpunkt t1 mit Delta-Verzögerung 1 ab.

```
 6  architecture behavior of example is
 7    signal a,b: std_logic;
 8  begin
 9    VERTAUSCHE: process (a, b)
10    begin
11      a <= b after 1 ns;
12      b <= a after 1 ns;
13    end process;
14  end architecture;
```

Abbildung 2.12: *Ein Prozess zum Vertauschen der Werte zweier Signale.*

2.2.6 Ausführungsphase

In der Ausführungsphase werden alle im Rahmen der letzten Aktualisierungsphase geweckten und aktivierten Prozesse ausgeführt. Diese Prozesse werden in einer beliebigen Reihenfolge sequenziell durch die Simulation abgearbeitet. Da Wertänderungen an Signalen erst erfolgen, nachdem alle in der letzten Aktualisierungsphase geweckten und aktivierten Prozesse sich wieder in einem Wartezustand befinden, ist das Ergebnis der Simulation unabhängig von der gewählten Reihenfolge, in der der Simulator die Prozesse ausführt – sofern alle Prozesse eine `wait`-Anweisung erreichen; ansonsten gerät die Simulation bei dem entsprechenden Prozess in eine unendliche Schleife.

2.2.7 Stoppregeln

Bei der Simulation von in VHDL beschriebenen Systemen unterscheidet man zwischen den beiden folgenden Stoppregeln:

- Sind alle Transaktionslisten und die Weckliste leer, so sind im weiteren Verlauf der Simulation keine Ereignisse mehr auszuführen, d. h. die Signalbelegungen bleiben stabil. Die Simulation stoppt.

- Oftmals greift dieses erste Haltekriterium nicht. Man betrachte als Beispiel den Prozess CLOCK_GENERATION in Abbildung 2.8 auf Seite 48, der dafür Sorge trägt, dass die Transaktionsliste des Signals clk in der Schnittstelle des Bausteins morse nach der Initialisierungsphase nie leer ist. Um dennoch die Simulation abbrechen zu können, kann der Entwerfer/Ingenieur ein Zeitlimit für den Simulationslauf vorgeben. Wird dieses Zeitlimit überschritten, so bricht die Simulation ab.

2.2.8 Auswirkungen der Semantik von VHDL

Sehr plastisch kann man die Auswirkungen der Trennung von Prozessausführung auf der einen Seite und Signalaktualisierung auf der anderen Seite mit Hilfe des in Abbildung 2.12 gezeigten VHDL-Prozesses VERTAUSCHE aufzeigen.

Da bei der Prozessausführung die Signalwertzuweisungen nicht sofort wirksam werden, d. h. die Signale nicht sofort auf ihren neuen Wert gesetzt werden, sondern nur in den entsprechenden Transaktionslisten der Signale vermerkt werden, notiert der Simulator bei Ausführung der

2.2 Simulation von VHDL-Beschreibungen

Zeile (11) in der zu dem Signal a gehörigen Transaktionsliste, dass das Signal a die Belegung von dem Signal b (nach `1 ns`) zugewiesen bekommt. Der Wert von dem Signal a wird aber nicht (sofort) verändert, sondern behält seine alten Wert, sodass in Zeile (12) das Signal b in der Tat die *alte* Belegung des Signals a zugewiesen bekommt. Das Zwischenspeichern der Belegung des Signals a in einer Variablen oder einem Hilfssignal, wie in einer sequentiellen Programmiersprache notwendig, ist hier nicht nötig.

3 Aufbau und Grundkonzepte

Dieses Kapitel stellt die in VHDL verfügbaren Konstrukte, Datentypen, Attribute und Kontrollstrukturen vor. Ähnliche Kapitel findet man in der Regel in jedem Lehrbuch zu einer Programmiersprache vor, die alle – wie auch in diesem Buch – mehr oder weniger langweilig zu lesen sind. Nichtsdestotrotz sollten Sie diesem Kapitel Beachtung schenken, da VHDL doch einige Konzepte zur Verfügung stellt, die in „üblichen" Programmiersprachen nicht vorzufinden sind. Später können Sie dieses Kapitel wie ein Nachschlagewerk benutzen.

Wir geben keine vollständige Übersicht in dem Sinne, dass wirklich alle durch VHDL zur Verfügung gestellten Elemente hier aufgezählt und erläutert sind. Wir haben uns aber bemüht, die wichtigsten, sprich die am häufigsten benutzten Konzepte hier anzusprechen. Sollten „ein oder zwei" fehlen, so bitten wir dies zu entschuldigen und verweisen für diesen Fall auf das fast 700-seitige Standardwerk von Ashenden [4] aus dem Jahre 1996 und der dazugehörigen durch VHDL-2008 bedingten Ergänzung [6].

Wir waren in diesem Kapitel auch gezwungen, zum Teil Konstrukte von VHDL zu benutzen, die erst später im Buch eingeführt und erklärt werden, um die vorgestellten VHDL-Elemente an sinnvollen Beispielen illustrieren zu können. Auch dies bitten wir zu entschuldigen.

3.1 Genereller Aufbau einer VHDL-Spezifikation

Abbildung 3.1 zeigt den prinzipiellen Aufbau einer VHDL-Beschreibung, die aus einem Entity und einer oder mehreren Architekturen – im Regelfall einer Architektur – besteht. Packages, wie zum Beispiel die von IEEE vorgegebenen, seit VHDL-2008 zum Teil zum offiziellen Sprachumfang von VHDL gehörenden Packages `std_logic_1164` und `std_logic_textio` können eingebunden werden. Sie stellen nützliche, oft benutzte Konstanten, Datentypen, Funktionen und Prozeduren zu Verfügung.

Da wir den Funktionen und Prozeduren als auch den Packages mit den Kapiteln 4 und 5 spezielle Kapitel in diesem Buch gewidmet haben, wollen wir an dieser Stelle nicht auf diese eingehen und uns auf die restlichen Konstrukte konzentrieren.

3.1.1 Schnittstellenbeschreibung eines Bausteins

Lassen Sie uns mit dem **entity**-Konstrukt beginnen, mit dem die Schnittstelle eines Bausteins spezifiziert wird. Wie Abbildung 3.1 zeigt, enthält die Beschreibung eines jeden mit VHDL beschriebenen Bausteins (beziehungsweise Schaltkreises) eine solche Schnittstellenbeschreibung. Sie wird über das Schlüsselwort **entity** eingeleitet. Syntaktisch sieht die Beschreibung der Schnittstelle eines Bausteines wie folgt aus

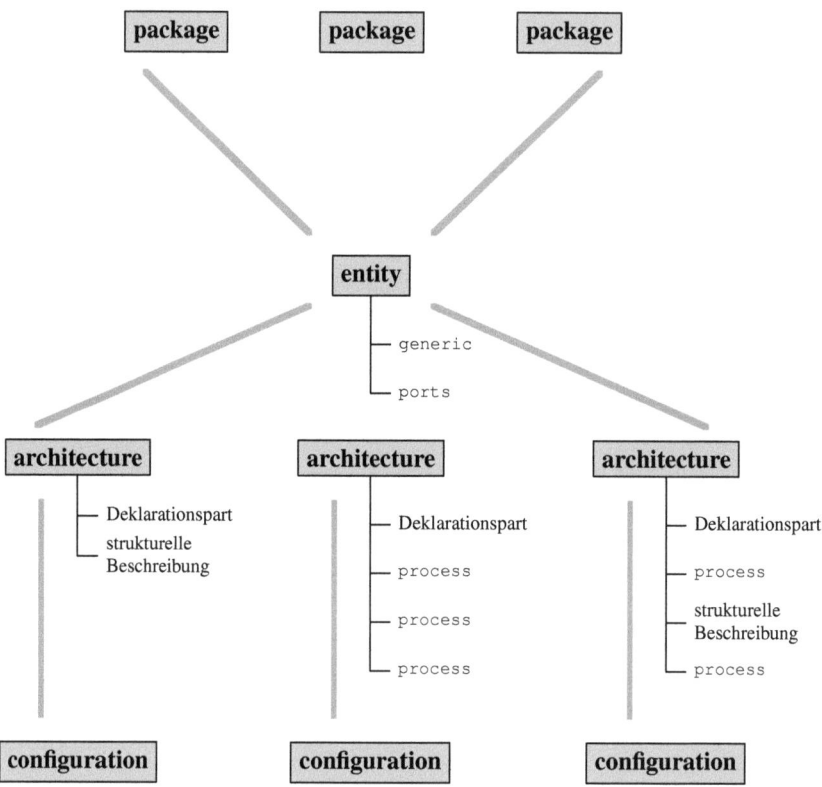

Abbildung 3.1: Aufbau einer VHDL-Beschreibung

```
entity Name_des_Bausteins is
   ⟦ generic ( Parameter_Liste ); ⟧
   ⟦ port ( Liste_der_Ein_und_Ausgabepins ); ⟧
end ⟦ entity ⟧ ⟦ Name_des_Bausteins ⟧ ;
```

Die Schnittstelle eines Bausteins legt dessen Namen fest und beschreibt seine Verbindungen zur Außenwelt.[1][2] Die Schnittstelle wird im Wesentlichen durch die primären Anschlüsse beschrieben, die festlegen, welche Eingabe- und Ausgabesignale der Baustein hat, und als Liste hinter dem Schlüsselwort **port** aufgezählt werden. Diese Schnittstelle kann mittels *generischer Konstanten* (und, mit der Einführung von VHDL-2008, mittels *generischer Typen* sowie *generischer Funktionen* – siehe den Exkurs auf Seite 59) parametrisiert sein. Zur Illustration sei hier bereits auf das Kapitel 6 vorgegriffen, in dem ein mit der Wortbreite der Operanden, d. h. einer generischen Konstante parametrisierter serieller Addierer und ein schneller, so genannter $\log n$-Addierer/Subtrahierer mit VHDL beschrieben werden. Deren Schnittstelle könnte durch

---

[1] Die in ⟦ und ⟧ eingeschlossenen Zeichenketten sind optional und sind nur bei Bedarf Bestandteil des Konstrukts.
[2] Wie Sie feststellen werden, verwenden wir in diesem Kapitel zum Teil eine recht informale Schreibweise, um Ihnen die Syntax nahe zu bringen. Die exakte Syntax – exakt auch in Bezug auf die Schreibweise – ist in Kapitel 11 zu finden.

3.1 Genereller Aufbau einer VHDL-Spezifikation

```
 3  entity add_sub is
 4    generic (n: positive);
 5    port
 6      (a, b: in std_logic_vector (n-1 downto 0);
 7       op : in std_logic;
 8       s : out std_logic_vector (n-1 downto 0);
 9       ov : out std_logic);
10  end add_sub;
```

gegeben sein. Der Baustein erhält durch diese Beschreibung den Namen add_sub. Die Ein- und Ausgänge sind mit der generischen Konstante n parametrisiert, die über dem Datentyp positive deklariert ist – der Datentyp positive hat als Wertebereich die Menge der positiven Werte des Datentyps integer (siehe Seite 127). Der Baustein besitzt drei Eingänge, von denen zwei, nämlich die Eingänge a und b, jeweils einen Vektor über dem Datentyp std_logic der Länge n darstellen. Der Eingang op vom Datentyp std_logic spezifiziert, ob der Baustein addieren (op='0') oder subtrahieren (op='1') soll. Es gibt zwei Ausgänge. Der Ausgang s ist ebenfalls ein über std_logic definierter Vektor der Länge n. Über den Ausgang ov soll der Baustein anzeigen, ob ein Überlauf bei der Operation aufgetreten ist.

Bei den Anschlüssen unterscheidet VHDL zwischen *Eingängen*, *Ausgängen* und *bidirektionalen Anschlüssen*. Zudem stellt VHDL noch die Varianten **buffer** und **linkage**[3] zur Verfügung. Die entsprechende Einordnung eines Anschlusses als Ein- oder Ausgang erfolgt in der Port-Deklaration über die Schlüsselwörter **in**, **out**, **inout** und **buffer** (sowie **linkage**). Anschlüsse vom Typ **in** stellen Eingänge dar. Ein Baustein kann auf seine Eingänge nur lesend zugreifen; ein schreibender Zugriff durch den Baustein ist nicht möglich. Anschlüsse vom Typ **inout** fungieren je nach Kontext beziehungsweise abwechselnd, als Ein- oder Ausgänge. Bei Verwendung von **inout** muss auf die Synthetisierbarkeit des Entwurfs achtgegeben werden. Abschnitt 9.2 zeigt eine Möglichkeit, wie bidirektionale Anschlüsse modelliert werden können, sodass diese Beschreibungen auch synthetisierbar bleiben. Anschlüsse vom Typ **out** stellen (reine) Ausgänge dar. In Analogie zu den Eingängen ist es in dem alten Standard VHDL-1993 nicht erlaubt, dass ein Baustein innerhalb seiner Architektur auf einen seiner Ausgänge lesend zugreift. **buffer**-Anschlüsse agieren wie bidirektionale Anschlüsse mit dem Unterschied, dass der Treiber für den Anschluss intern sein muss. Bei dieser Art von Anschlüssen kann somit auch lesend zugegriffen werden.

> **Exkurs: Ausgänge und Anschlüsse vom Typ out und buffer [6]**
>
> In VHDL-2008 wurde die Einschränkung, dass ein Baustein nicht auf seine Ausgänge lesend zugreifen darf, aufgehoben.
>
> Die Argumentation, die hinter der Entscheidung stand, lesenden Zugriff auf die Ausgänge zu erlauben, bestand darin, dem Entwerfer die Arbeit bei der Verifikation des Verhaltens eines Entwurfs zu erleichtern. Unterschiedlich sollten die **out**-Ports und **buffer**-Ports bei der Synthese behandelt werden: **out**-Ports sollten als reine Ausgabeports implementiert und **buffer**-Ports über Datenpuffer realisiert werden.[4]

---

[3]Der Modus **linkage** dient dazu, um in VHDL spezifizierte Bausteine mit nicht in VHDL spezifizierten Bausteinen kombinieren zu können. Dieser Modus findet nur selten Anwendung, sodass wir bei unseren Ausführungen nicht weiter auf diesen Modus eingehen wollen.

Generische Typen und Funktionen (VHDL-2008)

Eine der wesentlichen Erweiterungen durch VHDL-2008 betrifft generische VHDL-Beschreibungen. Der neue Standard erlaubt bei der Modellierung generischer Bausteine neben der Verwendung generischer Konstanten auch die Verwendung generischer Typen und Funktionen.

Der VHDL-Code

```
471 entity GENERIC_MIN_MAX is
472   generic
473     (type T;
474      function kleinergleich (a, b: T) return boolean);
475   port
476     (x, y: in T;
477      min, max: out T);
478 end entity GENERIC_MIN_MAX;
```

beispielsweise zeigt die Schnittstellenbeschreibung eines generischen Bausteins GENERIC_MIN_MAX, der im Rahmen eines Komparator-Sortiernetzwerkes [34], beispielsweise eines bitonischen Sortierers [7], eingesetzt werden kann und zwei Eingabesignale vom Typ T sortieren soll – am Ausgang min (bzw. max) soll der kleinere (bzw. größere) Wert der beiden Eingabesignale anliegen. Über die generische Funktion kleinergleich wird dem Baustein die zu verwendende totale Ordnung auf dem Wertebereich des Datentyps T „mitgegeben".

Das funktionale Verhalten dieses Bausteins könnte innerhalb einer Architektur durch den Prozess

```
488 architecture behavior of GENERIC_MIN_MAX is
489 begin
490   process (x,y)
491   begin
492     if kleinergleich(x,y) then
493       min <= x;
494       max <= y;
495     else
496       min <= y;
497       max <= x;
498     end if;
499   end process;
500 end architecture behavior;
```

spezifiziert werden. Bei der Instanziierung eines entsprechenden konkreten Bausteins muss angegeben werden, über welchem konkreten Datentyp die Eingabe- und Ausgabesignale definiert sein sollen und wie zwei Werte dieses Datentyps verglichen werden können.

---

[4]Peter Ashenden und Jim Lewis haben auf ihrer Internetseite [5] vor kurzem angegeben, dass die VHDL-2008-Erweiterung in Bezug auf out-Ports wieder zurückgenommen wurde, da durch die Erweiterung Kompatibilitätsprobleme bei Subtypen aufgetreten sind. Insofern ist die Äußerung zu der Problematik der Anschlusstypen out und buffer von Andrew Rushton in seinem Buch [47] aktueller denn je: „*There is often confusion between mode out and mode buffer. Mode buffer is an anachronism and it is an understatement to say that the reason for its existence in the language is obscure. The full behaviour of a buffer port is a restricted form of mode inout. However, to make the mode usable for synthesis, the rules for buffer ports are constrained so that they act like mode out ports with the added convenience that it is possible to read from the port within the architecture.*"

3.1 Genereller Aufbau einer VHDL-Spezifikation

Nicht jeder Baustein ist generischer Art, sodass der generische Parameter im **entity**-Konstrukt optional ist. Ein Beispiel für einen nicht generischen Baustein ist das Flipflop, dessen Schnittstellenbeschreibung durch

```
4    entity flipflop is
5      port ( clockpin, resetpin, data_in: in std_logic;
6             data_out: out std_logic );
7    end flipflop;
```

angegeben werden kann. Diesen Baustein werden wir im Rahmen der folgenden Abschnitte noch benötigen.

Im Rahmen einer Schnittstellenbeschreibung kann ein Eingang für den Fall auf einen Default-Wert gesetzt werden, dass er bei Verwendung des Bausteins als Komponente eines anderen Bausteins nicht durch ein Signal getrieben wird. Zur Illustration sehen wir uns nochmals die auf Seite 57 angegebene Schnittstelle des kombinierten Addierers/Subtrahierers an. Über den Eingang op wird die Art der Operation gewählt. Liegt am Eingang der Wert '0' an, so sollen die beiden Operanden a und b addiert werden, liegt der Wert '1' an, so soll der Operand b von dem Operanden a subtrahiert werden. VHDL bietet nun die Möglichkeit, in der **entity**-Deklaration zu spezifizieren, dass standardmäßig zum Beispiel addiert werden soll, wenn der Eingang ov offen bleibt – dies erfolgt dadurch, dass diesem Eingang während der Instanziierung der Komponente das Schlüsselwort **open** zugewiesen wird beziehungsweise überhaupt keine Zuordnung erfolgt. Die erweiterte Schnittstellenbeschreibung hat dann das Aussehen

```
3a   entity add_sub is
3b     generic (n: positive);
3c     port
3d       (a, b: in std_logic_vector (n-1 downto 0);
3e       op : in std_logic:='0';
3f       s : out std_logic_vector (n-1 downto 0);
3g       ov : out std_logic);
3h   end add_sub;
```

> **Fallstrick 3**
>
> Alle Default-Belegungen werden bei der Synthese ignoriert. Die Initialisierung von Signalen und Variablen muss über ein asynchrones oder synchrones Reset erfolgen!

Die Angabe der Anschlüsse selbst ist optional, d. h. eine Schnittstellenbeschreibung der Art

```
4    entity test is
5    end test;
```

ist erlaubt und wird in der Tat auch im Rahmen der Implementierung von Testbenches benutzt. Testbenches – wir werden im Teil IV dieses Buches auf sie detailliert zu sprechen kommen – lesen in der Regel Stimuli und das dazugehörige Soll-Verhalten eines zu validierenden Bausteins aus einer Datei ein, legen diese Stimuli an den Baustein an und vergleichen sein Ist-Verhalten mit dem Soll-Verhalten. Die Ergebnisse der Vergleiche werden in der Regel in einer Datei, einem so genannten Log-File, gespeichert oder mit **report**-Anweisungen auf die Standardausgabe beziehungsweise im Konsolenfenster ausgegeben. Insofern ist eine solche Testbench formal gesehen ein Baustein ohne Anschlüsse.

Schnittstellenbeschreibungen können „Plausibilitätskontrollen", so genannte nebenläufige **assert**-Anweisungen, auf die wir im Abschnitt 3.5 noch detaillierter eingehen werden, enthalten, sodass die allgemeine Form durch [5]

```
entity Name_des_Bausteins is
   [[ generic ( Parameter_Liste ); ]]
   [[ port ( Liste_der_Ein_und_Ausgabepins ); ]]
   [[ begin
      { nebenläufige_assert_Anweisung } ]]
   end [[ entity ]] [[ Name_des_Bausteins ]] ;
```

gegeben ist. Die Schnittstelle

```
 4  entity single2double is
 5     -- Baustein zur Konvertierung
 6     -- einer n-bit Zweierkomplement-Darstellung
 7     -- in eine m-bit Zweierkomplement-Darstellung mit n<=m
 8     port (
 9        inp:  in  std_logic_vector;
10        outp: out std_logic_vector);
11  begin
12    ueberpruefe_laenge:
13       assert inp'length <= outp'length
14       report "Die Wortbreite des Ausgangs ist zu klein!";
15
16    ueberpruefe_rechter_index:
17       assert inp'right = 0 and outp'right = 0
18       report "Rechte Komponente muss Index 0 haben!";
19
20  end entity single2double;
```

beispielsweise beschreibt einen Baustein, der eine n-Bit Zweierkomplement-Darstellung in eine m-Bit Zweierkomplement-Darstellung umwandelt. Beachten Sie bitte, dass es sich bei den Anschlüssen um unbeschränkte Felder (siehe Abschnitt 3.3.2 auf Seite 84) handelt. Es muss überprüft werden, ob die Wortbreite m des Ausgangssignals outp, die über das Attribut outp'length abgefragt werden kann, breiter als die Wortbreite n (= inp'length) ist – ansonsten ist die durch den Baustein zu realisierende Operation unsinnig. Diese Überprüfung erfolgt über die **assert**-Anweisung in den Zeilen (12)–(14). Zudem sollte die rechte Komponente der beiden Signale jeweils den Index 0 haben, was durch die **assert**-Anweisung in den Zeilen (16)–(18) überprüft wird.

3.1.2 Architekturen eines Bausteins

Lassen Sie uns jetzt zum VHDL-Konstrukt **architecture** kommen, welches das Herzstück einer VHDL-Beschreibung eines Bausteins bildet. Während das **entity**-Konstrukt das Interface, d. h. die Ein- und Ausgabeschnittstelle, eines Bausteins beschreibt, gibt das **architecture**-Konstrukt eine mögliche Realisierung des Bausteins an. Eine Architektur ist in der Regel wie folgt aufgebaut

---

[5]Die in [[und]] eingeschlossenen Zeichenketten sind optional und sind nur bei Bedarf Bestandteil des Konstrukts. Die in geschweiften Klammern eingeschlossenen Zeichenketten können beliebig oft hintereinander eingesetzt werden. Nähere Informationen zu den Schreibweisen sind in Abschnitt 11.1 auf Seite 247 zu finden.

3.1 Genereller Aufbau einer VHDL-Spezifikation

```
architecture Name_der_Architektur of Name_des_Bausteins is
  [[ Deklarationsteil ]]
begin
  { VHDL-Anweisung; }
end Name_der_Architektur;
```

So spezifiziert der Quellcode

```
 9  architecture D_flipflop of flipflop is
10  begin
11    VERHALTEN: process(clockpin,resetpin)
12    begin
13      if resetpin='1' then
14        data_out <= '0';
15      elsif rising_edge(clockpin) then
16        data_out <= data_in;
17      end if;
18    end process;
19  end D_flipflop;
```

eine funktionale Beschreibung des Bausteins `flipflop`, dessen Schnittstelle auf Seite 59 über das **entity**-Konstrukt spezifiziert wurde. Die Architektur besteht aus einem Prozess namens VERHALTEN, der immer dann aktiviert wird, wenn eine Signaländerung auf der Taktleitung oder der Reset-Leitung, die durch das Signal `clockpin` beziehungsweise das Signal `resetpin` modelliert werden, erfolgt ist. Der Prozess beschreibt in Abhängigkeit der Belegung des Signals `resetpin` das Signal `data_out`. Ist die Reset-Taste gedrückt, d. h. gilt `resetpin=1`, so wird das Signal `data_out` auf den Wert `'0'` zurückgesetzt. Ansonsten übernimmt es bei steigender Flanke am Takteingang den Wert des Signals `data_in`.

Wir wollen an dieser Stelle auch schon darauf hinweisen, dass zu einer Entity nicht nur eine Architektur angegeben werden darf, sondern auch mehrere Architekturen angegeben werden können. So könnte man sich überlegen, das Flipflop auch nach dem Master-Slave-Prinzip aufzubauen, was in der in Abbildung 3.2 gezeigten Architektur, die im Wesentlichen aus zwei nebenläufigen Prozessen besteht, resultieren würde. Wird der `flipflop`-Baustein dann als Komponente in einer strukturellen Beschreibung eines anderen Schaltkreises verwendet, so wird über eine **configuration**-Anweisung für jeden der Instanzen angegeben, welche Architektur für diese Instanz zu verwenden ist. Wir werden auf diesen Punkt in Abschnitt 3.1.3 im Detail zu sprechen kommen.

Funktionale Beschreibungen

Die beiden Architekturen `D_flipflop` und `master_slave` des Bausteins `flipflop` wurden jeweils funktional spezifiziert. Solche nur aus Prozessen bestehenden Beschreibungen nennen wir *funktionale Beschreibungen*.

> Funktionale Beschreibungen bestehen aus einer Menge von nebenläufigen (expliziten und impliziten) Prozessen.

```vhdl
21  architecture master_slave of flipflop is
22    signal zustand_des_masters: std_logic;
23  begin
24    MASTER: process(clockpin,resetpin)
25    begin
26      if resetpin='1' then
27        zustand_des_masters <= '0';
28      elsif rising_edge(clockpin) then
29        zustand_des_masters <= data_in;
30      end if;
31    end process;
32    SLAVE: process(clockpin,resetpin)
33    begin
34      if resetpin='1' then
35        data_out <= '0';
36      elsif falling_edge(clockpin) then
37        data_out <= zustand_des_masters;
38      end if;
39    end process;
40  end master_slave;
```

Abbildung 3.2: Architektur eines Master-Slave-Flipflops

Die Syntax eines Prozesses ist gegeben durch

    [[Marke :]] **process** [[(Sensitivitätsliste)]] [[**is**]]
      Deklarationsteil
  begin
      Ausführungsteil
  end [[**process**]] [[Marke]] ;

Ein in einer Architektur eines Bausteins enthaltender Prozess beschreibt, wie sich interne Signale und Ausgänge des Bausteins in Abhängigkeit von Wertzuweisungen an den Eingängen und internen Signalen des Bausteins ändern. Insofern werden in Prozessen keine neuen Signale deklariert. Vielmehr können im Deklarationsteil eines Prozesses nur neue Datentypen, Funktionen und Prozeduren definiert sowie Variablen und Konstanten deklariert werden.

Fallstrick 4

Signale können nicht in Prozessen, sondern nur im Deklarationsteil einer Architektur bzw. als Anschlüsse in der Schnittstellenbeschreibung deklariert werden.

Der Ausführungsteil eines Prozesses besteht aus einer Folge von sequentiellen Anweisungen, die, wie der Name schon sagt, sequentiell nacheinander durch die Simulation ausgeführt werden.

Mehr zu Prozessen ist in Kapitel 2 im Abschnitt 2.2.3, der sich mit der Ausführung von Prozessen während eines Simulationslaufes beschäftigt, ab Seite 47 zu finden.

3.1 Genereller Aufbau einer VHDL-Spezifikation

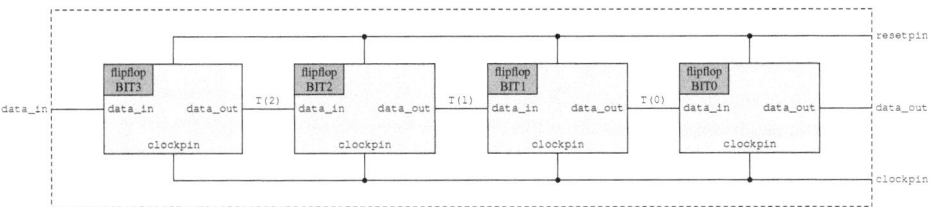

Abbildung 3.3: *Aufbau eines 4-Bit-Schieberegisters*

Strukturelle Beschreibungen

Neben funktionalen Beschreibungen erlaubt VHDL auch strukturelle Beschreibungen. Zur weiteren Illustration lassen Sie uns verschiedene Architekturen eines 4-Bit-Schieberegisters angeben, dessen Schnittstellenbeschreibung gegeben ist durch

```
4    entity schieberegister_4 is
5      port ( clockpin, resetpin, data_in : in std_logic;
6             data_out : out std_logic );
7    end schieberegister_4;
```

Hiermit wollen wir, auch schon im Vorgriff auf die nächsten Abschnitte, zeigen, welche Möglichkeiten VHDL uns zur Realisierung von Architekturen zur Verfügung stellt.

Abbildung 3.4 zeigt den VHDL-Quellcode des in Abbildung 3.3 gezeigten Aufbaus des Schieberegisters. Die Architektur haben wir `RTL1` genannt – die Abkürzung kommt von der englischen Bezeichnung *Register Transfer Level*, die eine im Rahmen der Hardwarebeschreibung oft verwendete Abstraktionsebene bezeichnet. Hier sehen wir etwas detaillierter, wie in der Regel eine Architektur, die auf einer strukturellen Beschreibung basiert, aussieht.

Im Deklarationsteil werden neben notwendigen internen Signalen alle Komponenten, die zur strukturellen Beschreibung benötigt werden, über das Schlüsselwort **component** deklariert. In unserem Beispiel – betrachten Sie den Aufbau in Abbildung 3.3 – sind dies die Komponente `flipflop` und die internen, durch das Feld `T` modellierten Signale, welche die einzelnen Instanzen dieser Komponente miteinander verbinden.

Eine Komponentendeklaration sieht formal wie folgt aus:

```
component Name_des_Bausteins is
  [[ generic ( Parameter_Liste ); ]]
  [[ port ( Liste_der_Ein_und_Ausgabepins ); ]]
end component;
```

Im Rumpf der Architektur werden dann nacheinander die vier Instanzen der Komponente `flipflop` generiert – wir sprechen von der Instanziierung von Komponenten; sie tragen die Namen `BIT3`, `BIT2`, `BIT1` und `BIT0`. Über die **port map**-Anweisung werden jeweils die Anschlüsse der Instanzen mit der Außenwelt verdrahtet. So gibt beispielsweise das Codefragment

```vhdl
 9  architecture RTL1 of schieberegister_4 is
10    component flipflop
11    port ( clockpin, resetpin, data_in: in std_logic;
12           data_out: out std_logic );
13    end component;
14    signal T: std_logic_vector(2 downto 0);
15  begin
16    BIT3 : flipflop
17      port map ( clockpin => clockpin, resetpin => resetpin,
18                 data_in => data_in, data_out => T(2) );
19    BIT2 : flipflop
20      port map ( clockpin => clockpin, resetpin => resetpin,
21                 data_in => T(2), data_out => T(1) );
22    BIT1 : flipflop
23      port map ( clockpin, resetpin, T(1), T(0) );
24    BIT0 : flipflop
25      port map ( data_in => T(0), data_out => data_out,
26                 resetpin => resetpin, clockpin => clockpin );
27  end RTL1;
```

Abbildung 3.4: *Eine erste strukturelle Architektur des Bausteins* schieberegister_4.

data_out => T(1) in Zeile (21) an, dass das Signal T(1) mit dem Ausgabeport data_out der Instanz BIT2 zu verbinden ist.

Wir erkennen zwei Arten der Verdrahtung, das so genannte *name mapping* und das so genannte *positional mapping*:

- *Name mapping* haben wir in unserem Beispiel bei der Instanziierung von BIT3, BIT2 und BIT0 angewendet. Hier erfolgt die Verdrahtung direkt über die Namen der Anschlüsse. Die Reihenfolge, in der dies erfolgt, ist egal. Beispielsweise haben wir die Reihenfolgen bei den Instanziierungen von BIT2 und BIT0 unterschiedlich gewählt.

- Bei *Positional Mapping* erfolgt die Verdrahtung, wie in vielen Programmiersprachen üblich, über die Position der Anschlüsse und der Signale – hier steckt also die Information „wer mit wem" in der Reihenfolge, in der die aktuellen Parameter übergeben werden. Positional Mapping haben wir bei der Instanziierung von BIT1 verwendet.

Instanziierungen von Komponenten haben allgemein das Aussehen

>Instanziierung_Marke: Name_der_Komponente
> 〚 **generic map** (Zuweisung_an_die_generischen_Parameter); 〛
> 〚 **port map** (Anbindung_der_Ein_und_Ausgabepins); 〛
>**end component;**

Der in Abbildung 3.4 angegebene Quellcode, der eine (erste) strukturelle Architektur des Bausteins schieberegister_4 spezifiziert, wirkt beschwerlich, denkt man daran, Schieberegister größerer Breite spezifizieren zu wollen. Für jede benötigte Instanz der Komponente flipflop wird explizit eine Instanziierungsanweisung angegeben.

3.1 Genereller Aufbau einer VHDL-Spezifikation

Um hier Abhilfe zu schaffen, stehen die Anweisungen **for...generate** und **if...generate** zur Verfügung. Abbildung 3.5 zeigt eine strukturelle Beschreibung unseres 4-Bit Schieberegisters, die diese Anweisungen verwendet. Man sieht leicht, dass auch größere Schieberegister nun mit dem gleichen Aufwand beschrieben werden können wie das Schieberegister der Breite 4. Wir werden gleich nochmals hierauf zurückkommen.

```vhdl
29  architecture RTL2 of schieberegister_4 is
30    component flipflop
31    port ( clockpin, resetpin, data_in: in std_logic;
32           data_out: out std_logic );
33    end component;
34    signal T: std_logic_vector(2 downto 0);
35  begin
36    G0: for i in 3 downto 0 generate
37      G1: if (i = 3) generate
38        BIT3: flipflop
39          port map (clockpin,resetpin,data_in,T(2));
40      end generate;
41      G2: if (i>0) and (i<3) generate
42        BITm: flipflop
43          port map (clockpin,resetpin,T(i),T(i-1));
44      end generate;
45      G3: if (i=0) generate
46        BIT0: flipflop
47          port map (clockpin,resetpin,T(0),data_out);
48      end generate;
49    end generate;
50  end RTL2;
```

Abbildung 3.5: Strukturelle Architektur des Bausteins schieberegister_4 *unter Verwendung der* **generate**-*Anweisungen.*

Der Quellcode in Abbildung 3.5 enthält vier **generate**-Anweisungen, eine Anweisung der Form **for...generate** und drei **if...generate**-Anweisungen. Die **for...generate**-Anweisung ermöglicht die iterative Instanziierung einer Komponente. So werden hier vier Instanziierungen der Komponente flipflop vorgenommen. Die Verdrahtung der Instanzen wird über die **if...generate**-Anweisungen gesteuert. Ist die Laufvariable i – sie muss nicht (und darf auch nicht) deklariert werden; sie ist zudem nur innerhalb der **for**-Schleife gültig – gleich 0 (siehe die mit G3 markierte **if...generate**-Anweisung), so soll die hintere Instanz des Schieberegisters (gemäß der in Abbildung 3.3 angegebenen Struktur) generiert werden; ist die Laufvariable i gleich 3 (siehe die mit G1 markierte **if...generate**-Anweisung), so soll die vordere Instanz generiert werden, ansonsten handelt es sich um eine Instanz, die über die Signale T(i) und T(i-1) mit ihrer Umgebung verbunden ist (siehe die mit G2 markierte **if...generate**-Anweisung).

Einer **generate**-Anweisung muss wie einer Instanziierung einer Komponente eine Marke voranstehen – dies sind in unserem Beispiel die Marken G0, G1, G2 und G3. Diese Marken schaffen die Voraussetzung, die verschiedenen Instanzen einer Komponente an unterschiedliche Architekturen binden zu können. Nähere Informationen zu diesem Themenkreis sind im Abschnitt 3.1.3 zu finden. Während der Simulation kann über die Marken die jeweilige Instanz ausgewählt werden. In diesem Kontext wirken die Marken wie ein Selektor innerhalb der Schaltungshierarchie.

Die **for...generate**- und **if...generate**-Anweisungen sind wesentlich, um generische Bausteine mit VHDL beschreiben zu können. Ein ausführliches Beispiel zu dieser Thematik befindet sich in Kapitel 6.

Instanziierung eines generischen Bausteins

Die Instanziierung eines generischen Bausteins erfolgt analog zu der eines nichtgenerischen. Neben der **port map**-Anweisung bedarf es lediglich noch einer **generic map**-Anweisung, die angibt, wie die generischen Parameter belegt werden.

Das Codefragment

```
511  architecture aufbau of mein_baustein is
512    component add_sub is
513    generic (n: positive);
514    port
515      (a, b : in std_logic_vector (n-1 downto 0);
516       op : in std_logic;
517       s : out std_logic_vector (n-1 downto 0);
518       ov : out std_logic);
519    end component;
520    signal zahl1, zahl2, ergebnis:
521      std_logic_vector (n-1 downto 0);
522    signal modus, ueberlauf: std_logic;
     -- ...
532  begin
533    -- Instanziierung eines 16-Bit Addierer/Subtrahierer
534    ADDSUB16: add_sub
535      generic map (n=>16)
536      port map
537        (a=>zahl1, b=>zahl2,
538         s=>ergebnis, op=>modus, ov=>ueberlauf);
     -- ...
565  end architecture aufbau;
```

beispielsweise zeigt eine Instanziierung des Bausteins add_sub, dessen Schnittstellenbeschreibung auf Seite 59 zu finden ist.

3.1 Genereller Aufbau einer VHDL-Spezifikation

> **Instanziierung mit generischen Typen / Funktionen (VHDL-2008)**
>
> Bei der Instanziierung generischer Bausteine mit generischen Typen und Funktionen wird analog zu generischen Konstanten verfahren. Innerhalb der **generic map**-Anweisung erfolgt die Belegung der generischen Typen und Funktionen – hier gezeigt an einer Instanziierung des auf Seite 59 beschriebenen Bausteins GENERIC_MIN_MAX:
>
> ```
> 493    mein_MIN_MAX: GENERIC_MIN_MAX
> 494      generic map
> 495        (T=>mein_T, kleinergleich=>mein_kleinergleich)
> 496      port map
> 497        ( ... );
> ```

Zur Einstimmung wollen wir uns aber hier schon ein generisches Schieberegister anschauen. Die Länge des Schieberegisters kann über einen Parameter n den Erfordernissen angepasst werden. Abbildung 3.6 zeigt die Schnittstellenbeschreibung und eine dazugehörige Architektur. Wenn wir den Quellcode mit dem aus Abbildung 3.5 vergleichen, sehen wir in der Tat, welche Beschreibungsmöglichkeiten uns mit den **generate**-Anweisungen gegeben sind. Die Architektur ist eine Kopie der in Abbildung 3.5 gegebenen Architektur des 4-Bit-Schieberegisters mit Ausnahme, dass wir anstelle der Konstante 3 nunmehr den generischen Wert n-1 verwenden.

3.1.3 Konfigurationen

Zu einer Schnittstelle können mehrere Architekturen definiert sein. VHDL muss demnach eine Möglichkeit bereitstellen, mit der wir jeder der Instanzen eine der verfügbaren Architekturen zuordnen können, damit klar ist, gemäß welcher Architektur die Instanz realisiert werden soll.

Dafür stehen sogenannte Konfigurationen zur Verfügung. Hiermit kann für bestimmte oder auch alle Instanzen einer verwendeten Komponente entschieden werden, welche Realisierung zum Einsatz kommt. Eine Konfiguration sieht in ihrer einfachsten Form wie folgt aus

```
configuration Name_der_Konfiguration of Name_des_Bausteins is
  for Name_der_Architektur
    { for Komponenten_Instanz_aus_der_Architektur :
        Zuordnung_der_Instanz_zu_einer_seiner_Architekturen ;
      end for ; }
  end for ;
end [[ configuration ]] [[ Name_des_Bausteins ]] ;
```

So könnte die Konfigurationen der in den Abbildung 3.4 und 3.5 gezeigten Architekturen RTL1 und RTL2 unseres 4-Bit-Schieberegisters gegeben sein durch

```
52  configuration CFG1a of schieberegister_4 is
53    for RTL1
54      for all: flipflop
55        use entity work.flipflop(D_flipflop);
56      end for;
57    end for;
58  end CFG1a;
```

```
 4  entity schieberegister is
 5    generic ( n : positive );
 6      port ( clockpin, resetpin, data_in : in std_logic;
 7              data_out : out std_logic );
 8  end schieberegister;
 9
10  architecture RTL of schieberegister is
11    component flipflop
12    port ( clockpin, resetpin, data_in: in std_logic;
13            data_out: out std_logic );
14    end component;
15    signal T: std_logic_vector(n-1 downto 0);
16  begin
17    G0: for i in n-1 downto 0 generate
18      G1: if (i = n-1) generate
19        BIT_high: flipflop
20          port map (clockpin,resetpin,data_in,T(n-1));
21      end generate;
22      G2: if (i>0) and (i<n-1) generate
23        BITm: flipflop
24          port map (clockpin,resetpin,T(i),T(i-1));
25      end generate;
26      G3: if (i=0) generate
27        BIT0: flipflop
28          port map (clockpin,resetpin,T(0),data_out);
29      end generate;
30    end generate;
31  end RTL;
```

Abbildung 3.6: VHDL-Beschreibung eines generischen Schieberegisters.

und

```
68  configuration CFG2 of schieberegister_4 is
69    for RTL2
70      for G0
71        for G1
72          for BIT3: flipflop
73            use entity work.flipflop(D_flipflop);
74          end for;
75        end for;
76      end for;
77      for others: flipflop
78        use entity work.flipflop(master_slave);
79      end for;
80    end for;
81  end CFG2;
```

Wir wollen beide Codefragmente im Folgenden erläutern.

Will man die Instanzen einer bestimmten Komponente einer Architektur alle an die gleiche Realisierung binden, so kann dies, wie oben in der Konfiguration CFG1a gezeigt, über eine **for all**-Anweisung gefolgt von einem **use**-Befehl

3.1 Genereller Aufbau einer VHDL-Spezifikation

```
55            use entity work.flipflop(D_flipflop);
```

erfolgen. Die **use entity**-Anweisung legt fest, dass die Architektur `D_flipflop` des Bausteins `flipflop`, die in der Bibliothek `work` abgelegt ist, verwendet werden soll. Vom Schreibaufwand aufwändiger wäre die zu der Konfiguration CFG1a äquivalente Konfiguration CFG1b

```
60  configuration CFG1b of schieberegister_4 is
61    for RTL1
62      for BIT3, BIT2, BIT1, BIT0: flipflop
63        use entity work.flipflop(D_flipflop);
64      end for;
65    end for;
66  end CFG1b;
```

die nicht die **for all**-Anweisung benutzt, sondern alle in der Architektur RTL1 des Bausteins `schieberegister_4` vorkommenden Instanzen der Komponente `flipflop` explizit aufzählt.

Ein bisschen komplizierter sieht es aus, wenn man verschiedenen Instanzen einer Komponente verschiedene Realisierungen zuordnen will. In diesem Fall sind wir, wie im zweiten Beispiel, der Konfiguration CFG2 des Bausteins `schieberegister_4`, zu sehen ist, gezwungen, die verschiedenen Instanzen eindeutig zu spezifizieren. Dies erfolgt über den, durch die Marken, die jeder **for...generate**- und **if...generate**-Anweisung sowie jeder eigentlichen Instanziierung einer Komponente vorstehen müssen, eindeutig definierten Pfad zu der einzelnen Instanz. So sehen wir, dass der Instanz der Komponente `flipflop`, die über den Pfad G0 → G1 → BIT3 in der Architektur RTL2 erreicht wird, die Architektur `D_flipflop` zugewiesen wird. Den übrigen Instanzen der Komponente `flipflop` der Architektur RTL2 wird die Architektur `master_slave`, die ebenfalls in der Bibliothek `work` abgespeichert ist, zugewiesen. Hierfür steht die **for others**-Anweisung zur Verfügung.

Noch komplizierter wird es, wenn die Hierarchie der (strukturellen) VHDL-Beschreibung tiefer als 1 ist. Wir wollen dies an einem hierarchisch aufgebauten 8-Bit-Schieberegister illustrieren, der in Abbildung 3.7 schematisch dargestellt und dessen **entity**- und **architecture**-Beschreibung in Abbildung 3.8 zu sehen ist.

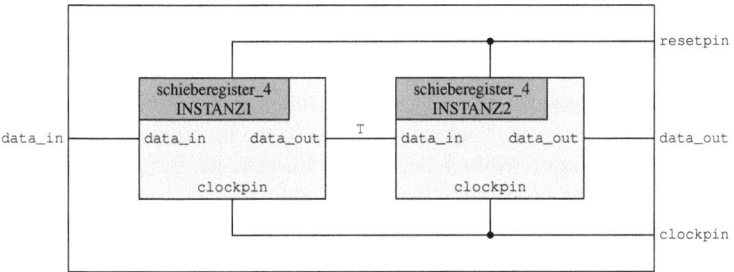

Abbildung 3.7: Skizze des hierarchisch aufgebauten 8-Bit-Schieberegisters

In dieser Architektur ist das 8-Bit-Schieberegister aus zwei 4-Bit-Schieberegistern aufgebaut, die, wie wir gesehen haben, selbst wieder über eine strukturelle Beschreibung beschrieben und über Flipflops aufgebaut sind. Die Hierarchie dieser strukturellen Architektur hat in diesem Sinne Tiefe 2. Hier reicht es nun offensichtlich nicht, in der dazugehörigen Konfiguration

```
4   entity schieberegister_8 is
5     port ( clockpin, resetpin, data_in : in std_logic;
6            data_out : out std_logic );
7   end schieberegister_8;
8
9   architecture RTL of schieberegister_8 is
10    component schieberegister_4
11    port ( clockpin, resetpin, data_in: in std_logic;
12           data_out: out std_logic );
13    end component;
14    signal T: std_logic;
15  begin
16    INSTANZ1: schieberegister_4
17      port map (clockpin => clockpin, resetpin=>resetpin,
18               data_in => data_in, data_out => T);
19    INSTANZ2: schieberegister_4
20      port map (clockpin => clockpin, resetpin=>resetpin,
21               data_in => T, data_out => data_out);
22  end RTL;
```

Abbildung 3.8: *8-Bit-Schieberegister aufgebaut aus zwei 4-Bit-Schieberegistern*

anzugeben, welche Architekturen den beiden Instanzen der Komponente schieberegister_4 zugeordnet werden sollen, da diese Architekturen wiederum Instanzen von Komponenten, in diesem Falle der Komponente flipflop, enthalten, denen ebenfalls wieder Realisierungen zugeordnet werden müssen.

VHDL stellt zwei Alternativen zur Verfügung, um das Problem anzugehen, wobei letztere in unseren Augen zu bevorzugen ist. Wir wollen die beiden Möglichkeiten für den Fall illustrieren, dass den Instanzen der Komponente schieberegister_4, die in der in Abbildung 3.8 gezeigten Architektur RTL des Bausteins schieberegister_8 vorkommen, die Architektur RTL2 zugeordnet wird.

Die erste Möglichkeit besteht darin, dass wir rekursiv den einzelnen Instanzen der Komponenten in der bereits bekannten Art und Weise Architekturen zuordnen. Dies resultiert in einer Konfiguration mit etwa dem in Abbildung 3.9 gezeigten Aussehen. Der Nachteil dieses Ansatzes besteht darin, dass dem Entwerfer einer hierarchisch aufgebauten Architektur die gesamte Hierarchie detailliert bekannt sein muss. Änderungen an Komponenten innerhalb der Hierarchie bedingen Änderungen in dem Konfigurationsblock des obersten Bausteins. Bei größeren Entwürfen kann dies zu einem nicht unerheblichen Mehraufwand an Zeit führen und ist de facto nicht handhabbar.

Eine effizientere Vorgehensweise besteht darin, die in einer Architektur eines Bausteins vorkommenden Instanzen einer Komponente nicht an eine Architektur dieser Komponente zu binden, sondern, wie in Abbildung 3.10 gezeigt, an eine Konfiguration dieser Architektur. Hierzu stellt VHDL neben der **use entity**- die **use configuration**-Anweisung zur Verfügung. Durch eine solche **use configuration**-Anweisung sind automatisch auch alle tiefer vorkommenden Komponenteninstanzen an eine Realisierung gebunden.

Wir wollen es bei diesen Ausführungen belassen – wohl wissend, dass wir einige in VHDL enthaltene Aspekte wie zum Beispiel *direkte Instanziierung von konfigurierten Komponenten* und *Belegung generischer Parameter während der Konfigurierung* nicht angesprochen haben. Für

```
24  configuration CFG1 of schieberegister_8 is
25    for RTL
26
27      for INSTANZ1: schieberegister_4
28        use entity work.schieberegister_4(RTL2);
29        for RTL2
30          for G0
31            for G1
32              for BIT3: flipflop
33                use entity work.flipflop(D_flipflop);
34              end for;
35            end for;
36          end for;
37          for others: flipflop
38            use entity work.flipflop(master_slave);
39          end for;
40        end for;
41      end for;
42
43      for INSTANZ2: schieberegister_4
44        use entity work.schieberegister_4(RTL2);
45        for RTL2
46          for all: flipflop
47            use entity work.flipflop(master_slave);
48          end for;
49        end for;
50      end for;
51
52    end for;
53  end CFG1;
```

Abbildung 3.9: *Konfiguration eines hierarchisch beschriebenen Bausteins*

eine Einführung in VHDL sollten aber die hier besprochenen Ansätze ausreichen. Für weitere, vertiefende Ausführungen verweisen wir auf das Buch von Ashenden [4].

3.2 Variablen, Signale und Konstanten

Ein wichtiges Element zur Modellierung in VHDL sind Signale (und natürlich auch Variablen), die jeweils über einen Datentyp deklariert werden müssen. Signale modellieren Leitungen beziehungsweise Busse.

3.2.1 Deklaration von Variablen, Signalen und Konstanten

Die Deklaration von Variablen, Signalen und Konstanten ähnelt den Variablendeklarationen aus anderen Programmiersprachen. Insbesondere erlaubt VHDL eine Initialisierung der Variablen und Signale in der Deklaration. Die Syntax der Variablen-, Signal- und Konstantendeklaration ist gegeben durch

```
55  configuration CFG2 of schieberegister_8 is
56    for RTL
57
58      for INSTANZ1: schieberegister_4
59        use configuration work.CFG2;
60      end for;
61
62      for INSTANZ2: schieberegister_4
63        use configuration work.CFG1a;
64      end for;
65
66    end for;
67  end CFG2;
```

Abbildung 3.10: Illustration der **use configuration***-Anweisung*

variable Variable_Name { , Variable_Name } :
  Datentyp_Name [[:= Ausdruck_vom_Datentyp_der_Variablen]] ;

signal Signal_Name { , Signal_Name } :
  Datentyp_Name [[:= Ausdruck_vom_Datentyp_der_Signale]] ;

constant Konstanten_Name :
  Datentyp_Name :=Ausdruck_vom_Datentyp_der_Konstante ;

3.2.2 Variablen- und Signalzuweisungen

Auf Variablen und Signale, insbesondere auf die Syntax einer Variablen- beziehungsweise Signalzuweisung, sowie ihre unterschiedliche Behandlung während der funktionalen Simulation sind wir in Abschnitt 2.2.1 detailliert eingegangen. Um diese Erläuterungen nicht nochmals an dieser Stelle wiederholen zu müssen, verweisen wir auf diesen Abschnitt und bauen im Folgenden auf die dort vermittelten Kenntnisse auf.

3.2.3 Signalbasierte Attribute

Auf jedem Signal sind Attribute definiert, die dem Entwerfer Informationen über das Signal geben. In der Regel generieren diese Attribute aus dem Signal ein neues, meist zeitversetztes Signal.

Die zur Verfügung stehenden Attribute eines Signals s sind (wobei t einen beliebigen Wert des physikalischen Datentyps time darstellt):

- Das Attribut s'delayed(t), welches ein Signal vom gleichen Datentyp wie Signal s darstellt, das die gleichen Werte wie das Signal s trägt, aber verzögert um die Zeit t.

- Das Attribut s'stable(t), das ein Signal vom Datentyp boolean ist und genau dann den Wert true trägt, wenn sich der Wert des Signals s in den letzten t Zeitschritten nicht geändert hat. Ist t gleich 0 ns, so ist s'stable(t) genau dann false, wenn sich in dem

3.3 Datentypen und Subtypen   73

aktuellen Simulationsschritt der Wert des Signals s geändert hat. Der Zeitparameter t wird defaultmäßig auf 0 ns gesetzt für den Fall, dass das Attribut ohne Zeitangabe verwendet wird.

- Das Attribut s'quiet(t) ist ebenfalls ein Signal vom Datentyp boolean und hat eine sehr ähnliche Semantik zu der des Attributs s'stable(t). Es trägt genau dann den Wert true, wenn während der letzten t Zeitschritte keine *Zuweisung* an das Signal s erfolgt ist – beachten Sie bitte, dass eine Zuweisung an ein Signal nicht unbedingt eine Änderung der Signalbelegung zur Folge hat, sodass die Attribute s'stable(t) und s'quiet(t) in der Tat verschiedene Attribute sind, die durchaus unterschiedliche Werte haben können.

- Das Attribut s'transaction, das ein Signal vom Datentyp bit ist. Es ändert seinen Wert in jedem Simulationszyklus, in welchem dem Signal s ein Wert zugewiesen wird.

- Das Attribut s'event, das ein Wert vom Datentyp boolean ist, der genau dann gleich true ist, wenn das Signal s in dem aktuellen Simulationszyklus seinen Wert ändert. Das Attribut s'event ist somit äquivalent zu dem Attribut s'stable ohne Zeitangabe.

- Das Attribut s'active, das ein Wert vom Datentyp boolean ist, der genau dann gleich true ist, wenn dem Signal s in dem aktuellen Simulationszyklus ein Wert zugewiesen wird. Im Unterschied zum Attribut s'event braucht sich die Belegung des Signals s also nicht zu ändern.

- Das Attribut s'last_event, das ein Wert vom Datentyp time ist, der die Zeit angibt, die vergangen ist, seitdem das Signal s das letzte Mal seinen Wert geändert hat. Ist bisher keine Wertänderung auf dem Signal erfolgt, so ist der Wert des Attributs gleich time'high (siehe Abschnitt 3.3.1).

- Das Attribut s'last_active, das ein Wert vom Datentyp time ist, der die Zeit angibt, die vergangen ist, seitdem dem Signal s das letzte Mal ein Wert zugewiesen wurde. Ist bisher keine Wertzuweisung an das Signal erfolgt, so ist der Wert des Attributs gleich time'high (siehe Abschnitt 3.3.1).

- Das Attribut s'last_value, das ein Wert vom gleichen Datentyp wie das Signal s ist. Es gibt den Wert zurück, das Signal s vor der letzten Wertänderung hatte. Ist bisher keine Wertänderung auf dem Signal erfolgt, so gibt das Attribut den Wert von s zurück.

- Die Attribute s'driving und s'driving_value, auf deren nähere Erläuterung wir in diesem Buch verzichten wollen, da es weit über das hinaus ginge, was man in einem einführenden Buch zu VHDL erklären sollte und kann.

3.3 Datentypen und Subtypen

Lassen Sie uns mit den Datentypen beginnen. Welche Datentypen stellt VHDL nun zur Verfügung? In einem gewissen Sinne war VHDL in dieser Beziehung bis zu dem Zeitpunkt der Erweiterung durch VHDL-2008 recht nackt, da es nur wenige spezifische Datentypen für den Benutzer bereit hielt. Es standen lediglich die im standard-Package[6] vordefinierten Datentypen

---
[6]Siehe Abschnitt 5.2.

und die dazugehörigen Operatoren, Funktionen und Prozeduren zur Verfügung – andere Datentypen waren in der Sprachbeschreibung von VHDL nicht enthalten. Seit VHDL-2008 umfasst die offizielle Sprachdefinition auch die in separaten IEEE Standards beschriebenen Packages `math_real`, `math_complex`, `std_logic_1164`[7], `numeric_bit` und `numeric_std`.

VHDL gibt uns Werkzeuge an die Hand, um von uns benötigte Datentypen selbst zu definieren. Hierzu steht die **type**-Anweisung beziehungsweise die **subtype**-Anweisung zur Verfügung, deren Syntax gegeben ist durch

>   **type** Bezeichner **is** Datentyp_Spezifikation ;
>   **subtype** Bezeichner **is** Subtyp_Spezifikation ;

Um die auf skalaren Datentypen definierten Attribute (siehe Abschnitt 3.3.1) alle verstehen zu können, ist es wichtig zu wissen, dass auf jedem Subtyp `T` das Attribut `T'base` definiert ist. `T'base` gibt den Basistyp an, über den der Datentyp `T` definiert ist. Das `base`-Attribut darf nur im Zusammenhang mit anderen Attributen verwendet werden.

Fallstrick 5

VHDL ist eine **streng getypte Programmiersprache**. Dies besagt, dass einer Variablen bzw. einem Signal nur Werte aus dem Datentyp (oder einem seiner Subtypen) zugewiesen werden dürfen, über den sie bzw. es deklariert worden ist.

Betrachten Sie zum Beispiel die beiden Datentypen

```
type wortbreite is range 1 to 64;
type width is range 1 to 64;
```

Es handelt sich hierbei um zwei *verschiedene* Datentypen. Eine Zuweisung des Wertes einer Variablen vom Datentyp `wortbreite` an eine Variable des Datentyps `width` ist nicht erlaubt. Eine automatische Typentransformation erfolgt nicht.

Ähnliches gilt für die im Package `standard` (siehe Abschnitt 5.2) definierten Typen `integer` und `real`. Sie dürfen in arithmetischen Ausdrücken zum Beispiel nicht addiert werden, es sei denn einer von beiden wird explizit in den anderen Typ transformiert.

Eine explizite Typtransformation (oder -konvertierung), die naturgemäß nur zwischen „ähnlichen" Datentypen gemacht werden kann, erfolgt durch Voranstellen des Namens des Datentyps, in den konvertiert werden soll, gefolgt von dem, in Klammern eingerahmten, zu konvertierenden Wert, d. h. durch `Ziel_Datentyp(Wert)`. So konvertiert `integer(3.2)` den `real`-Wert `3.2` in den `integer`-Wert `3`.

VHDL kennt fünf Klassen von Datentypen *Skalare Datentypen*, *Felder*, *Zeiger*, *Verbunde* und *Dateien*. Die skalaren Datentypen sind nochmals untergliedert in *Integer-Datentypen*, *Real-Datentypen*, *Aufzählungstypen* und *physikalische Datentypen*. Wir wollen auf die Besonderheiten dieser Datentypen im Folgenden einzeln eingehen. Eigenschaften, die aus anderen Programmiersprachen wohl bekannt sind, werden wir nicht besprechen.

---

[7] Siehe Abschnitt 5.3.

3.3.1 Skalare Datentypen

> Skalare Daten sind solche Daten, die sich nicht in andere Daten unterteilen lassen.

Wie in gängigen Programmiersprachen üblich, ist auch in VHDL eine totale Ordnung auf den Werten eines skalaren Datentyps definiert, sodass man die Werte entsprechend miteinander vergleichen, insbesondere das Maximum und das Minimum zweier Werte berechnen kann. Seit VHDL-2008 stehen für letzteres die beiden vordefinierten Funktionen `maximum` und `minimum` zur Verfügung.

Integer-Datentypen

Integer-Datentypen sind Datentypen, die als Wertebereich einen zusammenhängenden Bereich der ganzen Zahlen haben – in einem gewissen Sinne ist also jeder Integer-Datentyp ein Subtyp eines „anonymen" Datentyps, der als Wertebereich „alle" ganzen Zahlen enthält. Dieser anonyme Datentyp wird `universal_integer` genannt. Der Basistyp eines jeden Integer-Datentyps ist somit der Datentyp `universal_integer`.

Formal werden Integer-Datentypen über die Anweisungen

    type Bezeichner **is range** Integer_Zahl **to** Integer_Zahl ;
    type Bezeichner **is range** Integer_Zahl **downto** Integer_Zahl ;

definiert. So definiert

```
35    type monat_im_jahr is range 1 to 12;
```

einen Integer-Datentyp, der aus 12 Werten besteht, nämlich aus den ganzen Zahlen 1 bis 12.

Auf Integer-Datentypen sind neben den Vergleichsoperatoren = (gleich), /= (verschieden), < (echt kleiner), <= (kleiner gleich), > (echt größer) und >= (größer gleich) die für ganze Zahlen üblichen arithmetischen Operationen definiert,

- Addition + und Subtraktion -
- Multiplikation * und ganzzahlige Division /
- Potenzierung **
- Absolutwert **abs** und Modulo-Berechnung **mod**
- Rest bei der ganzzahligen Division **rem**

und seit VHDL-2008 die beiden binären Funktionen `maximum` und `minimum` zur Berechnung des Maximums und Minimums von zwei Werten.

> **Exkurs: Modulo-Berechnung und Rest-Bildung**
>
> Die Modulo-Berechnung $x \,\mathbf{mod}\, y$ und die Bestimmung des Restes $x \,\mathbf{rem}\, y$ bei der ganzzahligen Division von x durch y sind im Falle von $y \in \mathbb{N}$ sehr ähnliche Operationen. In der Tat, ist x eine nichtnegative ganze Zahl, so unterscheiden sich beide Operationen nicht. Unterschiedliche Ergebnisse erhält man jedoch in der Regel, wenn x eine negative ganze Zahl ist. Während die Division gegen die Null rundet, also zum Beispiel $-19 \,\mathbf{div}\, 8 = -2$ und somit $-19 \,\mathbf{rem}\, 8 = -3$ gilt, bildet die Modulo-Berechnung den Wert x in eine der Restklassen $0, \ldots, y-1$ ab. In unserem Beispiel gilt somit $-19 \,\mathbf{mod}\, 8 = 5$.

> **Fallstrick 6**
>
> Die Operationen `rem` und `mod` sowie die ganzzahlige Division selbst können in der Regel nur dann durch Synthese-Werkzeuge synthetisiert werden, wenn der Divisor y eine Zweierpotenz ist, da in diesem Fall die Operationen im Wesentlichen durch einen Shift, also recht einfach, realisiert werden können.

Integer-Konstanten lassen sich neben der uns gebräuchlichen Schreibweise zur Basis 10 auch zu anderen Basen aus dem Bereich zwischen 2 und 16 in VHDL schreiben. Das allgemeine Format ist durch

> Basis#Darstellung_zu_der_angegebenen_Basis#

gegeben. So kann der Integer-Wert `123` auch beispielsweise durch `2#1111011#`, `8#173#` und `16#7B#` angegeben werden. Zudem kann eine (lange) Integer-Konstante zur besseren Lesbarkeit zwischen je zwei Ziffern einen Unterstrich enthalten. In diesem Sinne sind die drei Schreibweisen `-2#111001010#`, `-2#1_1100_1010#` und `-16#1CA#` alle drei erlaubt und beschreiben den gleichen Integer-Wert, nämlich den Wert -458. Negative Werte werden durch ein vorangestelltes Minus vor der Basis kenntlich gemacht.

VHDL stellt über die Bibliothek `standard` (siehe Abschnitt 5.2), die stets implizit bei einem Entwurf eingebunden ist, drei Integer-Datentypen zur Verfügung

- den Integer-Datentyp `integer`, sowie
- die beiden Subtypen `natural` und `positive` des Datentyps `integer`, welche die nicht-negativen beziehungsweise die positiven Werte des Datentyps `integer` umfassen.

Der Bereich von $-2^{31}+1$ bis $2^{31}-1$ ist als Mindestanforderung für den Wertebereich des Datentyps `integer` an VHDL-Implementierungen vorgegeben. VHDL-Implementierungen dürfen und stellen auch zum Teil größere Bereiche für den Integer-Datentyp `integer` zur Verfügung. In diesem Zusammenhang sind die auf jedem skalaren Datentyp definierten Attribute `low` und `high` sehr nützlich. Sie geben den kleinsten beziehungsweise den größten Wert eines skalaren Datentyps zurück. So liefert uns `integer'low` den kleinsten Wert, `integer'high` den größten Wert des Integer-Datentyps `integer`.

Mehr zu Attributen im Allgemeinen finden Sie im Abschnitt 3.6 auf Seite 107. Eine Liste der auf skalaren Datentypen definierten Attribute finden Sie auf Seite 80.

3.3 Datentypen und Subtypen

Real-Datentypen

Analog zu den gerade vorgestellten Integer-Datentypen gibt es die so genannten Real-Datentypen, die jeweils einen zusammenhängenden Bereich von Gleitkommazahlen darstellen. Die Typdefinition eines Real-Datentyps hat im Wesentlichen das gleiche Aussehen wie das, das wir bei den Integer-Datentypen schon kennengelernt haben:

>   **type** Bezeichner **is range** Gleitkommazahl **to** Gleitkommazahl ;
>   **type** Bezeichner **is range** Gleitkommazahl **downto** Gleitkommazahl ;

Auf ihnen sind ebenfalls die üblichen Vergleichsoperatoren und arithmetischen Operatoren sowie ab VHDL-2008 die beiden Funktionen `maximum` und `minimum` definiert.

Real-Konstanten lassen sich unter Verwendung unterschiedlicher Basen aus dem Bereich 2 bis 16 in Gleitkommadarstellung schreiben. So stellen beispielsweise die Darstellungen `0.75` und `75.0e-2` (zur Basis 10) jeweils die gleiche Zahl 0.75 dar. Wählt man eine andere Basis, so wird eine ähnliche Schreibweise wie bei den Integer-Datentypen verwendet, wobei ein möglicher Exponent hinter das zweite #-Zeichen als Dezimalzahl geschrieben wird und als Exponent zur angegebenen Basis zu verstehen ist. So beschreibt die Darstellung `2#11.0#e-3` den Wert $3 \cdot 2^{-3}$, also den Wert 0.375.

Die implizit eingebundene Bibliothek `standard` (siehe Abschnitt 5.2) stellt den Real-Datentyp `real` bereit, dessen Wertebereich sich mindestens von $-1.7014110 \cdot 10^{38}$ bis $1.7014110 \cdot 10^{38}$ erstreckt. Der wirkliche Wertebereich des Datentyps `real` hängt wie der Datentyp `integer` von der benutzten VHDL-Implementierung ab. Die genauen Grenzen können, wie die beim Datentyp `integer` oder bei anderen Integer-Datentypen, über die Attribute `real'low` und `real'high` festgestellt werden.

Physikalische Datentypen

Eine Besonderheit von VHDL im Vergleich zu anderen Programmiersprachen ist die Möglichkeit, physikalische Datentypen definieren zu können. Sie werden angewendet, um einfach mit physikalischen Größen, wie zum Beispiel Längen-, Gewichts-, Geschwindigkeits- und Zeitangaben arbeiten zu können. So ist jedem physikalischen Datentyp neben einem Bereich von Integer-Werten eine *primäre Einheit* zugeordnet, in der die Angaben gemessen werden. Zu der primären Einheit kann es weitere Einheiten, so genannte *sekundäre Einheiten*, geben, die ein Vielfaches der primären Einheit darstellen müssen.

Lassen Sie uns auf eine formale Definition der Syntax physikalischer Datentypen verzichten und uns einfach nur zwei, drei Beispiele anschauen.

Der Quellcode

```
36      type laenge_einfach is range 0 to 1E9
37        units km;
38      end units laenge_einfach;
```

definiert einen physikalischen Datentyp mit Namen `laenge_einfach`, für den keine sekundären Einheiten definiert sind, sondern nur eine primäre Einheit, nämlich die primäre Einheit `km`, die für Kilometer stehen soll. Der Zahlenbereich erstreckt sich von dem Integer-Wert 0 bis zum Integer-Wert 10^9. Dieser physikalische Datentyp ist an sich nichts anderes als ein Integer-Datentyp, der mit einer Einheit versehen ist; er würde den Vorteil, den physikalische Datentypen bieten, nämlich die „automatische Umrechnung" zwischen den definierten Einheiten, nicht nutzen und ergäbe demnach auch keinen großen Sinn.

Die eigentlichen Vorteile physikalischer Datentypen bietet hingegen der wie folgt definierte physikalische Datentyp `laenge`

```
39    type laenge is range  -2147483647 to 2147483647
40      units nm;
41          um =  1000 nm;     -- Mikrometer
42          mm =  1000 um;     -- Millimeter
43          cm =    10 mm;     -- Centimeter
44          m  =   100 cm;     -- Meter
45        Zoll = 25400 um;     -- Zoll oder Inch
46      end units laenge;
```

der neben der primären Einheit `nm` noch die sekundären Einheiten `um`, `mm`, `cm`, `m` und `Zoll` kennt.

Auf den physikalischen Datentypen sind die üblichen Vergleichsoperatoren sowie Addition (+), Subtraktion (-), und Berechnung des Absolutbetrags (**abs**) von physikalischen Werten definiert. Zudem ist die Multiplikation (*) eines physikalischen Wertes mit einer ganzen Zahl und die (ganzzahlige) Division (/) eines physikalischen Wertes durch eine ganze Zahl definiert. Einen Integer-Wert kann man in einen physikalischen Wert umwandeln, d. h. konvertieren, indem man den Integer-Wert mit einem der physikalischen Werte multipliziert.

In den entsprechenden „arithmetischen" Ausdrücken können wir unterschiedliche Einheiten benutzen. So ist zum Beispiel der Ausdruck

```
10 Zoll + (3 m / 2)
```

erlaubt. Der VHDL-Simulator rechnet alle physikalischen Operatoren eines solchen Ausdrucks auf die primäre Einheit des entsprechenden physikalischen Datentyps zurück, in unserem Beispiel also auf `nm`.

Fallstrick 7

Die Division zweier Werte eines physikalischen Datentyps ergibt einen Integer-Wert, da sich die Einheiten herauskürzen. Somit ist der Ausdruck

```
10 Zoll + (3 m / 10 mm)
```

nicht zulässig, da ein Wert vom Datentyp `laenge` mit einem Integer-Wert addiert werden würde. Dies ist in VHDL als streng getypte Programmiersprache nicht erlaubt.

Ebenfalls *nicht* erlaubt in VHDL ist die Multiplikation zweier physikalischer Werte, da auch die physikalischen Einheiten miteinander multipliziert werden würden. Das Ergebnis der Multiplikation zweier physikalischer Werte wäre demzufolge ein über einen neuen physikalischen Datentyp definierter Wert. Multipliziert man zum Beispiel zwei Werte des Datentyps `laenge` entsteht ein „Flächenwert", d. h. ein Wert eines neuen physikalischen Datentyps, dessen primäre Einheit beispielsweise Quadratnanometer (qnm) sein könnte.

3.3 Datentypen und Subtypen

Will man dennoch Werte eines physikalischen Datentyps miteinander multiplizieren und ein Wert vom gleichen physikalischen Datentyp erhalten, kann man dies über die auf skalaren Datentypen definierten Attribute `pos` und `val` realisieren. Man wandelt zuerst die physikalischen Werte mit Hilfe des Attributs `pos` in Integer-Werte um, multipliziert diese dann und wandelt das Ergebnis mit Hilfe des Attributs `val` wieder in einen physikalischen Wert um. Lassen Sie uns diese beiden Attribute beispielhaft an unserem Datentyp `laenge` ein bisschen genauer erklären. Eine vollständige Aufzählung der auf physikalischen Datentypen definierten Attribute folgt in Abschnitt 3.3.1.

- Das Attribut `laenge'pos(X)` angewendet auf einen Wert X des physikalischen Datentyps `laenge` gibt den dazu gehörigen Integer-Wert in Bezug auf die primäre Einheit zurück. Beispiel: `laenge'pos(3 cm)` ist gleich 30.000.000. Das Attribut kann somit als Datentypkonvertierung eines physikalischen Wertes in einen Integer-Wert benutzt werden.

- Das Attribut `laenge'val(X)` wird auf einen Integer-Wert X angewendet und gibt dann den entsprechenden Wert des physikalischen Datentyps `laenge` zurück, ist also in einem gewissen Sinne die inverse Funktion zu dem Attribut `laenge'pos()`.

Mit der Einführung von VHDL-2008 sind zudem die Operationen **mod** und **rem** für physikalische Typen vordefiniert. Als Operanden erhalten sie jeweils zwei Werte von einem physikalischen Datentyp und geben einen Wert dieses physikalischen Datentyps zurück.

VHDL stellt standardmäßig über die Bibliothek `standard` den physikalischen Datentyp `time` bereit. Näheres zu diesem speziellen Datentyp ist in Abschnitt 5.2.2 auf Seite 126 zu finden.

Aufzählungstypen

Die Aufzählungstypen sind die einfachsten skalaren Datentypen. Hier werden die in dem Wertebereich verfügbaren Werte in der Datentypdefinition einfach nur aufgezählt. Die Reihenfolge, in der das passiert, bestimmt die auf dem Datentyp definierte totale Ordnung $\leq$. Allgemein hat die Definition eines Aufzählungstyps das Aussehen

  type Bezeichner **is** (Element { , Element });

Beispiele von solchen Aufzählungstypen sind in den in Kapitel 5 vorgestellten Packages zu finden. Im Package `standard` (siehe Abschnitt 5.2 auf Seite 123) zum Beispiel, das implizit in VHDL eingebunden ist, werden die Aufzählungstypen

- `boolean`, der aus den Werten `false` und `true` mit `false`$\leq$`true` besteht,
- `bit`, der aus den Werten `'0'` und `'1'` mit `'0'`$\leq$`'1'` besteht,
- `character`, der die 256 Zeichen des Maschinenalphabets umfasst,
- `severity_level`, der aus den Werten `note`, `warning`, `error` und `failure` besteht – dieser Datentyp ist im Rahmen der **assert**-Anweisung von Bedeutung (siehe Abschnitt 3.4 und Abschnitt 3.5 auf den Seiten 103–105) – sowie

- die Aufzählungstypen `file_open_kind` und `file_open_status`, die im Rahmen des Zugriffs auf Dateien benötigt werden (siehe Abschnitt 5.2.4),

definiert. Das Package `std_logic_1164` (siehe Abschnitt 5.3) definiert

- den Aufzählungstyp `std_ulogic` (beziehungsweise `std_logic`), der eine 9-Werte-Logik darstellt, die es ermöglicht, Hardware realitätsnäher zu beschreiben und zu simulieren, als dies beispielsweise mit dem Datentyp `bit` möglich ist.

Anwendung finden Aufzählungstypen oft bei der Beschreibung von endlichen Automaten zur Festlegung der möglichen Zustände, beispielsweise

```
8    type state is (idle, start, stop);
```

Auf skalaren Datentypen definierte Attribute

Auf jedem skalaren Datentyp `T` sind neben dem, schon auf jedem Datentyp definierten Attribut

- `T'base`, das den Basistyp des Datentyps `T` angibt,

weitere Attribute definiert, die dem Entwerfer Informationen zu dem Datentyp geben. Unabhängig von der Art des skalaren Datentyps sind es die Attribute

- `T'high`, welches den größten Wert des Datentyps `T` liefert,

- `T'low`, welches den kleinsten Wert des Datentyps `T` liefert,

- `T'left`, das den Wert der linken Bereichsgrenze des Datentyps `T` angibt,

- `T'right`, das den Wert der rechten Bereichsgrenze des Datentyps `T` angibt,

- `T'ascending`, das vom Datentyp `boolean` ist und genau dann gleich dem Wert `true` ist, wenn der zu `T` gehörige Wertebereich aufsteigend ist, also über eine **to**-Anweisung (und nicht über eine **downto**-Anweisung) definiert wurde – die Wertebereiche von Aufzählungstypen gelten immer als aufsteigend,

- `T'image(X)`, das eine Funktion darstellt, die angewendet auf einen Wert `X` aus dem Wertebereich von `T` einen Wert vom Datentyp `string` (siehe Abschnitt 5.2) zurückgibt, der eine textuelle Darstellung des Wertes `X` ist.

- `T'value(X)`, das, informal ausgedrückt, die zu der Funktion `T'image()` inverse Funktion darstellt. Angewendet auf eine Zeichenfolge `X` versucht diese Funktion, diese Zeichenfolge als Wert des Datentyps `T` zu interpretieren, und gibt diesen Wert zurück.

> Ist `T` ein Aufzählungstyp, so gilt `T'low=T'left` und `T'high=T'right`. Bei einem Integer-Datentyp `T` gelten diese beiden Gleichungen nur dann, wenn das Attribut `T'ascending` wahr ist.

3.3 Datentypen und Subtypen

Nur auf Aufzählungstypen, Integer-Datentypen und physikalischen Datentypen sind die folgenden Attribute definiert:

- Das Attribut `T'pos(X)`, das eine Funktion darstellt, die, angewendet auf einen Wert `X` aus dem Wertebereich des Datentyps `T`, die Position des Wertes `X` im Datentyp `T` zurückgibt. Der zurückgegebene Wert ist von dem speziellen Datentyp `universal_integer`.

  Position ist in Abhängigkeit der Art des skalaren Datentyps unterschiedlich definiert:

  – Die Position eines Wertes `X` eines Aufzählungstyps ist als die Stelle definiert, an der der Wert `X` in der totalen Ordnung des Aufzählungstyps steht. Der erste in der totalen Ordnung vorkommende Wert hat Position 0.

  – Die Position eines Wertes `X` eines Integer-Datentyps ist der Wert `X` selbst, jedoch als Wert des Datentyps `universal_integer` interpretiert.

  – Die Position eines Wertes `X` eines physikalischen Datentyps ist der Integer-Wert des Wertes `X`, ausgedrückt über die primäre Einheit dieses physikalischen Datentyps.

- Das Attribut `T'val(X)`, das eine Funktion darstellt, die, angewendet auf einen Integer-Wert `X`, den `X`-ten Wert aus dem Wertebereich des Datentyps `T` zurückgibt.

- Das Attribut `T'succ(X)`, das eine Funktion darstellt, die, angewendet auf einen Wert `X` aus dem Wertebereich des Datentyps `T`, den Wert aus dem Wertebereich des *Basistyps* von `T` zurückgibt, der in der totalen Ordnung des Basistyps von `T` dem Wert `X` direkt folgt. Es gilt also `T'base'pos(T'succ(X)) = T'base'pos(X) + 1`.

  Ist `X` schon das größte Element `T'base'high` aus dem Basistyp von `T`, so ist der Funktionswert `T'succ(X)` nicht definiert.

- Das Attribut `T'pred(X)`, das eine Funktion darstellt, die, angewendet auf einen Wert `X` aus dem Wertebereich des Datentyps `T`, den Wert aus dem Wertebereich des Basistyps von `T` zurückgibt, der in der totalen Ordnung des Basistyps von `T` genau vor dem Wert `X` steht. Es gilt also `T'base'pos(T'pred(X)) = T'base'pos(X) − 1`.

  Ist `X` schon das kleinste Element `T'base'low` aus dem Basistyp von `T`, so ist der Funktionswert `T'pred(X)` nicht definiert.

- Das Attribut `T'leftof(X)`, das eine Funktion darstellt, die, angewendet auf einen Wert `X` aus dem Wertebereich des Datentyps `T`, den links von ihm stehenden Wert im Wertebereich des Basistyps von `T` zurückgibt.

  Ist `X` schon das am weitesten links stehende Element `T'base'left` aus dem Basistyp von `T`, so ist der Funktionswert `T'leftof(X)` nicht definiert.

- Das Attribut `T'rightof(X)`, das eine Funktion darstellt, die, angewendet auf einen Wert `X` aus dem Wertebereich des Datentyps `T`, den rechts von ihm stehenden Wert im Wertebereich des Basistyps von `T` zurückgibt.

  Ist `X` schon das am weitesten rechts stehende Element `T'base'right` aus dem Basistyp von `T`, so ist der Funktionswert `T'rightof(X)` nicht definiert.

3.3.2 Zusammengesetzte Datentypen

Lassen Sie uns damit zu den so genannten *zusammengesetzten Datentypen* kommen. Die von VHDL bereitgestellten Möglichkeiten, Zeiger zu deklarieren, wollen wir in diesem Abschnitt ebenfalls behandeln. Auch wenn es sich bei Zeigern nicht um zusammengesetzte Datentypen handelt, hängen sie sehr eng mit Verbunden (engl.: *records*) zusammen.

Felder

Felder (engl.: *arrays*) setzen sich in VHDL, wie in jeder anderen Programmiersprache auch, aus Elementen des gleichen Datentyps zusammen. Es gibt in VHDL sowohl eindimensionale Felder, d. h. Felder, bei denen die Komponenten über nur einen Index indiziert sind, als auch mehrdimensionale Felder mit mehreren Indizes. Hierbei unterscheidet VHDL zwischen so genannten beschränkten (engl.: *constrained*) Feldern und unbeschränkten (engl.: *unconstrained*) Feldern.

Beschränkte Felder

Beschränkte Felder sind dadurch gekennzeichnet, dass der Wertebereich der Indizes durch Angabe einer unteren und oberen Grenze fest vorgegeben ist. Eine entsprechende Typdefinition sieht bei eindimensionalen Feldern wie folgt aus:

```
type Bezeichner is array
    ( Diskreter_Werte_Bereich ) of Datentyp_Name ;
```

Bei mehrdimensionalen beschränkten Feldern werden die Wertebereiche einfach nur durch jeweils ein Komma getrennt.

```
type Bezeichner is array
    ( Diskreter_Wertebereich { , Diskreter_Wertebereich } )
    of Datentyp_Name ;
```

Als Beispiel seien hier angeführt

```
47  type byte is array (7 downto 0) of bit;
48  type wort is array (1 to 4) of byte;
49  type ram is array (0 to 1023) of wort;
50  type brett is array (positive range 1 to 9,
51    positive range 1 to 9) of integer;
```

oder der in der Implementierung des Packages `std_logic_1164` benutzte Feld-Datentyp

```
166  type stdlogic_table is array (std_ulogic, std_ulogic)
167    of std_ulogic;
```

mit dem Aufzählungstyp `std_ulogic` als jeweiliger Wertebereich der beiden Indizes.

Komponentenweise Zugriffe oder Belegungen erfolgen durch Angabe des Bezeichners (Name der Variablen, des Signals oder der Konstante), gefolgt von den, in runden Klammern eingeschlossenen Indexwerten. Der Zugriff auf die Komponente 173 einer über dem Datentyp `ram` deklarierte Variable `ram_var` erfolgt also durch `ram_var(173)`.

3.3 Datentypen und Subtypen

Für den feldweisen Zugriff oder die feldweise Belegung stehen mehrere Methoden zur Verfügung. Das Codefragment

```
98      byte_a <= ('0','0','0','1','1','1','1','0');
99      byte_b <= ( 4 | 3 | 2 | 1 => '1', others => '0');
100     byte_c <= ( 4 downto 1 => '1', others => '0');
```

in dem `byte_a`, `byte_b`, `byte_c` Signale vom Datentyp `byte` sind, zeigt einige der vielfältigen Möglichkeiten der feldwesen Belegung. Die rechten Seiten der drei Zuweisungen sind äquivalent zueinander und belegen die Komponenten mit den Indizes 1, 2, 3 und 4 mit Wert `'1'` und die restlichen mit dem Wert `'0'`.

Die Belegung von mehrdimensionalen Feldern ist ähnlich einfach. Wie das Beispiel in Abbildung 3.11, in dem eine Konstante namens `kleines_Einmaleins` von dem oben definierten Datentyp `brett` definiert wird, zeigt, können zweidimensionale Felder – der erste Index eines zweidimensionalen Feldes steht für die Zeilen, der zweite Index für die Spalten – „zeilenweise" belegt werden, d. h. man gibt zuerst den zur ersten Zeile gehörigen eindimensionalen Vektor an, dann den zur zweiten Zeile gehörigen und so weiter. In unserem Beispiel gilt `kleines_Einmaleins(i,j)` = `i*j` für alle Werte `i` und `j` aus dem Bereich 1 bis 9.

```
57      -- Funktionstafel des kleinen Einmaleins
58      constant kleines_Einmaleins : brett := (
59      --
60      --      1   2   3   4   5   6   7   8   9
61      -- --------------------------------------
62          (  1,  2,  3,  4,  5,  6,  7,  8,  9 ),   -- 1
63          (  2,  4,  6,  8, 10, 12, 14, 16, 18 ),   -- 2
64          (  3,  6,  9, 12, 15, 18, 21, 24, 27 ),   -- 3
65          (  4,  8, 12, 16, 20, 24, 28, 32, 36 ),   -- 4
66          (  5, 10, 15, 20, 25, 30, 35, 40, 45 ),   -- 5
67          (  6, 12, 18, 24, 30, 36, 42, 48, 54 ),   -- 6
68          (  7, 14, 21, 28, 35, 42, 49, 56, 63 ),   -- 7
69          (  8, 16, 24, 32, 40, 48, 56, 64, 72 ),   -- 8
70          (  9, 18, 27, 36, 45, 54, 63, 72, 81 )    -- 9
71      );
```

Abbildung 3.11: Deklaration und Definition eines zweidimensionalen Feldes als Konstante

VHDL stellt verschiedene Möglichkeiten zur Verfügung, um so genannte *Bitfolgen*, d. h. eindimensionale Felder über dem Datentyp `bit`, bequem beschreiben zu können. Ursprünglich nur für Felder über dem Datentyp `bit` gedacht, sind diese Schreibweisen seit VHDL-1993 für alle eindimensionalen Arrays erlaubt, die über einem Aufzählungstyp definiert sind und die Zeichen `'0'` und `'1'` enthalten.

Bitfolgen kann man in binärer, oktaler oder in hexadezimaler sowie seit VHDL-2008 in dezimaler Darstellung schreiben. Die Darstellungsart wird durch den Präfix angegeben, B für binär, O für oktal, X für hexadezimal, D für dezimal [6]. Die Darstellung selbst folgt dann als endliche Folge über $\{0,1\}$, $\{0,1,\ldots,7\}$, $\{0,1,\ldots,9,A,B,C,D,E,F\}$ bzw. $\{0,1,\ldots,9\}$ umrahmt mit dem doppelten Hochkommata. So stellt zum Beispiel O"4731" die Bitfolge "100111011001", X"9DA" die Bitfolge "100111011010" und D"3692" die Bitfolge "111001101100" dar.

Zu beachten ist, dass bis zur Einführung von VHDL-2008 die Länge eines (eindimensionalen) Feldes, dem eine oktal bzw. hexadezimal dargestellte Bitfolge zugewiesen wurde, immer ein Vielfaches von 3 bzw. 4 sein musste.

> **Spezifikation von Bitfolgen und Zuweisung an Felder (VHDL-2008) [6]**
>
> Die Einschränkung, dass die Länge einer oktal bzw. hexadezimal dargestellten Bitfolge immer ein Vielfaches von 3 bzw. 4 sein muss, wurde mit der Einführung von VHDL-2008 fallengelassen. Durch Voranstellen der Länge kann eine oktal bzw. hexadezimal angegebene Bitfolge auf die gewünschte Länge gekürzt bzw. verlängert werden. Im Falle einer Verlängerung wird die Bitfolge von links her mit '0' aufgefüllt. Muss gekürzt werden, so wird versucht, die Bitfolge durch Abschneiden der am weitesten links stehenden Stellen auf die gewünschte Länge zu bringen. VHDL-2008 verlangt, dass diese Stellen jeweils mit '0' belegt sind; ansonsten wird ein Fehler ausgegeben. So stellt `11X"000"` die binäre Folge `"00000000000"` der Länge 11 dar. Nicht erlaubt ist die hexadezimale Darstellung `11X"800"`, da hier die vordere Stelle mit dem Wert '1' belegt ist.
>
> VHDL-2008 stellt zudem Methoden zur Spezifikation *vorzeichenbehafteter* Bitfolgen bereit. Bei diesen Methoden wird beim Verlängern einer Bitfolge mit dem am weitesten links stehenden Wert (der in der Regel das Vorzeichen darstellt) links aufgefüllt, so wie wir dies beispielsweise bei der Zweierkomplement-Darstellung (siehe Kapitel 6) kennen. Zum Kürzen müssen die abzuschneidenden linken Stellen alle den Wert der am weitesten links stehenden Stelle in der verbleibenden Bitfolge haben. Gekennzeichnet werden diese Methoden, indem zwischen der Angabe der gewünschten Länge und dem Zahlensystem das Zeichen `S` (wie *signed*) angegeben wird. Beispielsweise stellt `14SX"800"` die Bitfolge `"11100000000000"` der Länge 14 dar.

Unbeschränkte Felder

Bei unbeschränkten Feldern legt man sich bei der Definition des Datentyps nicht auf genaue Grenzen für den Index beziehungsweise die Indizes fest, sondern verschiebt die Festlegung auf später, zum Beispiel auf den Zeitpunkt der Variablendeklaration. So werden in dem Package `standard` (siehe Abschnitt 5.2) die Datentypen

```
65    type string is array (positive range <>) of character;
66    type bit_vector is array (natural range <>) of bit;
```

und in dem Package `std_logic_1164` (siehe Abschnitt 5.3) die Datentypen

```
20    type std_ulogic_vector is array ( natural range <> )
21      of std_ulogic;

37    type std_logic_vector is array ( natural range <> )
38      of std_logic;
```

zur Verfügung gestellt. Sie definieren jeweils unbeschränkte Felder. Die Grenzen der Indexbereiche sind nicht durch die Definition des Datentyps festgelegt. Die formale Syntax, um unbeschränkte Felder zu definieren, ist gegeben durch

3.3 Datentypen und Subtypen

```
type Bezeichner is array
    ( Diskreter_Datentyp range <> { , Diskreter_Datentyp <> } )
    of Datentyp_Name ;
```

Unbeschränkte Felder finden ihre Anwendung

- in Packages, in denen sie es ermöglichen, von der Größe der Wertebereiche unabhängige Felder vorzudefinieren – mit den im Package `std_logic_1164` definierten Datentypen `std_ulogic_vector` und `std_logic_vector` haben wir gerade zwei solche Beispiele erwähnt,

- als formale Parameter von Funktionen und Prozeduren (siehe Kapitel 4) – hier werden die exakten Wertebereiche erst durch die aktuellen Parameter festgelegt,

- bei Anschlüssen von Bausteinen, wobei sie naturgemäß dann nicht nur im Rahmen der **entity**-Definition, sondern auch in den dazugehörigen Architekturen benutzt werden. Erst bei der Instanziierung einer Komponente dieses Bausteins werden den unbeschränkten Anschlüssen beschränkte Felder zugewiesen. Ein ausführliches Beispiel einer solchen Schnittstellenbeschreibung (mit zugehöriger Architektur) ist in Abschnitt 3.5.2 zu finden.

Wir wollen die Effektivität unbeschränkter Felder an einer Prozedur illustrieren, die eine n-Bit Zweierkomplement-Zahlendarstellung in eine m-Bit Zweierkomplement-Darstellung mit $m \geq n$ umwandelt. Wie in den Exkursen zu Zweierkomplement-Darstellung und Vorzeichenverdopplung in Kapitel 6 noch ausführlich erläutert wird, ist zur Realisierung einer solchen Erweiterung das Vorzeichen der n-Bit Zweierkomplement-Darstellung $m-n$ Mal zu kopieren und der n-Bit Zweierkomplement-Darstellung voranzustellen. Abbildung 3.12 zeigt eine der möglichen Realisierungen.

```
19    procedure sign_extend (
20      inp: in std_logic_vector;
21      result: out std_logic_vector ) is
22    begin
23      assert inp'length <= result'length
24        report "Der Ausgabevektor ist zu kurz!"
25        severity failure;
26      assert (inp'right = 0) and (result'right = 0)
27        report "Attribut 'right muss jeweils Index 0 liefern!"
28        severity failure;
29      result(inp'length-1 downto 0) := inp;
30      for i in inp'length to result'length-1 loop
31        result(i) := inp(inp'length-1);
32      end loop;
33    end;
```

Abbildung 3.12: Prozedur zur Transformation einer Zweierkomplement-Darstellung auf einer größere Wortbreite

Wie man sieht, wird in der Definition der Prozedur `sign_extend` weder die Länge des formalen Eingabeparameters `inp` – über das Schlüsselwort **in** wird festgelegt, dass es sich bei diesem Parameter um einen Eingabeparameter handelt – noch die Länge des formalen Ausgabeparameters result festgelegt. Erst bei Aufruf der Prozedur wird über die aktuellen Parameter die Länge dieser beiden Felder bestimmt. Um etwaige Fehler, die letztendlich auf die durch die Nicht-Festlegung der Bereichsgrenzen der formalen Parameter bedingten Freiheiten zurückzuführen sind, während der Laufzeit zu finden, – in unserem Beispiel sollte der Ausgabeparameter nicht kürzer als der Eingabeparameter sein; zudem sollten die Felder von rechts her mit 0 beginnend aufwärts indiziert sein – sollte eine solche Prozedur überprüfen, ob die aktuellen Parameter den Voraussetzungen genügen. Dies erfolgt in der Regel über die auf Feldern definierten Attribute. In unserer Beispielprozedur erhalten wir die Längen der beiden Felder über die Attribute inp'length und result'length. Ist der erste Wert echt größer als der zweite Wert, so wird über die **assert**-Anweisung eine Fehlermeldung ausgegeben. Über die Attribute inp'right und result'right überprüfen wir, ob die rechten Komponenten der beiden Feldern den Index 0 haben.

> **Unbeschränkte Felder in VHDL-1993 und VHDL-2008**
>
> In den VHDL-Versionen vor VHDL-2008 mussten die Datentypen der Elemente von beschränkten und unbeschränkten Feldern beschränkt sein, d. h. die Größe der Feldkomponenten musste konstant sein. Insbesondere war es nicht möglich, unbeschränkte Felder, deren Komponenten wieder unbeschränkte Feldern sind, als Datentypen zu definieren.
>
> Diese Einschränkung wurde mit der Einführung von VHDL-2008 zum Teil aufgehoben. VHDL-2008 unterscheidet zwischen *unbeschränkten*, *teilweise beschränkten* und *voll beschränkten* Feldern. Details zu dieser Erweiterung, insbesondere zu der Spezifikation entsprechender Felder, sind in [6] zu finden.

Attribute auf Feldern

Lassen Sie uns detaillierter auf die auf Feldern definierten Attribute zu sprechen kommen. Sei hierzu A ein über einem Datentyp T definiertes k-dimensionales Feld und N ein beliebiger Integer-Wert aus dem Bereich von 1 bis k. Folgende auf Feldern definierte Attribute stellt uns VHDL zur Verfügung – der Parameter N ist optional; defaultmäßig ist er mit dem Wert 1 vorbelegt:

- Das Attribut A'length(N), das uns die Größe des N-ten Indexbereiches von A angibt.

- Das Attribut A'left(N), das den linken Rand des N-ten Indexbereiches von A angibt; das Attribut ist von dem gleichen Datentyp wie die Indizes der N-ten Dimension des Feldes.

- Das Attribut A'right(N), das den rechten Rand des N-ten Indexbereiches von A angibt; das Attribut ist von dem gleichen Datentyp wie die Indizes der N-ten Dimension des Feldes.

- Das Attribut A'low(N), das den kleinsten Wert des N-ten Indexbereiches von A angibt; dieser Wert ist je nachdem, ob in der Definition des Datentyps von A **downto** oder **to** zur Spezifikation des Indexbereiches benutzt wurde, gleich dem Wert A'right(N) oder dem Wert A'left(N).

3.3 Datentypen und Subtypen

- Das Attribut `A'high(N)`, das den größten Wert des `N`-ten Indexbereiches von `A` angibt. Dies ist je nachdem, ob in der Definition des Datentyps von `A` **downto** oder **to** zur Spezifikation des Indexbereiches benutzt wurde, gleich dem Wert `A'left(N)` oder dem Wert `A'right(N)`.

- Die Attribute `A'range(N)` und `A'reverse_range(N)`, die den Wertebereich bzw. den gespiegelten Wertebereich des `N`-ten Indexbereiches von `A` angibt. Dies erlaubt uns auch bei unbeschränkten Feldern alle Komponenten zu durchlaufen. Ist `A` beispielsweise ein zweidimensionales Feld, so durchforstet der Programmcode

    ```
    122    for i in A'range(1) loop
    123       for j in A'reverse_range(2) loop
    124          report positive'image(A(i,j));
    125       end loop;
    126    end loop;
    ```

    das Feld `A`, wobei der Indexbereich der ersten Dimension in der Reihenfolge beginnend mit `A'left(1)` hin zu `A'right(1)` und der Indexbereich der zweiten Dimension in umgekehrter Reihenfolge, also von `A'right(2)` hin zu `A'left(2)` durchlaufen wird.

- Das Attribut `A'ascending(N)`, das vom Typ `boolean` ist und genau dann gleich `true` ist, wenn der `N`-te Indexbereich monoton steigend ausgelegt ist, d. h. über das Schlüsselwort **to** (und nicht über das Schlüsselwort **downto**) definiert wurde.

Einige der Attribute sind sehr nahe miteinander verwandt. So gilt beispielsweise

$$A'\text{ascending}(N) = \text{true} \implies A'\text{left}(N) = A'\text{low}(N)$$
$$A'\text{ascending}(N) = \text{true} \implies A'\text{right}(N) = A'\text{high}(N)$$
$$A'\text{ascending}(N) = \text{false} \implies A'\text{left}(N) = A'\text{high}(N)$$
$$A'\text{ascending}(N) = \text{false} \implies A'\text{right}(N) = A'\text{low}(N).$$

Ist der `N`-te Indexbereich über Integer-Werte definiert, so gilt

$$A'\text{length} = A'\text{high}(N) - A'\text{low}(N) + 1.$$

Operationen auf Feldern

Die in VHDL zur Verfügung stehenden Operationen auf Feldern beziehen sich alle nur auf eindimensionale Felder. Es sind dies

- die binären logischen Operationen **and**, **or**, **nand**, **nor**, **xor**, und **xnor**, die auf eindimensionalen Feldern über dem Datentyp `boolean`, `bit` oder `std_ulogic` gleicher Länge definiert sind. Ergebnis der Operationen ist jeweils die komponentenweise ausgeführte logische Basisoperation – siehe Kapitel 5.2 und 5.3.

> **Neue logische Operationen auf Feldern (VHDL-2008) [6]**
>
> Die oben bereits angesprochenen Operationen **and**, **or**, **nand**, **nor**, **xor** und **xnor** wurden im Rahmen der Einführung von VHDL-2008 in der Weise überladen, dass einer der beiden Operanden kein Feld sein braucht, sondern ein skalarer Wert vom gleichen Datentyp wie der, über den das an den anderen formalen Parameter übergebene Feld definiert ist, sein kann. Eine solche Operation verknüpft jedes Element des Feldes mit dem skalaren Wert gemäß der angegebenen logischen Operation. So kann bspw. der Wert des i-ten Ausgangs eines Demultiplexers[8] durch `data` **and** `enable(i)` beschrieben werden, falls `data` das am Dateneingang des Demultiplexers anliegende Signal – sagen wir vom Datentyp `bit_vector(7` **downto** `0)` – und `enable(i)` ein Signal vom Datentyp `bit` ist, das genau dann gleich '1' ist, wenn die Daten am i-ten Ausgangsport ausgegeben werden sollen.
>
> Zudem stehen die logischen Operatoren **and, or, nand, nor, xor** und **xnor** nicht nur als binäre Operatoren, sondern auch als *unäre* Operatoren auf eindimensionalen Feldern über den oben genannten Datentypen zur Verfügung. Als unäre Operatoren wirken sie als *Reduktionsoperatoren*. Angewendet auf ein eindimensionales Feld verknüpfen sie die Elemente des Feldes gemäß der angegebenen logischen Operation. So berechnet bspw. der Ausdruck **xor** `data` für ein Signal `data` vom Typ `bit_vector(7` **downto** `0)` das Parity-Bit der Belegung von `data`.

- die Shift- und Rotate-Operatoren, nämlich

    - der Operator **sll**, der einen Vektor vom Datentyp `bit` oder `boolean` um eine bestimmte Anzahl von Stellen nach links schiebt (engl.: *shift-left logical*). Rechts werden die Stellen mit dem Wert '0' bzw. mit `false` aufgefüllt. So gilt zum Beispiel

        `B"10110011" sll 2 = B"11001100"`.

    - der Operator **srl**, der einen Vektor vom Datentyp `bit` oder `boolean` um eine bestimmte Anzahl von Stellen nach rechts schiebt (engl.: *shift-right logical*). Links werden die Stellen mit dem Wert '0' bzw. mit `false` aufgefüllt. So gilt zum Beispiel

        `B"10110011" srl 2 = B"00101100"`.

    - der Operator **sla**, der einen Vektor vom Datentyp `bit` oder `boolean` um eine bestimmte Anzahl von Stellen nach links schiebt (engl.: *shift-left arithmetic*). Rechts werden die Stellen mit dem Wert aufgefüllt, der ursprünglich an der hinteren Stelle des Vektors stand. So gilt zum Beispiel

        `B"10110011" sla 2 = B"11001111"`.

---

[8] Ein *Demultiplexer* ist ein Baustein, der seinen Eingang auf einen seiner Ausgänge schaltet. Die Steuerung erfolgt über Steuerleitungen. Um den Eingang auf den i-ten Ausgang zu schalten, wird an den Steuerleitungen die Zahl i angelegt.

3.3 Datentypen und Subtypen

- der Operator **sra**, der einen Vektor vom Datentyp `bit` oder `boolean` um eine bestimmte Anzahl von Stellen nach rechts schiebt (engl.: *shift-right arithmetic*). Links werden die Stellen mit dem Wert aufgefüllt, der ursprünglich an der vorderen Stelle des Vektors stand. So gilt zum Beispiel

    ```
    B"10110011" sra 2 = B"11101100".
    ```

- der Operator `rol`, der einen Vektor vom Datentyp `bit` oder `boolean` um eine bestimmte Anzahl von Stellen nach links rotiert (engl.: *rotate-left*). Die links „herunterfallenden" Werte werden rechts wieder angehängt. So gilt zum Beispiel

    ```
    B"10110011" rol 2 = B"11001110".
    ```

- der Operator `ror`, der einen Vektor vom Datentyp `bit` oder `boolean` um eine bestimmte Anzahl von Stellen nach rechts rotiert (engl.: *rotate-right*). So gilt zum Beispiel

    ```
    B"10110011" ror 2 = B"11101100".
    ```

Während der linke Operand bei den Shift- und Rotate-Operationen der zu verändernde Vektor ist, gibt der rechte Operand die Anzahl der Stellen an, um die geschoben beziehungsweise rotiert werden soll. VHDL erlaubt, dass dieser rechte Operand auch eine negative ganze Zahl sein darf. In diesem Fall wird ein Richtungswechsel vollzogen, d. h. ein Links-Shift wird zu einem Rechts-Shift und eine Links-Rotation zu einer Rechts-Rotation (und umgekehrt).

- die Vergleichsoperatoren =, /=, <, <=, > und >=, die zwei über dem gleichen Datentyp definierte eindimensionale Felder lexikografisch miteinander vergleichen.

- die Konkatenation & zweier Felder, die eindimensionale, über dem gleichen Datentyp definierte Felder zu einem Feld verschmelzt. So beschreibt der Quellcode

```
 9  procedure unsigned2signed (
10    inp: in std_logic_vector;
11    result: out std_logic_vector ) is
12  begin
13    assert inp'length = result'length-1
14      report "Die Vektoren haben falsche Längen"
15      severity failure;
16    result := '0' & inp;
17  end;
```

eine Prozedur, die eine Binärzahl (ohne Vorzeichen) in eine vorzeichenbehaftete Darstellung überführt.

- die in VHDL-2008 eingeführten vordefinierten Funktionen `minimum` und `maximum`, die auf eindimensionalen Feldern definiert sind, sofern der Datentyp ihrer Elemente ein Integer-Datentyp oder ein Aufzählungstyp ist. Die Funktion `maximum` (bzw. `minimum`), angewendet auf zwei über dem gleichen Datentyp definierte Felder, berechnet, welches der beiden Felder das lexikografisch [9] größte (bzw. kleinste) ist und gibt dieses zurück.

---

[9] Beim *lexikografischen Vergleich* wird die am weitesten links stehende Stelle in den beiden Vektoren gesucht, an denen sich die Vektoren unterscheiden – diese Stelle entscheidet den Vergleich. Ist der eine Vektor ein Präfix des anderen Vektors, so gilt der Präfix als der kleinere der beiden Vektoren. Beispielsweise ist die Bitfolge "1010011" lexikografisch kleiner als die Bitfolge "10101", welche wiederum lexikografisch kleiner als "10101010111" ist.

Verbunde

Neben (beschränkten und unbeschränkten) Feldern stellt VHDL, wie die meisten anderen Programmiersprachen auch, noch eine zweite Klasse von zusammengesetzten Datentypen zur Verfügung: die *Verbunde* (engl.: *records*). Im Unterschied zu Feldern, deren Komponenten alle vom gleichen Typ sind, fasst ein Verbund Werte unterschiedlicher Datentypen in einem Objekt zusammen. So definieren bzw. deklarieren wir mit

```
 9    type ethernet_frame_format is
10      record
11        praeambel: std_logic_vector(0 to 63);
12        zieladresse: std_logic_vector(47 downto 0);
13        quelladresse: std_logic_vector(47 downto 0);
14        schluessel: std_logic_vector(0 to 15);
15        nachricht: std_logic_vector(1 to 368);
16        crc: std_logic_vector(31 downto 0);
17      end record;
18    signal ethernet_paket: ethernet_frame_format;
```

einen Datentyp namens `ethernet_frame_format`, dessen Werte Ethernet-Pakete darstellen, und ein Signal von diesem Datentyp, das wir mit `ethernet_paket` bezeichnen. Ein Ethernet Paket besteht aus sechs Komponenten, die als Felder unterschiedlicher Länge über dem Datentyp `std_logic` deklariert sind [10]. Es sind dies die Komponenten

- `praeambel`, die 64 Bit lang ist und alternierend aus '0' und '1' besteht; sie erlaubt dem Empfänger, sich mit dem ankommenden Signal zu synchronisieren,

- `zieladresse` und `quelladresse`, zwei 48-Bit Adressen, die Ethernet-Adressen darstellen und den Empfänger und den Sender des Pakets angeben,

- `schluessel`, eine 16-Bit-Folge, welche entweder ein high-level-Protokoll angibt oder die Länge der eigentlichen Nachricht codiert,

- `nachricht`, die eigentliche Nachricht, die in einer Folge der Länge 368 abgespeichert wird – das IEEE-Format 802.3 schreibt vor, dass die Nachricht mindestens 368 Bit und höchstens 12.000 Bit lang sein darf – und

- `crc`, eine 32-Bit CRC-Prüfsumme zum Erkennen von Übertragungsfehlern.

Der Zugriff auf eine einzelne Komponente eines Verbundes erfolgt über den Namen der Variablen, des Signals oder der Konstante gefolgt von einem Punkt und dem Namen der Komponente. So bezeichnet `ethernet_paket.zieladresse` die Komponente `zieladresse` des Signals `ethernet_paket` und die Anweisung

```
26    ethernet_paket.zieladresse <= X"08002BE4B102";
```

weist dem in dem Signal `ethernet_paket` abgespeicherten Paket eine Zieladresse zu.

Ein Verbund kann auch als Ganzes beschrieben werden. Hier bieten sich, wie dies bereits bei Feldern der Fall war, mehrere Möglichkeiten an, beispielsweise die Zuordnung der Werte zu den Komponenten über die Position

---

[10] Eine schöne Einführung zu der Thematik der Computer-Netzwerke findet man in [45].

3.3 Datentypen und Subtypen

```
28     ethernet_paket <=
29       ( syn, ziel, quelle, key, nachrichtentext, pruefsumme );
```

wobei syn, ziel, quelle, key, nachrichtentext und pruefsumme entsprechend definierte Vektoren sind. Die Zuordnung kann auch über die Namen der Komponenten erfolgen.

```
31     ethernet_paket <=
32       ( quelladresse => quelle, nachricht => nachrichtentext,
33         zieladresse => ziel, schluessel => key,
34         praeambel => syn, crc => pruefsumme );
```

Die Verwendung des Schlüsselwortes **others**

```
36     ethernet_paket <=
37       ( nachricht => nachrichtentext, schluessel => key,
38         praeambel => syn, crc => pruefsumme,
39         others => X"000000000000" );
```

steht ebenfalls zur Verfügung und weist allen noch nicht belegten Komponenten *einen* Wert zu. Das oben verwendete **others**-Konstrukt übergibt an die beiden Komponenten zieladresse und quelladresse des Verbundes ethernet_paket den Null-Vektor.

Fallstrick 8

Der Operator **others** kann nur dann angewendet werden, wenn die restlichen Komponenten alle vom gleichen Datentyp sind.

3.3.3 Zeiger in VHDL

VHDL stellt, wie die meisten anderen bekannten Programmiersprachen auch, Zeiger zur Verfügung, die in VHDL **access**-Variablen beziehungsweise **access**-Signale heißen. Da wir davon ausgehen, dass Sie schon mit einer Programmiersprache vertraut sind und das Konzept des Zeigers kennen, wollen wir hier nur ganz knapp die verschiedenen mit Zeigern zusammenhängenden Schreibweisen aus VHDL aufzählen und an Beispielen erläutern.

Die formale Syntax der Definition eines **access**-Datentyps ist durch

```
type Bezeichner is access Datentyp_name;
```

gegeben. Ein **access**-Datentyp wird bei der Definition einem Datentyp zugeordnet, der angibt, auf welche Werte Zeiger von diesem **access**-Datentyp zeigen dürfen. Beispielsweise definieren die Typdefinitionen – das Beispiel haben wir zu großen Teilen aus [4] entnommen –

```
9      type stimuli;
10     type stimuli_zeiger is access stimuli;
11     type stimuli is record
12       zeitpunkt: time;
13       wert: std_logic;
14       naechster_stimuli: stimuli_zeiger;
15     end record;
```

einen **access**-Datentyp `stimuli_zeiger`. Eine Variable dieses Datentyps „zeigt" auf einen Verbund vom Datentyp `stimuli`, d. h. kann eine Adresse eines solchen Verbundes aufnehmen.

Da jeder Wert des Datentyps `stimuli` ein Verbund ist, der wieder eine Komponente vom Datentyp `stimuli_zeiger` enthält, können wir mit Hilfe des Allokationsoperators **new** Listen von Werten vom Datentyp `stimuli` erzeugen. Nehmen wir an, dass `listenkopf` eine Variable vom Datentyp `stimuli_zeiger` ist, so wird mit der Anweisung

```
20      listenkopf:= new stimuli;
```

Speicherplatz für einen Verbund des Datentyps `stimuli` im Hauptspeicher unseres Rechners reserviert und die Adresse des so reservierten Speicherplatzes dem Zeiger `listenkopf` zugewiesen. Der Zeiger zeigt nun auf einen (bisher nicht initialisierten) Verbund des Datentypen `stimuli`.

Mit den Anweisungen

```
21      listenkopf.zeitpunkt := 25 ns;
22      listenkopf.wert := '1';
23      listenkopf.naechster_stimuli := null;
```

werden den Komponenten des Verbundes, auf den unser Zeiger `listenkopf` zeigt, Werte zugewiesen. Nach diesen Zuweisungen ist die Komponente `naechster_stimuli` des angelegten Verbundes mit dem Wert **null** belegt – der Wert **null** bedeutet, dass der Zeiger keine Adresse enthält.

Die Initialisierung hätten wir bereits bei der Allokation des Speicherplatzes machen können. Dies wäre über die Anweisung

```
24      listenkopf := new stimuli'(25 ns,'1',null);
```

erfolgt, die semantisch äquivalent zu den obigen vier Anweisungen (20)–(23) ist.

Natürlich können jetzt noch weitere Verbundwerte an die Liste angefügt werden. Dies erfolgt entweder über eine weitere Variable `listenelement` des Datentyps `stimuli_zeiger` durch

```
25      listenelement := new stimuli'(50 ns,'0',null);
26      listenkopf.naechster_stimuli := listenelement;
```

oder über die Anweisung

```
27      listenkopf.naechster_stimuli :=
28         new stimuli'(50 ns,'0',null);
```

die man weiter ausbauen kann, sodass nicht nur ein Element an die Liste angehängt wird, sondern zwei (oder auch mehrere):

```
29      listenkopf.naechster_stimuli :=
30         new stimuli'(50 ns,'0',new stimuli'(75 ns,'1',null));
```

Die Freigabe von über den Operator **new** allokiertem Speicherplatz erfolgt über den Deallokationsoperator **deallocate**. So gibt die Anweisung

```
31      deallocate(listenkopf);
```

den Speicherplatz frei, den der Verbund, auf den der Zeiger `listenkopf` zeigt, belegt. Will man die ganze Liste freigeben, so muss man Element für Element freigeben. Dies könnte zum Beispiel über den Programmcode

```
32      while listenkopf /= null loop
33        listenelement := listenkopf;
34        listenkopf := listenkopf.naechster_stimuli;
35        deallocate(listenelement);
36      end loop;
```

erfolgen, der die Liste vom Kopf ausgehend freigibt.

3.3.4   Das Datei-Konzept

Der Datentyp **file** spielt in VHDL, speziell im Rahmen von Testbenches, eine sehr wichtige Rolle. Dateien können zum Beispiel dazu dienen, im Rahmen der Validierung einer spezifizierten Schaltung, die einen Nurlesespeicher enthält, diesen zu belegen, oder, wie wir noch in den Kapiteln über Testbenches (siehe Teil IV) sehen werden, um die Validierung zu steuern. Zudem wird die Interaktion mit dem Benutzer, d. h. die Standard-Eingabe und Standard-Ausgabe, während eines Simulationslaufes über Dateizugriffe abgewickelt.

Wir wollen in diesem Abschnitt nur kurz darauf eingehen, wie der Dateityp **file** in VHDL deklariert wird. Wie schlussendlich das Öffnen einer Datei, d. h. die Zuordnung einer physikalischen Datei an einen Dateideskriptor, das Schließen einer Datei sowie der lesende und schreibende Zugriff auf Dateien genau erfolgt, wollen wir erst später detaillierter besprechen. Dies verbinden wir im Abschnitt 5.2 mit der Vorstellung der in VHDL vordefinierten Datentypen, die im Zusammenhang mit der Datei-Behandlung stehen. Im Abschnitt 5.4, in dem insbesondere die in dem Package textio vordefinierten Datentypen line und text sowie entsprechende Prozeduren besprochen werden, lernen wir das elegante Arbeiten mit strukturierten Dateien kennen.

Die Syntax ist gegeben durch: [11]

        type Bezeichner **is file of** Datentyp_name ;
        file Bezeichner: File_Datentyp_Name
          ⟦ **open** open_kind **is** "Datei_Name"⟧ ;

Der über den im Package standard definierten Aufzählungstyp file_open_kind definierte Wert open_kind legt den Modus fest, in dem die Datei geöffnet wird: read_mode zum Lesen, write_mode zum Schreiben [12] und append_mode zum Anhängen. Beispielsweise würde die Anweisung

```
22     type ethernet_pakete is file of ethernet_frame_format;
23     file ablage : ethernet_pakete open write_mode
24       is "puffer.dat";
```

eine Datei namens ablage deklarieren, an die physikalische Datei "puffer.dat" binden und zum Schreiben öffnen. In die Datei können Werte des Datentyps ethernet_frame_format geschrieben werden (siehe Abschnitt 3.3.2). Werte dieses Datentyps sind jeweils Ethernet-Pakete bei einer Nachrichtenlänge von 368 Bit.

Mit der Definition eines Datei-Datentyps werden implizit die fünf folgenden Prozeduren zur Verfügung gestellt:

---
[11] Neben der Möglichkeit, Dateien direkt bei der Deklaration zu öffnen, können diese auch über die implizit deklarierte Prozedur file_open geöffnet werden.

[12] Der Modus write_mode löscht eine eventuell schon vorhandene Datei.

- Die Prozedur `file_open`, mit der Dateien in einem der oben angesprochenen Modi geöffnet werden können:

```
25   procedure file_open (
26     status: out file_open_status;
27     file f: ethernet_pakete;
28     external_name: in string;
29     open_kind: in file_open_kind);
```

Die Prozedur verfügt über einen über dem Datentyp `file_open_status` definierten Ausgabeparameter `status`, über den abgefragt werden kann, ob das Öffnen des Files erfolgreich war, einem Parameter `f`, der den Dateideskriptor angibt, welcher geöffnet werden soll, einem `string`-Parameter `external_name`, über den der externe Name der physikalischen Datei angegeben wird, die an den Dateideskriptor `f` gebunden werden soll, und einem Parameter `open_kind`, der den Modus angibt, in dem die Datei geöffnet werden soll. Für weitere Informationen verweisen wir auf Abschnitt 5.2 auf Seite 128.

- Die Prozedur `read`, deren erster formaler Parameter `f` ein Dateideskriptor und deren zweiter formaler Parameter ein Ausgabeparameter namens `value` von dem dem File-Datentyp zugrunde liegenden Datentyp ist. In unserem Beispiel wäre dies die Prozedur

```
25   procedure read (
26     file f: ethernet_pakete;
27     value: out ethernet_frame_format);
```

- Die Prozedur `write`, deren erster formaler Parameter `f` ein Dateideskriptor und deren zweiter formaler Parameter ein Eingabeparameter namens `value` von dem dem File-Datentyp zugrunde liegenden Datentyp ist. Die Prozedur schreibt den in dem Parameter `value` abgespeicherten Wert in die über `f` spezifizierte Datei. In unserem Beispiel hätte die Prozedur das Aussehen

```
30   procedure write (
31     file f: ethernet_pakete;
32     value: in ethernet_frame_format);
```

- Die Funktion `endfile` vom Typ `boolean`, die als Parameter nur einen Dateideskriptor hat und im Rahmen des lesenden Zugriffs angewendet wird. Sie liefert bei Aufruf genau dann den Wert `true`, wenn das Ende der Datei erreicht ist.

```
35   function endfile (file f: ethernet_pakete) return boolean;
```

- Die Prozedur `file_close`, welche angewendet auf den übergebenen Dateideskriptor die zugehörige Datei schließt.

```
37   procedure file_close (file f: ethernet_pakete);
```

Will man die Dateien, in die man Werte speichert, manuell bearbeiten oder sich einfach nur anschauen, so ist es von Vorteil, über Zeichenketten definierte Dateien, **file of** string, zu benutzen. Wie in Abschnitt 5.4 noch dargestellt wird, sollte für diesen Zweck eine Prozedur `write` zur Verfügung gestellt werden, die – in unserem Beispiel – einen Verbund vom Typ `ethernet_frame_format` in einen String „konvertieren" kann. Eine solche Prozedur könnte wie in Abbildung 3.13 aussehen.

Bei dieser Realisierung gehen wir davon aus, dass das Package `textio` (siehe Abschnitt 5.4) eingebunden ist und somit die (überladene) Prozedur `write` zur Verfügung steht. Die gezeigte

```
27    procedure write (
28      L: inout line;
29      value: in ethernet_frame_format) is
30    begin
31      write(L,value.praeambel,right,64);
32      write(L,value.zieladresse,right,48);
33      write(L,value.quelladresse,right,48);
34      write(L,value.schluessel,right,16);
35      write(L,value.nachricht,right,368);
36      write(L,value.crc,right,32);
37    end;

40    procedure read (
41      L: inout line;
42      value: out ethernet_frame_format) is
43    begin
44      read(L,value.praeambel);
45      read(L,value.zieladresse);
46      read(L,value.quelladresse);
47      read(L,value.schluessel);
48      read(L,value.nachricht);
49      read(L,value.crc);
50    end;
```

Abbildung 3.13: *Auslesen eines Ethernet-Frames als Zeichenkette*

Prozedur write belegt eine „Zeile" durch eine Zeichenkette. Eine „Zeile" wird als **access**-Datentyp line deklariert und adressiert einen string-Wert. Die resultierende Ausgabe der in Abbildung 3.13 gezeigten Prozedur ist demnach eine Zeichenkette, die den Inhalt eines Ethernet-Frames darstellt (und in diesem Sinne lesbar, mal davon abgesehen, dass in unserem Beispiel die Komponenten eines Verbundes nicht mit Zwischenräumen zwischen je zwei Komponenten in der Datei abgelegt werden – dem könnten wir aber einfach abhelfen).

Abbildung 3.13 zeigt auch eine Implementierung für die read-Prozedur.

Das Bibliothek textio stellt zudem die beiden Prozeduren

```
21    procedure readline(file f: text; L: out line);
--    ...
56    procedure writeline(file f : text; L : inout line);
```

zur Verfügung, mit Hilfe derer Zeilen in eine Text-Datei (d. h. eine Datei über dem Datentyp string) geschrieben bzw. aus dieser gelesen werden können.

3.4 Sequentielle Anweisungen und Kontrollstrukturen

Wir konzentrieren uns in diesem Abschnitt auf die von VHDL zur Verfügung gestellten sequentiellen Anweisungen. Unter sequentiellen Anweisungen verstehen wir Anweisungen, die innerhalb von Funktionen und Prozessen sequentiell eine nach der anderen ausgeführt werden. „Sequentiell" steht hier als Abgrenzung zu „nebenläufig".

Da die meisten der im Folgenden vorgestellten Anweisungen Ihnen aus anderen Programmiersprachen schon bekannt sein sollten, werden wir uns in diesem Abschnitt recht kurz fassen. Bei verschiedenen Konstrukten geben wir im Wesentlichen nur die Syntax und ein Beispiel ohne große Kommentare an. Wir verweisen auf die englische Standardliteratur (zum Beispiel [4]) für weitere Erläuterungen.

Bei einigen der Anweisungen werden wir als Anwendungsbeispiel über einen (fiktiven) Baustein sprechen, der die Bus-Vergabe bei *Wide SCSI* (*Small Computer System Interface*) analysiert, also einem Busarbiter für Wide SCSI.

> **Exkurs: Wide SCSI**
>
> Jedes SCSI-Gerät wird über den SCSI-Bus eindeutig über eine Nummer (ID) adressiert. Diese ID liegt bei (narrow) SCSI im Bereich von 0 bis 7, bei Wide SCSI im Bereich von 0 bis 15. Die Priorität, die ein SCSI-Gerät bei der Bus-Zuteilung hat, orientiert sich an seiner ID. Für die ersten acht SCSI-Geräte, d. h. die SCSI-Geräte mit den IDs 0 bis 7 gilt, dass bei einem Konflikt das Gerät mit der höheren ID den Bus zugeteilt bekommt. Bei Wide SCSI gilt für die acht zusätzlichen IDs das Gleiche, d. h. SCSI-Geräte mit höheren IDs gewinnen gegen SCSI-Geräte mit kleineren IDs. Jedoch haben die SCSI-Geräte mit den IDs 8 bis 15 kleinere Priorität als die mit den IDs 0 bis 7. Somit ergibt sich bei Wide-SCSI die Prioritäten-Reihenfolge 7, 6, 5, 4, 3, 2, 1 , 0, 15, 14, 13, 12, 11, 10, 9, 8.
>
> Die Vergabe des SCSI-Busses – sofern er nicht belegt ist – erfolgt nun so, dass ein SCSI-Gerät (sagen wir mit ID *p*), das den Bus anfordert, dem Busarbiter seine Priorität mitteilt, indem es die *p*-te Datenleitung auf '1' zieht – bei Wide SCSI gibt es 16 Adressleitungen. Jedes SCSI-Gerät sieht also, welche Prioritäten seine Konkurrenten haben, und kann selbst feststellen, ob ihm der Bus gemäß oben angegebener Prioritäten-Reihenfolge zugeteilt wird oder nicht.

Wir gehen im Folgenden in unseren Beispielen davon aus, dass uns die Signale `data_bus` und `intern_grant_bus` sowie die Variable `the_winner_is` mit

```
 8    subtype wide_scsi_id is integer range -1 to 15;
 9    signal data_bus : bit_vector(15 downto 0);
10    signal intern_grant_bus : bit_vector(0 to 15);
   -- ...
17    variable the_winner_is : wide_scsi_id := -1;
```

zur Verfügung stehen. Das Signal `data_bus` modelliert den 16-Bit breiten Datenbus des Wide SCSI-Busses. Das Signal `intern_grant_bus` sei ein, ebenfalls 16-Bit breiter, interner Bus unseres Bausteins. In der Variable `the_winner_is` soll der „Gewinner" einer Bus-Zuteilung gespeichert werden. Der Default-Wert -1 bedeutet, dass noch keinen Gewinner gibt.

3.4.1 Bedingte Verzweigungen und Fallunterscheidungen

Wir beginnen mit den in VHDL zur Verfügung stehenden Möglichkeiten, bedingte Verzweigungen zu realisieren. An dieser Stelle möchten wir den Leser darauf aufmerksam machen, dass zu den sequentiell bedingten Verzweigungen und Fallunterscheidungen jeweils auch ein nebenläufiges Konstrukt in VHDL bereitgestellt wird. Diese können in VHDL-Versionen vor VHDL-2008

3.4 Sequentielle Anweisungen und Kontrollstrukturen

nur außerhalb von Prozessen direkt im Rumpf von Architekturen verwendet werden. Einige dieser Signalzuweisungen mit **when...else**- bzw. **with...select**-Konstrukten werden im Abschnitt 3.5 besprochen.

Bedingte Verzweigungen mit dem `if`-Konstrukt

Die Syntax einer `if`-Abfrage ist gegeben durch

⟦ Marke : ⟧ **if** Bedingung **then**
   { sequentielle_Anweisung }
{ **elsif** Bedingung **then**
   { sequentielle_Anweisung } }
⟦ **else**
   { sequentielle_Anweisung } ⟧
end if;

Sie erlaubt, dass sequentielle Anweisungen bedingt ausgeführt werden. So berechnet der Programmcode

```
32    if data_bus(7) = '1' then the_winner_is :=7;
33    elsif data_bus(6) = '1' then the_winner_is :=6;
34    elsif data_bus(5) = '1' then the_winner_is :=5;
   -- ...
39    elsif data_bus(0) = '1' then the_winner_is :=0;
40    elsif data_bus(15) = '1' then the_winner_is :=15;
41    elsif data_bus(14) = '1' then the_winner_is :=14;
   -- ...
47    elsif data_bus(8) = '1' then the_winner_is :=8;
48    end if;
```

welches der SCSI-Geräte eines Wide SCSI-Busses den Bus zugeordnet bekommt. Die **if**-Anweisung fragt die Datenleitungen gemäß der oben im Exkurs angegebenen Prioritäten-Reihenfolge ab.

Fallunterscheidungen mit dem `case`-Konstrukt

Die Syntax einer `case`-Anweisung ist gegeben durch

⟦ Marke : ⟧ **case** Ausdruck **is**
  when Auswahl **=>** { sequentielle_Anweisung }
  { **when** Auswahl **=>** { sequentielle_Anweisung } }
end case;

Sie dient dazu, größere Fallunterscheidung übersichtlich gestalten zu können. Zu jedem Fall muss ausgeführt werden, was zu tun ist.

Fallstrick 9

Bei einer Fallunterscheidung über einem Signal oder einer Variable vom Datentyp `std_logic_vector` sind 9^n Fälle explizit anzugeben, falls das **when others**-Konstrukt nicht benutzt wird und n die Breite des Vektors ist.

Wir wollen die **case**-Anweisung wieder an unserem Busarbiter illustrieren. In dem Programmcode

```
50    case the_winner_is is
51      when 7 => intern_grant_bus <= X"0100";
52      when 6 => intern_grant_bus <= X"0200";
53      when 5 => intern_grant_bus <= X"0400";
   -- ...
58      when 0 => intern_grant_bus <= X"8000";
59      when 15 => intern_grant_bus <= X"0001";
60      when 14 => intern_grant_bus <= X"0002";
61      when 13 => intern_grant_bus <= X"0004";
   -- ...
66      when 8 => intern_grant_bus <= X"0080";
67      when others => intern_grant_bus <= X"0000"; -- -1
68    end case;
```

wird die p-te Komponente des Signals `intern_grant_bus` genau dann auf '1' gesetzt, wenn dem SCSI-Gerät mit ID p der Bus zugeteilt werden kann. Über das Schlüsselwort **when others** spricht man alle nicht explizit aufgezählten Fälle an. Wird es verwendet, so muss es stets als letzter Eintrag angegeben werden. Fehlt das **when others**-Konstrukt in der **case**-Anweisung, so *müssen* alle Fälle aufgezählt sein. In unserem Beispiel ist der Fall `the_winner_is = -1` nicht explizit aufgezählt.

Zur einfachen Spezifikation mehrerer, gleich zu behandelnder Fälle stehen uns, neben der **when others**-Anweisung, weitere Alternativen zur Verfügung:

- die explizite Aufzählung, bspw.: **when** 7 | 5 | 3,

- die Bereichsangabe, bspw.: **when** 10 **to** 14,

- Mischformen von beiden, bspw.: **when** 7 | 5 | 3 | 10 **to** 14

Erweiterungen in Bezug auf Fallunterscheidungen (VHDL-2008) [6]

VHDL-2008 bringt einige Erweiterungen und bequemere Schreibweise in Bezug auf Fallunterscheidungen mit. So lässt sich die oben angegebene **case**-Anweisung nunmehr auch schreiben als eine **with...select**-Anweisung, wie sie bisher nur in nebenläufigen Anweisungen möglich war:

```
50    with the_winner_is select
51      intern_grant_bus <=
52        X"0100" when 7, X"0200" when 6, X"0400" when 5,
53        X"0800" when 4, X"1000" when 3, X"2000" when 2,
54        X"4000" when 1, X"8000" when 0, X"0001" when 15,
55        X"0002" when 14, X"0004" when 13, X"0008" when 12,
56        X"0010" when 11, X"0020" when 10, X"0040" when 9,
57        X"0080" when 8,
58        X"0000" when others;
```

3.4 Sequentielle Anweisungen und Kontrollstrukturen

[Fallunterscheidungen (VHDL-2008) (Fortsetzung)]

Zudem wurden mit VHDL-2008 die Konstrukte **case?** und **with...select?** eingeführt, die es erlauben bei den Fallunterscheidungen mit so genannten don't cares zu arbeiten. Der folgende Quellcode zeigt, wie mit diesen neuen Konstrukten das Signal intern_grant_bus in Abhängigkeit von dem Signal data_bus belegt werden kann:

```
50    with data_bus select?
51      intern_grant_bus <=
52        X"0100" when "- - - - - - - 1 - - - - - - -",
53        X"0200" when "- - - - - - - 0 1 - - - - - -",
54        X"0400" when "- - - - - - - 0 0 1 - - - - -",
55        X"0800" when "- - - - - - - 0 0 0 1 - - - -",
56        X"1000" when "- - - - - - - 0 0 0 0 1 - - -",
57        X"2000" when "- - - - - - - 0 0 0 0 0 1 - -",
58        X"4000" when "- - - - - - - 0 0 0 0 0 0 1 -",
59        X"8000" when "- - - - - - - 0 0 0 0 0 0 0 1",
60        X"0001" when "1 - - - - - - 0 0 0 0 0 0 0 0",
61        X"0002" when "0 1 - - - - - 0 0 0 0 0 0 0 0",
62        X"0004" when "0 0 1 - - - - 0 0 0 0 0 0 0 0",
62        X"0008" when "0 0 0 1 - - - 0 0 0 0 0 0 0 0",
63        X"0010" when "0 0 0 0 1 - - 0 0 0 0 0 0 0 0",
64        X"0020" when "0 0 0 0 0 1 - 0 0 0 0 0 0 0 0",
65        X"0040" when "0 0 0 0 0 0 1 0 0 0 0 0 0 0 0",
66        X"0080" when "0 0 0 0 0 0 1 0 0 0 0 0 0 0 0",
58        X"0000" when others;
```

3.4.2 Schleifen

In diesem Abschnitt wollen wir uns Schleifen und die mit Schleifen zusammenhängenden sequentiellen Anweisungen **next** und **exit** anschauen.

loop-Anweisungen

Die einfachste Art einer Schleife hat das Aussehen

⟦ Marke : ⟧ **loop**
  { sequentielle_Anweisung }
end loop ⟦ Marke ⟧ ;

Zum Beispiel berechnet die Schleife

```
72    j := 0;
73    elementare_schleife: loop
74      if data_bus(j) = '1' then
75        anzahl := anzahl + 1;
76      end if;
77      exit when j=15;
78      j:=j+1;
79    end loop elementare_schleife;
```

die Anzahl der SCSI-Geräte, welche den Bus gerade anfordern. Hierbei sei `anzahl` eine mit 0 vorbesetzte Variable vom Datentyp `integer` und `j` ebenfalls eine Integer-Variable, die wir als Laufvariable der Schleife eingesetzt haben. Die Schleife wird abgebrochen, wenn bei Ausführung der **exit**-Anweisung der Wert der Laufvariable `j` gleich 15 ist und somit alle Datenleitungen betrachtet wurden.

Eine solche elementare Schleife kann zu einer so genannten **for**-Schleife

〚 Marke : 〛 **for** Bezeichner **in** diskreter_Bereich **loop**
  { sequentielle_Anweisung }
end loop 〚 Marke 〛 ;

oder zu einer **while**-Schleife

〚 Marke : 〛 **while** Bedingung **loop**
  { sequentielle_Anweisung }
end loop 〚 Marke 〛 ;

erweitert werden. Unsere **loop**-Schleife kann mit diesen Konstrukten äquivalent durch

```
84    for_schleife: for k in 0 to 15 loop
85      if data_bus(k) = '1' then
86        anzahl := anzahl + 1;
87      end if;
88    end loop for_schleife;
```

beziehungsweise

```
93    j := 0;
94    while_schleife: while j<=15 loop
95      if data_bus(j) = '1' then
96        anzahl := anzahl + 1;
97      end if;
98      j:=j+1;
99    end loop while_schleife;
```

beschrieben werden.

Die exit-Anweisung

Die Syntax der **exit**-Anweisung ist durch

〚 Marke : 〛 **exit** 〚 Marke 〛 〚 Bedingung 〛 ;

gegeben. Der Anweisung sind wir gerade eben bei der Vorstellung der elementaren **loop**-Schleife begegnet. Sie bewirkt, dass eine Schleife abgebrochen wird, falls die in der Anweisung angegebene Bedingung erfüllt ist. Die Marke hinter dem Schlüsselwort **exit** spezifiziert, welche Schleife abgebrochen wird, was natürlich nur sinnvoll bei verschachtelten Schleifen ist. Die Angabe dieser Marke ist optional. Wird sie nicht angegeben, so bezieht sich die **exit**-Anweisung auf die innerste Schleife.

3.4 Sequentielle Anweisungen und Kontrollstrukturen

Der Programmcode

```
105   wer_gewinnt_narrowSCSI: for i in 7 downto 0 loop
106     if data_bus(i) = '1' then
107       the_winner_is := i;
108     end if;
109     exit when the_winner_is > -1;
110   end loop wer_gewinnt_narrowSCSI;
111
112   wer_gewinnt_wideSCSI: for i in 15 downto 8 loop
113     exit when the_winner_is > -1;
114     if data_bus(i) = '1' then
115       the_winner_is := i;
116     end if;
117   end loop wer_gewinnt_wideSCSI;
```

berechnet wieder, welches der SCSI-Geräte den Bus zugeordnet bekommt. Da die Schleifen nicht verschachtelt sind, beziehen sich die **exit**-Anweisungen jeweils auf die innerste Schleife.

Um ein (sinnvolles) Beispiel angeben zu können, in dem sich die **exit**-Anweisung nicht auf die innere, sondern auf eine äußere Schleife bezieht, müssen wir etwas weiter ausholen. Wir nehmen an, unser SCSI-Analyse-Baustein zählt die Kollisionen zwischen je zwei SCSI-Geräten, d. h. wie oft zwei SCSI-Geräte gleichzeitig den Bus anfordern. Diese Information sei in der Variable `kollisionen`

```
21    type kollisionen_table is array (0 to 15, 0 to 15)
22      of integer;
23    variable kollisionen:
24      kollisionen_table :=(others=>(others=>0));
```

abgespeichert. Weiter sei `kollisionen_anzahl` eine mit 0 vorbesetzte `integer`-Variable. Beachten Sie die elegante Initialisierung des zweidimensionalen Feldes in Zeile (24), die ausnutzt, dass zweidimensionale Felder „zeilenweise" belegt werden können. Dann zählt der Programmcode

```
126   AUSSEN: for i in 15 downto 0 loop
127     INNEN: for j in 0 to 15 loop
128       kollisionen_anzahl :=
129         kollisionen_anzahl + kollisionen(i,j);
130       exit AUSSEN
131         when kollisionen_anzahl > 10000;
132     end loop INNEN;
133   end loop AUSSEN;
134   assert kollisionen_anzahl <= 10000
135     report "Zuviele Kollisionen auf dem SCSI-Bus!"
136     severity warning;
```

die Gesamtanzahl der Kollisionen (mal 2). Ist die Anzahl der Kollisionen größer als 10.000, so wird die äußere Schleife verlassen und über die **assert**-Anweisung eine Warnung ausgegeben. **assert**-Anweisungen werden wir in Abschnitt 3.4.3 noch ausführlich besprechen.

Die next-Anweisung

Die **next**-Anweisung, deren Syntax durch

⟦ Marke : ⟧ **next** ⟦ Marke ⟧ ⟦ Bedingung ⟧ ;

gegeben ist, ähnelt der **exit**-Anweisung. Ist die in der **next**-Anweisung angegebene Bedingung erfüllt, so wird der aktuelle Schleifendurchlauf an dieser Stelle unterbrochen und mit der nächsten Iteration begonnen. Die hinter dem Schlüsselwort **next** angegebene Marke spezifiziert die Schleife, auf die sich die **next**-Anweisung bezieht. Diese Angabe ist wieder optional. Wird die Marke nicht angegeben, so bezieht sich die **next**-Anweisung auf die innerste Schleife.

3.4.3 Weitere Anweisungen

Die null-Anweisung

Die Syntax einer **null**-Anweisung ist gegeben durch

```
null;
```

Die Anweisung tut genau das, was ihr Name auch sagt, nämlich nichts. Sie kann zum Beispiel innerhalb von Fallunterscheidungen sinnvoll angewendet werden, wenn bei einigen Fällen nichts zu tun ist – denken Sie daran, dass alle Fälle explizit aufgezählt werden müssen. Die **null**-Anweisung korrespondiert innerhalb von Prozessen zu dem Konstrukt **unaffected** in nebenläufigen Anweisungen (siehe Seite 40 im Abschnitt 4).

Die wait-Anweisung

Wait-Anweisungen begegnet man innerhalb von Prozessen. Wir haben die Rolle, die **wait**-Anweisungen während einer Simulation eines mit VHDL beschriebenen Bausteins spielen, ausführlich in Abschnitt 2.2.3 auf Seite 47 im Rahmen der Ausführung von Prozessen besprochen. Wir wollen an dieser Stelle auf diese Ausführungen verweisen und hier nur auf die reine Syntax und die Semantik der **wait**-Anweisungen eingehen.

Die Syntax einer **wait**-Anweisung ist definiert durch

⟦ Marke : ⟧ **wait**
  ⟦ **on** Sinal_Name { , Signal_Name } ⟧
  ⟦ **until** Bedingung ⟧
  ⟦ **for** Zeit_Angabe ⟧ ;

Ist s ein Signal eines beliebigen Datentyps, dann bewirkt beispielsweise die Anweisung

```
14    wait on s;
```

die äquivalent zu

```
15    wait until s'event;
```

3.4 Sequentielle Anweisungen und Kontrollstrukturen

ist, dass der zugehörige Prozess in den Ruhezustand übergeht und so lange in diesem bleibt, bis ein Ereignis auf dem Signal s eintritt – siehe Abschnitt 3.2.3 zu signalbezogenen Attributen. Prozesse können auch für eine definierte Zeitdauer „schlafen gelegt" werden. Die Anweisung

```
18      wait for 33333 ns;
```

bewirkt ein Aussetzen des umgebenden Prozesses für 33.333 ns.

Fallstrick 10

Bei der Spezifikation eines Bausteins sollten Sie sich bewusst sein, dass durch die Benutzung von **wait for**-Anweisungen die Spezifikation in der Regel nicht synthetisierbar ist.

Insofern sollte von der Verwendung dieses Konstrukts Abstand genommen werden, es sei denn, man will den Entwurf nur simulieren. So findet diese Art von **wait**-Konstrukt etwa Anwendung beim Anlegen von Stimuli durch eine Testbench (siehe Teil IV). Ebenso ist es einsetzbar zu Simulationszwecken bei der Verwendung von „Black Boxes" im Entwurf, wie dies bereits bei der Taktgenerierung im Morsecode-Detektor zum Einsatz kam. Weitere typische Anwendungsgebiete sind generierte Module (z.B. RAM-Blöcke) und die vielfältigen so genannten *IP-Cores* (engl.: *intellectual property*).

Soll im Gegensatz zu den ersten beiden **wait**-Anweisungen der Prozess nur so lange angehalten werden bis eine Zuweisung – eine Zuweisung hat nicht immer eine Änderung zur Folge – an das Signal s erfolgt, so muss abgefragt werden, ob eine Transaktion am Signal s vorliegt. Dies erfolgt über das Attribut s'transaction, das ein Signal vom Datentyp bit ist und immer dann seinen Wert ändert, wenn eine Zuweisung an das Signal s erfolgt (siehe Abschnitt 3.2.3). Die entsprechende **wait**-Anweisung lautet

```
19      wait on s'transaction;
```

Die return-Anweisung

Die **return** Anweisung, deren Syntax durch

[[Marke :]] **return** [[Wert]] ;

gegeben ist, wird in Funktionen und Prozeduren eingesetzt, um das Unterprogramm (vorzeitig) zu beenden. Innerhalb von Funktionen wird über die **return**-Anweisung der Funktionswert zurückgegeben.

Die assert- und report-Anweisung

Die **assert**-Anweisung, deren Syntax durch

[[Marke :]] **assert** Bedingung
    [[**report** String_Ausdruck]]
    [[**severity** Ausdruck_vom_Typ_severity_level]] ;

gegeben ist, erlaubt die Überprüfung von Bedingungen während einer Simulation. Ist die Bedingung verletzt, so wird der hinter dem Schlüsselwort **report** angegebene Text auf der Standard-Ausgabe ausgegeben. Die Schwere des „Vergehens" kann über den `severity_level`-Wert spezifiziert werden. Dieser wird auf der Standard-Ausgabe mit ausgegeben und beendet gegebenenfalls den Simulationslauf.

Der Datentyp `severity_level` ist ein im Package `standard` (siehe Abschnitt 5.2) vordefinierter Aufzählungstyp, der die Werte `note`, `warning`, `error` und `failure` enthält.

Die **assert**-Anweisung findet insbesondere in Funktionen und Prozeduren Anwendung, welche als formale Parameter unbeschränkte Felder (siehe Abschnitt 3.3.2) haben. Abbildung 3.14 zeigt ein solches Beispiel. Die in dem Beispiel betrachtete Funktion soll zu einer ganzen Zahl die entsprechende n-Bit Zweierkomplementdarstellung berechnen. Vor der eigentlichen Berechnung wird mittels der **assert**-Anweisung überprüft, ob die ganze Zahl mit n Bits im Zweierkomplement überhaupt darstellbar ist – die Länge n wird durch den zweiten Parameter spezifiziert.

```
40   function integer2bitvector (a: integer; laenge: natural)
41     return bit_vector is
42     variable tmp: bit_vector (laenge-1 downto 0);
43   begin
44     assert (a >= -2**(laenge-1)) and (a < 2**(laenge-1)-1)
45       report "Die Zahl ist mit dieser Längenbeschränkung " &
46              "nicht darstellbar!"
47       severity failure;
48
49     -- Berechnung der Zweierkomplement-Darstellung von a,
50     -- abgespeichert in der Variable tmp
51     -- ...
52
53     return tmp;
54   end;
```

Abbildung 3.14: Plausibilitätskontrolle bei einer Funktion mit unbeschränkten Feldern

Neben der **assert**-Anweisung bietet VHDL auch noch die Möglichkeit, ohne Überprüfung einer Bedingung Meldungen auf der Standard-Ausgabe auszugeben und mit einem Wert vom Datentyp `severity_level`-Wert zu versehen. Eine solche **report**-Anweisung hat das Aussehen

⟦ Marke : ⟧ **report** Ausdruck
  ⟦ **severity** Ausdruck_vom_Typ_severity_level ⟧ ;

In Kombination mit dem Attribut `image` können so leicht Debug-Ausgaben erzeugt werden:

```
117   for i in s'range loop
118     report "akt. Wert von s(" &
119            integer'image(i) & "):" &
120            std_logic'image(s(i));
121   end loop;
```

3.4.4 Funktionen und Prozeduren

Wir verweisen auf Kapitel 4, das auf Funktionen und Prozeduren detailliert eingeht.

3.5 Nebenläufige Anweisungen und Konstrukte

Anweisungen (bzw. Prozesse) heißen nebenläufig (engl. *concurrent*), wenn sie unter Beachtung vorhandener Wechselwirkungen unabhängig bearbeitet werden können. VHDL kennt neben expliziten Prozessen, welche jeweils aus einer Folge von sequentiellen Anweisungen bestehen, und impliziten Prozessen – auf diese sind wir ebenfalls bereits eingegangen – weitere nebenläufige Anweisungen. Es sind dies

- die nebenläufige **assert**-Anweisung,

- die **generate**-Anweisung und

- die schon in Abschnitt 3.4.1 angesprochenen nebenläufigen Signalzuweisungen.

Prozesse haben wir in diesem Buch schon in vielen Beispielen kennengelernt. Wir sind zudem schon detailliert auf Prozesse in Kapitel 2 und in Abschnitt 3.1.2 eingegangen. Die **generate**-Anweisung illustrieren wir noch ausführlich in Kapitel 6, in dem wir verschiedene Familien von Addierern mit VHDL beschreiben werden. Aus diesem Grunde wollen wir an dieser Stelle nur auf die nebenläufige **assert**-Anweisung und auf nebenläufige Signalzuweisungen zu sprechen kommen und verweisen für die anderen nebenläufigen Anweisungen auf die gerade erwähnten Abschnitte.

3.5.1 Die nebenläufige **assert**-Anweisung

Die nebenläufige **assert**-Anweisung entspricht in ihrer Syntax der in Abschnitt 3.4.3 vorgestellten sequentiellen **assert**-Anweisung. Auch von der Semantik her verhalten sich beide Varianten gleich. Man unterscheidet zwischen den Varianten nur aus dem Grund, weil man die **assert**-Anweisung sowohl in funktionalen Beschreibungen innerhalb von Prozessen als auch in strukturellen Beschreibungen und innerhalb von Schnittstellenbeschreibungen einsetzen kann.

Abbildung 3.15 zeigt ein Anwendungsbeispiel der nebenläufigen **assert**-Anweisung. Es werden in der Schnittstellenbeschreibung des Bausteins `single2double`, der unbeschränkte Felder als Ein-/Ausgabeports hat, **assert**-Anweisungen spezifiziert. Diese stellen Bedingungen an die Signale, die mit diesen Ports verknüpft werden. So wird zum Beispiel verlangt, dass das Ausgabesignal breiter als das Eingabesignal sein muss. Wird nun eine Komponente vom Baustein `single2double` in einer strukturellen Beschreibung eines Bausteins instanziiert, so überprüft der Simulator, ob die in der Schnittstellenbeschreibung des Bausteins enthaltenen **assert**-Anweisungen verletzt sind. Ist dies der Fall, erfolgt die entsprechende Fehlermeldung auf der Konsole.

```vhdl
 4  entity single2double is
 5    -- Baustein zur Konvertierung
 6    -- einer n-bit Zweierkomplement-Darstellung
 7    -- in eine m-bit Zweierkomplement-Darstellung mit n<=m
 8    port (
 9      inp: in std_logic_vector;
10      outp: out std_logic_vector);
11  begin
12   ueberpruefe_laenge:
13     assert inp'length <= outp'length
14     report "Die Wortbreite des Ausgangs ist zu klein!";
15
16   ueberpruefe_rechter_index:
17     assert inp'right = 0 and outp'right = 0
18     report "Rechte Komponente muss Index 0 haben!";
19
20  end entity single2double;
21  architecture verhalten of single2double is
22  begin
23   process(inp)
24     begin
25     for i in inp'length to outp'length-1 loop
26       outp(i) <= inp(inp'length-1);
27     end loop;
28     outp(inp'length-1 downto 0) <= inp;
29   end process;
30  end verhalten;
```

*Abbildung 3.15: Illustration nebenläufiger **assert**-Anweisungen.*

3.5.2 Die nebenläufigen Signalzuweisungen

Bei den nebenläufigen Signalzuweisungen handelt es sich um implizite Prozesse. Sie erlauben eine effizientere Schreibweise als dies mit expliziten Prozessen in der Regel möglich ist. In Abschnitt 2.2.1 haben wir auf Seite 40 die Syntax von Signalzuweisungen angegeben, wie sie in den bisher implementierten VHDL-Standards in expliziten Prozessen verwendet werden dürfen. Nebenläufige Prozesse können erweiterte, ausdrucksstärkere Anweisungen verwenden, mit denen zum Beispiel bedingte Zuweisungen realisiert werden können. Hierzu stehen beispielsweise das **when...else**- und das **with...select**-Konstrukt zur Verfügung.[13]

Wir wollen wiederum auf die Angabe der exakten Syntax verzichten und beide Konstrukte nur anhand von jeweils einem Beispiel illustrieren.

Die Architektur des in Kapitel 6, Bild 6.1 verwendeten Bausteins `set_b_entry`, der den b-Eingang des Addierer/Subtrahierer-Bausteins in Abhängigkeit des Steuersignals `op` – das Steuersignal `op` gibt an, ob der Baustein `add_sub` eine Addition oder eine Subtraktion ausführen soll – setzt, braucht nicht über einen expliziten Prozess, wie wir dies in Kapitel 6 umgesetzt

---

[13]Mit der Einführung von VHDL-2008 wurde die Syntax von Zuweisungen innerhalb von expliziten Prozessen, Funktionen und Prozeduren erweitert, sodass in dem neuen Standard in expliziten Prozessen weitgehend die gleichen Schreibweisen wie bei impliziten Prozessen erlaubt sind. In diesem Zusammenhang verweisen wir insbesondere auf den Exkurs zu VHDL-2008 in Abschnitt 3.4.1 auf den Seiten 97ff.

haben, definiert werden, sondern kann auch durch eine der beiden nebenläufigen Zuweisungen ausgeführt werden:

```
22   architecture structure1 of set_b_entry is
23   begin
24     b_out <= b_in when op='0' else not b_in;
25   end structure1;
26   architecture structure2 of set_b_entry is
27   begin
28     with op select
29       b_out <= b_in when '0',
30               not b_in when '1',
31               unaffected when others;
32   end structure2;
```

3.6 Attribute

Attribute geben Eigenschaften von in VHDL verfügbaren oder benutzten Elementen an. In der Regel sind dies Eigenschaften von Datentypen oder Zugriffe auf Werte aus dem betreffenden Wertebereich. Auf ein Attribut kann über den Namen des betreffenden Datentyps, des betreffenden Signals oder der betreffenden Variablen gefolgt von einem Apostroph und der Bezeichnung des Attributs zugegriffen werden.

Neben vordefinierten Attributen kann der Entwerfer auch eigene Attribute definieren.

3.6.1 Selbstdefinierte Attribute

VHDL erlaubt, dass der Programmierer auf fast allen in VHDL zur Verfügung stehenden Elementen Attribute definieren kann. Eine solche Definition ist aus zwei Teilen aufgebaut.

Zum einen muss der Datentyp des Attributs definiert werden. So würde die Anweisung

```
11   attribute bus_request: boolean;
```

ein Attribut mit dem Namen bus_request deklarieren und definieren, dass dieses vom Datentyp boolean ist. Durch diese Anweisung wird noch nicht festgelegt, welchem Element von VHDL bus_request als Attribut dienen soll.

Zum anderen muss ein Attribut einem VHDL-Element zugeordnet werden. Dies erfolgt über die Attribut-Spezifikation. Um ein Beispiel einer solchen Attribut-Spezifikation geben zu können, lassen Sie uns auf unseren SCSI-Analyse-Baustein von vorhin (siehe Absatz 3.4.1 auf Seite 96) zurückkommen. Wir binden das deklarierte Attribut bus_request an die Variable intern_grant_bus, um darüber zu erfahren, ob ein SCSI-Gerät den Bus angefordert hat. Die folgenden beiden Codezeilen

```
12   attribute bus_request of intern_grant_bus:
13     signal is (intern_grant_bus/=X"0000");
```

deklarieren und definieren das über boolean definierte Attribut bus_request. Es trägt genau dann den Wert false, wenn der Bus intern_grant_bus mit dem Null-Vektor belegt ist.

Die allgemeine Syntax einer solchen Attribut-Spezifikation ist durch

> **attribute** Bezeichner **of** Element_Name:
> Element_Klasse **is** Ausdruck_vom_Datentyp_des_Attributs ;

gegeben. Die Elemente, denen Attribute zugeordnet werden können, müssen aus einer der Klassen **entity**, **architecture**, **configuration**, **package**, **procedure**, **function**, **type**, **subtype**, **constant**, **signal**, **variable**, **file**, **component**, **label**, **literal**, **units**, oder **group** sein. Für weitergehende Informationen zum Thema Attribut-Spezifikation verweisen wir auf [4].

Ein selbstdefiniertes Attribut wendet man, wie auch bei vordefinierten Attributen, über den Namen des VHDL-Elements gefolgt von einem Apostroph und dem Namen des Attributs an – in unserem Beispiel also über `intern_grant_bus'bus_request`.

3.6.2 Vordefinierte Attribute

Die vordefinierten Attribute kann man in die folgenden fünf Klassen einteilen, die wir alle, mit Ausnahme der so genannten allgemeinen Attribute, schon kennengelernt haben – wir verweisen auf die entsprechenden Kapitel des Buches. Die fünf Klassen sind:

- signalbezogene Attribute (siehe Abschnitt 3.2.3),
- das auf jedem Datentyp `T` definierte Attribut `T'base` (siehe Abschnitt 3.3)
- auf skalaren Datentypen definierte Attribute (siehe in Abschnitt 3.3.1),
- feldbezogene Attribute (siehe Abschnitt 3.3.2)
- allgemeine, in der Regel im Rahmen der Diagnose angewendete Attribute.

Allgemeine Attribute zu Diagnosezwecken

VHDL stellt drei weitere Attribute zur Verfügung, die im Wesentlichen dazu verwendet werden, um im Rahmen von Testbenches dem Entwerfer detaillierte Informationen während den Simulationsläufen zur Verfügung zu stellen, und sehr hilfreich bei der Lokalisierung von Fehler- und Hilfsausgaben während der Simulation sind.

- Das Attribut `E'simple_name`, welches den Namen des Elementes `E` als Zeichenkette liefert. Beispielsweise gilt

    `intern_grant_bus'simple_name = "intern_grant_bus"`.

- Das Attribut `M'path_name`, welches angewendet auf eine Marke `M` die Folge der Marken als Zeichenkette zurückgibt, über die man in dem, in der Regel hierarchischen Entwurf zur Marke `M` gelangt.

- Das Attribut `M'instance_name`, welches eine zum Attribut `M'path_name` sehr ähnliche Funktion hat. Es stellt eine Erweiterung von `M'path_name` in dem Sinne dar, dass neben dem Pfad zur Marke `M` weitere Informationen im Ausgabewort enthalten sind.

Teil II

Bibliotheken und Packages

Einleitung zu Teil 2 – Bibliotheken und Packages

In der Regel werden heutzutage große Designs nicht durch eine einzelne Person entworfen, vielmehr arbeitet eine Vielzahl von hochqualifizierten und spezialisierten Mitarbeiterinnen und Mitarbeitern an der Spezifikation und der Implementierung eines komplexen Hardwaresystems. Die in einem System enthaltenen und von unterschiedlichen Personen entworfenen Module (engl.: *design units*) sind aber nicht unabhängig voneinander. Es müssen zum Beispiel die gleichen Datentypen verwendet werden, damit keine Schnittstellenprobleme beim Zusammensetzen der Einzelteile auftreten. Die verschiedenen Teilprojekte benutzen auch gleiche Bausteinbibliotheken, um so die Abbildung (engl.: *technologie mapping*) auf die später zu benutzende Technologie zu erleichtern. Diese in einem Entwurfsprojekt gemeinsam verwendeten Definitionen und Deklarationen können in einem so genannten Package zusammengefasst werden. Ein solches Package wird separat gespeichert und von allen Beteiligten eingebunden.

Kapitel 5 wird sich diesem Thema widmen. Insbesondere werden in den Abschnitten 5.2, 5.3 und 5.4 die am häufigsten genutzten Packages [30] vorgestellt. Es handelt sich um das `standard`-, das `std_logic_1164`- und das `textio`-Package.

Die Kapselung von gemeinsam benutztem VHDL-Code in Packages umfasst insbesondere auch Funktionen und Prozeduren. Bevor wir auf Packages eingehen, widmen wir uns in Kapitel 4 zunächst dem Konzept der Funktionen und Prozeduren in VHDL.

4 Funktionen und Prozeduren

In VHDL korrespondieren die Konzepte der Schnittstellenbeschreibungen und der Architekturen zu der Rolle von Prozeduren in üblichen Programmiersprachen. Sie zerlegen ein Problem in mehrere kleinere Module, die jeweils für sich einzeln simuliert und somit validiert werden können. Instanzen von validierten Schnittstellenbeschreibungen beziehungsweise Architekturen können dann im Rahmen struktureller Beschreibungen für komplexere Bausteine verwendet werden. Ein solches hierarchisches Vorgehen ist unerlässlich, will man aufwändige Hardwaresysteme korrekt spezifizieren. Die Modularisierung und das hierarchische Vorgehen erlaubt es, die Übersicht über einen Entwurf zu bewahren und schrittweise die Funktionalität des Entwurfs zu gewährleisten.

Funktionen und Prozeduren im üblichen Sinne stehen in VHDL auch zur Verfügung, dienen aber lediglich dazu, oft benutzte Operatoren, wie z. B. Konversionen zwischen Datentypen, bereitzustellen. Sie werden in der Regel in so genannten Packages deklariert und definiert. Packages besprechen wir in Kapitel 5.

4.1 Funktionen

Typisch ist zum Beispiel eine Funktion, die ein Wert vom Datentyp `bit` in einen Wert des Datentyps `integer` umwandelt:

```
18   function bit2integer (a: bit)
19     return integer is
20   begin
21     if a='0' then
22       return 0;
23     else
24       return 1;
25     end if;
26   end;
```

Solche Konvertierungsfunktionen sind in VHDL notwendig, da es sich bei VHDL um eine streng getypte Programmiersprache handelt. In streng getypten Programmiersprachen sind Zuweisung zwischen Variablen (und Signalen) unterschiedlichen Typs verboten. So ist beispielsweise eine Zuweisung eines Wertes vom Typ `bit` an eine Variable oder ein Signal vom Typ `integer` verboten.

Der zweite große Anwendungsbereich von Funktionen ist die Bereitstellung von Operatoren auf Datentypen. Hier können auch so genannte infix-Operatoren definiert werden. Dabei ist zu beachten, dass bei der Deklaration der Name der Funktion in Doppelhochkommata einzuschließen ist. Ein solches Beispiel finden Sie in Kapitel 6.2 (siehe Seite 158), in dem auf dem Datentyp `apgType` ein infix-Operator `"+"` definiert wird.

Ein wichtiger Punkt ist die Behandlung der lokalen Variablen einer Funktion, die sich gegenüber der von Variablen in Prozessen, wie man sie in VHDL kennt, unterscheidet.

> **Fallstrick 11**
>
> Obwohl Funktionen in ihrem Aufbau Prozessen ähneln, unterscheiden sie sich in ihrer Abarbeitung deutlich von ihnen. Ein wesentliches Unterscheidungsmerkmal ist die Tatsache, dass Variablen, die innerhalb einer Funktion deklariert werden – wie die Variable tmp in dem Beispiel im folgenden Abschnitt 4.1.1 – ihren Wert zwischen verschiedenen Aufrufen der Funktion *nicht* beibehalten. Bei jedem Aufruf werden diese lokalen Variablen neu initialisiert.

4.1.1 Funktionen mit unbeschränkten formalen Parametern

Etwas komplexer sind Funktionen mit so genannten unbeschränkten Parametern. Typisch für diese Art von Funktionen ist zum Beispiel eine Funktion, die einen Bitvektor „beliebiger" Länge als Zweierkomplement-Zahlendarstellung einer ganzen Zahl interpretiert und den Bitvektor in die dazugehörige ganze Zahl konvertiert. Eine entsprechende VHDL-Funktion ist in Abbildung 4.1 zu sehen, die als formaler Parameter ein unbeschränktes Feld hat, also einen formalen Parameter, dessen Länge nicht fest vorgegeben ist. Es können demnach Bitvektoren beliebiger Länge als aktuelle Parameter an die Funktion übergeben werden.

Hier sieht man nochmals eindrucksvoll die Möglichkeiten, welche sich im Zusammenspiel von Attributen und Funktionen eröffnen. Auch wenn die Länge der formalen Parameter nicht vorgegeben ist, kann im Block einer solchen Funktion explizit auf alle Indizes des Indexbereiches zugegriffen werden. Die **for**-Schleife betrachtet mit Hilfe des Attributs a'range in der Tat alle Indizes des Bitvektors a. Mit dem Attribut a'length wird auf die Länge des Bitvektor a zugegriffen. Die Komponente a(a'length-1) enthält demnach das Vorzeichen der durch den Bitvektor a dargestellten Zahl.

```
27  function bitvector2integer (a: bit_vector)
28    return integer is
29    variable tmp: integer := 0;
30  begin
31    for i in a'range loop
32      if i = a'length-1 then
33        tmp := tmp-bit2integer(a(i))*(2**i);
34      else
35        tmp := tmp+bit2integer(a(i))*(2**i);
36      end if;
37    end loop;
38    return tmp;
39  end;
```

Abbildung 4.1: *Funktion* bitvector2integer *mit unbeschränkten formalen Parametern.*

4.1 Funktionen

> **Fallstrick 12**
>
> Bei der oben angegebenen Realisierung der Funktion `bitvector2integer` berechnet der Aufruf `bitvector2integer("111101")` nicht, wie man annehmen könnte, den Wert -3, sondern den Wert -17. Konstante Vektoren bekommen in VHDL automatisch den Bereich 0 bis $k-1$, von links nach rechts aufsteigend, zugeordnet, wobei k die Länge des konstanten Vektors ist. In unserem Fall würde demnach der arithmetische Ausdruck $2^0 + 2^1 + 2^2 + 2^3 - 2^5$ berechnet werden, was in der Tat -17 entspricht.
>
> Weist man einer Variablen `temp` vom Typ `bit_vector(5 downto 0)` den Wert "111101" zu und übergibt dann der Funktion `bitvector2integer` diese Variable als aktuellen Parameter, so gibt die Funktion den (an sich auch schon oben erwarteten) Wert -3 aus.
>
> Ist die Variable `temp` jedoch vom Typ `bit_vector(6 downto 1)`, so würde die Funktion den Ausdruck $2^6 - 2^5 + 2^4 + 2^3 + 2^1$ auswerten und den Wert 58 zurückgeben, da der Indexbereich des Vektors der Bereich 6 bis 1 und `temp'length` gleich 6 ist.

Um ungewollte Auswirkungen abzufangen, kann die Implementierung der Funktion, wie in Abbildung 4.2 gezeigt, erweitert werden. Obgleich wir in dem vorliegenden Buch immer darauf acht geben werden, dass wir die Funktionen korrekt anwenden, wäre es zur Vertiefung der Kenntnisse im Umgang mit Attributen eine sinnvolle Übung für den Leser, die in Abbildung 4.1 gezeigte Funktion so zu modifizieren, dass stets das „richtige" Ergebnis berechnet wird. Der übergebene Bitvektor sollte, unabhängig ob mit **downto**, mit **to** oder mit nicht passenden Indizes definiert, im Sinne der an sich gewollten Funktion korrekt behandelt werden.

```
27a    function bitvector2integer (a: bit_vector)
27b    return integer is
27c      variable tmp: integer := 0;
27d    begin
27e      assert a'right = 0
27f        report "rechte Grenze des Bitvektors ist nicht 0"
27g        severity failure;
27h      assert a'left >= a'right
27i        report "rechte Grenze echt groesser als linke Grenze"
27j        severity failure;
27k      for i in a'range loop
27l        if i = a'length-1 then
27m          tmp := tmp-bit2integer(a(i))*(2**i);
27n        else
27o          tmp := tmp+bit2integer(a(i))*(2**i);
27p        end if;
27q      end loop;
27r      return tmp;
27s    end;
```

Abbildung 4.2: Erweiterung der Funktion `bitvector2integer` mit Plausibilitätskontrollen.

4.1.2 Funktionen mit unterbestimmten Ausgabetyp

Neben den formalen Parametern kann bei der Deklaration einer Funktion auch der Datentyp ihres Rückgabewertes unterbestimmt sein. Ein Beispiel einer solchen Funktion wäre eine Funktion `integer2bitvector`, die eine ganze Zahl in seine Zweierkomplement-Darstellung überführt und diese in einem Bitvektor abspeichert – siehe Abbildung 4.3.

Im obigen Beispiel `integer2bitvector` hängt die Länge des Bitvektors als Rückgabewert von der Belegung des Parameters `laenge` ab. Dies kann in Bezug auf die Synthetisierbarkeit einer VHDL-Beschreibung kritisch sein.

> **Fallstrick 13**
>
> Damit eine VHDL-Beschreibung synthetisierbar bleibt, muss dafür Sorge getragen werden, dass der Datentyp des Rückgabewertes einer Funktion bei ihrer Verwendung bekannt ist. Dies wird in der Regel dadurch gewährleistet, dass der Datentyp des Rückgabewertes nur von den *Datentypen* der Eingabeparametern abhängt.
>
> Die einzige Ausnahme bildet der in dem obigen Beispiel angedeutete Fall, in dem der Typ des Rückgabewertes von der Belegung eines formalen Eingabeparameters abhängt – in diesem Fall von der Belegung des formalen Parameters `laenge`. Hier ist verlangt, dass der aktuelle Parameter dieses formalen Parameters eine Konstante ist.

```
40  function integer2bitvector (a: integer; laenge: natural)
41    return bit_vector is
42    variable tmp: bit_vector (laenge-1 downto 0);
43  begin
44    assert (a >= -2**(laenge-1)) and (a < 2**(laenge-1)-1)
45      report "Die Zahl ist mit dieser Längenbeschränkung " &
46             "nicht darstellbar!"
47      severity failure;
48
49    -- Berechnung der Zweierkomplement-Darstellung von a,
50    -- abgespeichert in der Variable tmp
51    -- ...
52
53    return tmp;
54  end;
```

Abbildung 4.3: *Funktion* `integer2bitvector` *mit unterbestimmten Datentyp des Rückgabewertes.*

4.1.3 Überladen von Funktionen

Funktionen können überladen werden, d. h. für unterschiedliche Funktionen kann der gleiche Name verwendet werden. Wird eine Funktion aufgerufen, so wird nicht nur der Name verwendet, um die Funktion eindeutig zu bestimmen, sondern auch die Anzahl der Parameter, der Datentyp der Parameter und der Datentyp des Rückgabewertes. Aus diesem Grunde hätte man den beiden oben beschriebenen Funktionen `bit2integer` und `bitvector2integer`, wie in

Abbildung 4.4 geschehen, den gleichen Namen `convert_to_integer` geben können. Sie unterscheiden sich in dem Datentyp des Eingabe-Parameters, sodass beide Funktionen über diesen unterschieden werden können.

```vhdl
55  function convert_to_integer (a: bit)
56    return integer is
57  begin
58    if a='0' then
59      return 0;
60    else
61      return 1;
62    end if;
63  end;
64
65  function convert_to_integer (a: bit_vector)
66    return integer is
67    variable tmp: integer := 0;
68  begin
69    assert a'right = 0
70      report "rechte Grenze des Bitvektors ist nicht 0"
71      severity failure;
72    assert a'left >= a'right
73      report "rechte Grenze echt größer als die linke Grenze"
74      severity failure;
75
76    for i in a'range loop
77      if i = a'length-1 then
78        tmp := tmp-convert_to_integer(a(i))*(2**i);
79      else
80        tmp := tmp+convert_to_integer(a(i))*(2**i);
81      end if;
82    end loop;
83    return tmp;
84  end;
```

Abbildung 4.4: *Überladen von Funktionen*

4.1.4 „Saubere" und „unreine" Funktionen

In der Regel spielen in VHDL Funktionen die gleiche Rolle wie Operatoren, die angewendet auf aktuelle Parameter jeweils einen Wert berechnen, der nur von den Parametern der Funktion abhängt. Wendet man eine Funktion zweimal auf die gleichen aktuellen Parameter an, so sollte diese Funktion die beiden Male auch das Gleiche berechnen und zurückgeben. Man spricht in diesem Zusammenhang von „sauberen" Funktionen. Standardmäßig sind alle Funktionen solche **pure**-Funktionen.

Hat eine Funktion diese Eigenschaft nicht, so spricht man von einer „unreinen" Funktion. VHDL verlangt, dass solche Funktionen durch das Schlüsselwort **impure** gekennzeichnet werden. Dies ist als Warnung an die Entwickler zu verstehen, dass es sich bei der gegebenen Funktion um eine Funktion handelt, die Werte berechnet, die nicht nur von den Eingabeparametern abhängen.

Eine solche unreine Funktion, nämlich die Funktion

```
62    impure function now return delay_length;
```

wird in VHDL durch das Package `standard` (siehe Abschnitt 5.2) bereitgestellt. `now` liefert die aktuelle Simulationszeit.

4.2 Prozeduren

Prozeduren spielen eine ähnliche Rolle wie Funktionen (auch wenn sie nicht innerhalb von Ausdrücken verwendet werden können, da sie keinen Funktionswert zurückgeben). Sie können innerhalb von Prozessen, aber auch als eigenständige Prozesse verwendet werden.

Jedem formalen Parameter einer Prozedur ist ein Modus zugeordnet, entweder **in**, **out** oder **inout**. Der Modus **in** dient dazu, beim Aufruf Werte an Prozeduren zu übergeben. Formale Parameter vom Modus **out** dienen dazu, Werte nach außen zurückzugeben. Über Parameter vom Modus **inout** können sowohl Werte von der aufrufenden Umgebung an die Prozedur übergeben als auch Werte von der Prozedur an die Umgebung zurückgegeben werden.

Wird ein Prozess als eigenständiger Prozess verwendet, so besteht die Sensitivitätsliste aus den aktuellen Eingabeparametern der Prozedur. Diese entsprechen den mit den Schlüsselworten **in** bzw. **inout** markierten Parametern. Eine solche Prozedur wird also immer dann aufgerufen (d. h. aktiviert, um im Sprachgebrauch von VHDL zu bleiben), wenn sich der Wert eines Eingabeparameters ändert.

> Beim Umgang mit Prozeduren muss auf die Art der Parameter, also Signale, Variablen oder Konstanten, geachtet werden.
>
> Während **in**-Parameter in VHDL aus Sicht einer Prozedur Konstanten sind, ihnen also in dem Prozedurblock keine Werte zugewiesen werden können, sind **out**- und **inout**-Parameter standardmäßig Variablen. Soll ein formaler **out**- oder **inout**-Parameter ein Signal sein, so muss ihm das Schlüsselwort **signal** vorangestellt werden.
>
> Formalen **out**- und **inout**-Parametern der Klasse **signal** dürfen nur aktuelle Parameter der Klasse **signal** zugeordnet werden. Ebenso können formalen **out**- und **inout**-Parametern der Klasse **variable** auch nur aktuelle Parameter der Klasse **variable** zugeordnet werden.
>
> Will man also eine Prozedur als eigenständigen Prozess in einer Architektur-Beschreibung verwenden, so müssen *alle* formalen **out**- und **inout**-Parameter von der Klasse **signal** sein. Die aktuellen Parameter zu formalen **in**-Parametern können hingegen Konstanten, Variablen oder Signale sein.

4.2 Prozeduren

Bevor wir auf weitere Besonderheiten von Prozeduren eingehen, lassen Sie uns ein kleines Beispiel angeben. Wir beziehen uns im Folgenden auf Abbildung 4.5. Die Prozedur spezifiziert das funktionale Verhalten eines Multiplizierers (zugegebenermaßen auf einer recht hohen Abstraktionsebene). Sie hat neben den drei **in**-Parametern zwei **out**-Parameter, berechnet also in gewissem Sinne zwei Ergebnisse. Neben der eigentlichen Multiplikation wird durch den

```
 9    procedure multiplikation (
10       a, b: in integer;
11       wortbreite: in integer;
12       signal resultat: out integer;
13       ueberlauf: out boolean)
14    is
15       variable tmp_r: integer;
16       variable tmp_u: boolean;
17    begin
18       tmp_r := a*b;
19       tmp_u := (-2**(wortbreite-1) <= tmp_r) and
20                (tmp_r < 2**(wortbreite-1)-1);
21       if (tmp_u) then
22          resultat <= tmp_r;
23       else
24          resultat<=0;
25       end if;
26       ueberlauf := not tmp_u;
27    end;
```

Abbildung 4.5: Prozedur zur Multiplikation zweier integer*-Werte.*

formalen Parameter ueberlauf darüber informiert, ob bei der Multiplikation ein Überlauf aufgetreten ist oder nicht. Dazu wird in den Zeilen (19)–(20) überprüft, ob das Produkt in Zweierkomplement-Zahlendarstellung in der vorgegebenen Bitbreite dargestellt werden kann. In Abhängigkeit davon wird der **out**-Parameter resultat in den Zeilen (21)–(25) mit dem Ergebnis der Multiplikation oder mit 0 belegt.

Die Deklaration und Verwendung der beiden lokalen Variablen tmp_r und tmp_u in der oben angegebenen Prozedur multiplikation ist dadurch bedingt, dass in einem Prozedurblock auf **out**-Parameter nicht lesend (und auf **in**-Parameter nicht schreibend) zugegriffen werden darf.

Abbildung 4.6 zeigt die Verwendung von Prozeduren als eigenständige Prozesse in der Architekturbeschreibung eines Bausteins, in diesem Fall eines Volladdierers. Prozeduren (und Funktionen) können nicht nur, wie in in diesem Quelltext gezeigt, in Architekturen, in Prozessen und anderen Prozeduren oder Funktionen lokal deklariert werden, sondern auch global in den so genannten Packages, auf die wir jetzt zu sprechen kommen.

```vhdl
36  entity volladdierer is
37    port ( x, y, z: in bit;
38           s, c: out bit);
39  end volladdierer;
40  architecture behavior of volladdierer is
41    signal s1, c1, c2: bit;
42    -- Deklaration einer Prozedur namens halbaddierer
43    procedure halbaddierer (
44      a, b: in bit;
45      signal s, c: out bit) is
46    begin
47      s <= a xor b;
48      c <= a and b;
49    end;
50    -- Ende der Deklaration
51  begin
52    halbaddierer(x,y,s1,c1);
53    halbaddierer(s1,z,s,c2);
54    c <= c1 or c2;
55  end behavior;
```

Abbildung 4.6: *Verwendung von Prozeduren als eigenständige Prozesse.*

5 Packages

So genannte Packages werden in VHDL eingesetzt, um im Rahmen eines Projektes, mehrfach und gemeinschaftlich benutzte Datentypen, Operatoren, Funktionen, Prozeduren und Komponenten bereitzustellen.

Ein solches Package werden wir auch in Kapitel 6 bei der Beschreibung von Addierern mit VHDL einsetzen. Wir werden dieses Package, dem wir den Namen apg_arithmetic geben werden, im Vorgriff auf Kapitel 6 bereits in diesem Kapitel vorstellen. Wir wollen an Hand dieses Beispiels den Aufbau von Packages kurz erläutern, bevor wir auf die Packages standard (siehe Abschnitt 5.2), std_logic_1164 (siehe Abschnitt 5.3) und textio (siehe Abschnitt 5.4) zu sprechen kommen.

5.1 Erläuterungen an einem Beispiel

Unser Package apg_arithmetic, dessen Quellcode in Abbildung 5.1 zu sehen ist, stellt einen neuen Datentyp apgType bereit. Dieser Aufzählungstyp besteht aus den Elementen a, p, und g. Auf diesem Datentyp ist ein weiterer Datentyp apg_vector aufgebaut, der Vektoren beliebiger endlicher Länge über dem Datentyp apgType bereitstellt. Zudem ist auf dem Datentyp apgType ein binärer infix-Operator + definiert, der als Ergebnis wieder einen Wert vom Datentyp apgType liefert. Weiter stellt das Package noch eine Funktion stdlogic2apg zur Verfügung, die eine Art Konvertierungsfunktion realisiert. Sie wandelt zwei Werte vom Datentyp std_logic in einen Wert vom Datentyp apgType um. Diese Funktion wird überladen. Es wird noch eine weitere Funktion mit der gleichen Bezeichnung stdlogic2apg definiert. Sie realisiert die gerade angesprochene Konvertierung komponentenweise auf Vektoren. Schlussendlich werden noch drei Konstanten mit den Namen ABSORBING, PROPAGATING und GENERATING zur Verfügung gestellt.

Man sieht, dass es eine strikte Trennung zwischen dem Definitionsteil und dem Rumpf, dem so genannten **body**, eines Packages gibt. Dem Anwender bleibt der Rumpf in der Regel verborgen. Dies wird so realisiert, dass der Objektcode eines Packages in eine Bibliothek (engl.: *library*) abgelegt wird. Das Package kann über eine **library**- und eine **use**-Anweisung eingebunden werden. In Abbildung 5.1 sehen wir wie im Rahmen einer VHDL-Spezifikation ein Package eingebunden wird. Unser selbst gestricktes Package verwendet das von IEEE bereitgestellte und ab VHDL-2008 zur offiziellen Sprachbeschreibung von VHDL zugehörige Package std_logic_1164[1], das (insbesondere) den Datentyp std_logic bereitstellt.

---

[1] Auf das Package std_logic_1164 werden wir in dem übernächsten Abschnitt detailliert eingehen.

```vhdl
 1  library ieee;
 2  use ieee.std_logic_1164.all;
 3  package apg_arithmetic is
 4    type apgType is ( a , p , g );
 5    type apg_vector is array ( natural range <> ) of apgType;
 6    constant ABSORBING : apgType := a;
 7    constant PROPAGATING: apgType := p;
 8    constant GENERATING : apgType := g;
 9    function "+" (left_flag, right_flag: in apgType)
10      return apgType;
11    function stdlogic2apg (op1, op2: in std_logic)
12      return apgType;
13    function stdlogic2apg (op1, op2: in std_logic_vector)
14      return apg_vector;
15  end package apg_arithmetic;
16
17  package body apg_arithmetic is
18    function "+" (left_flag, right_flag: in apgType)
19    return apgType is
20      variable result: apgType;
21    begin
22      result:=left_flag;
23      if (left_flag=PROPAGATING) then
24         result:=right_flag;
25      end if;
26      return result;
27    end;
28    function stdlogic2apg (op1, op2: in std_logic)
29    return apgType is
30      variable result: apgType;
31    begin
32      if (op1 xor op2)='1' then
33         result:= PROPAGATING;
34      elsif (op1 and op2)='1' then
35         result:= GENERATING;
36      else
37         result:= ABSORBING;
38      end if;
39      return result;
40    end;
41    function stdlogic2apg (op1, op2: in std_logic_vector)
42    return apg_vector is
43      variable result: apg_vector(op1'length-1 downto 0);
44    begin
45      for i in op1'range loop
46         result(i):=stdlogic2apg(op1(i),op2(i));
47      end loop;
48      return result;
49    end;
50  end apg_arithmetic;
```

Abbildung 5.1: *Das in Kapitel 6 benutzte* APG-*Package* apg_arithmetic.

Über die **library**-Anweisung

```
1  library ieee;
```

wird angegeben, in welcher Bibliothek, in diesem Fall ist es die Bibliothek `ieee`, die bzw. einige der im Quellcode benutzten Packages abgelegt sind. Die **use**-Anweisung

```
2  use ieee.std_logic_1164.all;
```

spezifiziert, welches der in der Bibliothek `ieee` abgelegten Packages eingebunden werden soll. Die Angabe in der **use**-Anweisung besteht aus drei Teilen, dem Präfix `ieee`, dem Mittelteil `std_logic_1164` und dem Suffix **all**. Der Präfix `ieee` spezifiziert, wie gerade schon angeführt, die Bibliothek, in der der Objektcode des Package zu finden ist. Der Mittelteil gibt das Package an, das eingebunden werden soll. Der Suffix **all** besagt, dass alle in dem Package definierten Datentypen, Funktionen, Prozeduren und Konstanten sichtbar sein sollen.

Eine besondere Rolle spielt die Bibliothek `work`. Hier werden die für die Simulation übersetzten VHDL-Codes abgelegt. Auch selbst entworfene Packages können hier abgelegt werden. Das Einbinden unseres Package erfolgt somit über die Anweisung

```
3  library work;
4  use work.apg_arithmetic.all;
```

5.2 Das `standard`-Package

Die in VHDL vordefinierten Datentypen und zugehörigen Operatoren, Funktionen und Prozeduren sind in dem Package `standard`

```
1   package standard is
    -- ...
77  end standard;
```

definiert. Die in diesem Package definierten Datentypen gehören seit jeher zum offiziellen Sprachumfang von VHDL. Das Package muss auch nicht explizit über eine **library**- und **use**-Anweisung eingebunden werden.

5.2.1 Vordefinierte skalare Datentypen

VHDL stellt sechs grundlegende skalare Datentypen[2] zur Verfügung. Ihre Definition ist in Abbildung 5.2 zu sehen.

- Der Datentyp `boolean` ist ein Aufzählungstyp und besteht aus zwei Werten, dem Wert `false` und dem Wert `true`. Er ist unmittelbar mit verschiedenen Konstrukten aus VHDL verknüpft. So muss[3] zum Beispiel die Bedingung einer **if**-, **assert**, **until**-, **while**- und **when**-Anweisung vom Typ `boolean` sein.

---

[2]Lesen Sie sich bitte noch einmal Abschnitt 3.3.1 durch. In diesem Abschnitt wurden skalare Datentypen allgemein eingeführt und Operationen besprochen, die in VHDL auf *allen* skalaren Datentypen definiert sind, insbesondere auf denen, die im `standard`-Package eingeführt werden.

[3]VHDL-2008 erlaubt bei Bedingungen auch die Verwendung von Ausdrücken des Datentyps `bit` und `std_ulogic` (siehe Abschnitt 5.3). Die Werte werden in Bedingungen entsprechend ihrer Semantik implizit nach `boolean` konvertiert, beispielsweise der Bitwert `'0'` nach `false` und der Bitwert `'1'` nach `true`.

```
 2    type boolean is (false,true);
 3    type bit is ('0', '1');
 4    type character is (
 5      nul, soh, stx, etx, eot, enq, ack, bel,
 6      bs, ht, lf, vt, ff, cr, so, si,
 7      dle, dc1, dc2, dc3, dc4, nak, syn, etb,
 8      can, em, sub, esc, fsp, gsp, rsp, usp,
 9
10      ' ', '!', '"', '#', '$', '%', '&', ''',
11      '(', ')', '*', '+', ',', '-', '.', '/',
12      '0', '1', '2', '3', '4', '5', '6', '7',
13      '8', '9', ':', ';', '<', '=', '>', '?',
14
15      '@', 'A', 'B', 'C', 'D', 'E', 'F', 'G',
16      'H', 'I', 'J', 'K', 'L', 'M', 'N', 'O',
17      'P', 'Q', 'R', 'S', 'T', 'U', 'V', 'W',
18      'X', 'Y', 'Z', '[', '\', ']', '^', '_',
19
20      '`', 'a', 'b', 'c', 'd', 'e', 'f', 'g',
21      'h', 'i', 'j', 'k', 'l', 'm', 'n', 'o',
22      'p', 'q', 'r', 's', 't', 'u', 'v', 'w',
23      'x', 'y', 'z', '{', '|', '}', '~', del,
   -- ...
47    type severity_level is (note, warning, error, failure);
48    type integer is range -2147483647 to 2147483647;
49    type real is range -1.0E308 to 1.0E308;
```

Abbildung 5.2: *Im Package* standard *vordefinierte skalare Datentypen.*

Auf dem Datentyp boolean sind alle bekannten booleschen Operatoren definiert – es sind dies die Operatoren **not** (Komplement), **and** (Logisches Und), **or** (Logisches Oder), **nand** (Komplement des logischen Und), **nor** (Komplement des logischen Oder), **xor** (Exklusiv-Oder), **xnor** (logische Äquivalenz) – die als infix-Funktionen definiert sind und jeweils angewendet auf zwei Werte des Datentyps boolean wieder einen Wert des Datentyps boolean zurückgeben.

Neben diesen booleschen Operatoren stehen die üblichen Vergleichsoperatoren auf diesem Datentyp zur Verfügung. Es sind dies die Operatoren = (gleich), /= (verschieden), < (echt kleiner), <= (kleiner gleich), > (echt größer) und >= (größer gleich), sowie ab VHDL-2008 die binären Funktionen minimum und maximum, die das Minimum bzw. das Maximum von zwei booleschen Werten berechnen. Die zu Grunde liegende totale Ordnung < ist durch die Reihenfolge gegeben, in der die Werte des Aufzählungstyps in der Definition aufgelistet sind. Es gilt also false<true.[4]

- Der Datentyp bit ist ebenfalls ein Aufzählungstyp und besteht aus zwei Werten, dem Wert '0' und dem Wert '1'. Auf dem Datentyp bit sind wie beim Datentyp boolean die

---

[4]Die Reihenfolge, in der die Werte eines Aufzählungstyps aufgezählt werden, ist insbesondere bei der Simulation (siehe Abschnitt 2.2.4 auf Seite 49) von Bedeutung, da in der Initialisierungsphase alle Signale mit dem kleinsten Wert des jeweiligen Datentyps initialisiert werden. Dies gilt natürlicherweise auch für den Datentyp boolean.

5.2 Das `standard`-Package

Operatoren **not**, **and**, **or**, **nand**, **nor**, **xor** und **xnor** definiert und berechnen einen Wert des Datentyps `bit`. Zudem stehen die üblichen Vergleichsoperatoren und ab VHDL-2008 die beiden binären Funktionen `minimum` und `maximum` zur Verfügung.

- Der Datentyp `character` ist ein Aufzählungstyp bestehend aus 256 Zeichen, auf dem ebenfalls die Vergleichsoperatoren und ab VHDL-2008 die beiden Funktionen `minimum` und `maximum` definiert sind.

- Der Datentyp `integer` stellt ganze Zahlen zur Verfügung. Der angegebene Bereich von $-2^{31}+1$ bis $2^{31}-1$ ist als Mindestanforderung an VHDL-Implementierungen zu verstehen. VHDL-Implementierungen dürfen und stellen auch zum Teil größere Bereiche für diesen Datentyp zur Verfügung. Über die auf dem Datentyp `integer` definierten Attribute `integer'low` und `integer'high` können die Grenzen des zur Verfügung gestellten Bereiches in Erfahrung gebracht werden.

  Auf dem Datentyp `integer` sind, wie bei jedem Integer-Datentyp (siehe Abschnitt 3.3.1) auch, neben den Vergleichsoperatoren die üblichen arithmetischen Operatoren definiert: Addition +, Subtraktion -, Multiplikation *, ganzzahlige Division /, Potenzierung **, Absolutwert **abs**, Modulo-Berechnung `mod` und Rest `rem` bei der ganzzahligen Division (vergleiche Abschnitt 3.3.1, Seite 75) sowie ab VHDL-2008 die beiden binären Funktionen `minimum` und `maximum`.

> **Fallstrick 14**
>
> Die Operationen `mod` und `rem` wie auch die Division können in der Regel nur dann durch Synthesewerkzeuge verarbeitet werden, wenn der Divisor y eine Zweierpotenz ist. Die Operationen werden dann im Wesentlichen durch einen Shift realisiert.

- Der Datentyp `real` stellt Gleitkommazahlen zur Verfügung. Auch hier gibt es eine Mindestanforderung an den Bereich: der Bereich von $-1.7014110 \cdot 10^{38}$ bis $1.7014110 \cdot 10^{38}$ muss mindestens abgedeckt sein. Neben den üblichen Vergleichsoperatoren und den binären Funktionen `minimum` und `maximum` (ab VHDL-2008) stehen, ähnlich wie beim Datentyp `integer`, noch die arithmetischen Operatoren +, Subtraktion -, Multiplikation *, Division /, Potenzierung ** und Absolutwert **abs** zur Verfügung.

  VHDL wurde zum Zwecke der Simulation von Hardware entworfen. In diesem Zusammenhang ist der Datentyp `real` von großem Wert. Man denke zum Beispiel an eine Testbench (siehe Teil IV), mit der eine Architektur eines Bausteins für Gleitkommaarithmetik validiert werden soll. Der Datentyp `real` zusammen mit einer entsprechenden Konvertierungsfunktion erlaubt es, in sehr einfacher Weise Teststimuli zu erzeugen und so den Baustein zu prüfen.

> **Fallstrick 15**
>
> In der Regel können Synthesewerkzeuge den Datentyp `real` nicht synthetisieren. Wir raten davon ab, den Datentyp zur Beschreibung von Architekturen zu benutzen.

- Der Datentyp `severity_level` ist ein Aufzählungstyp. Er wird im Rahmen von **assert**- und **report**-Anweisungen

    assert Bedingung **report** Fehlermeldung **severity** Fehlergrad;

    verwendet, um die „Schwere des Vergehens" anzugeben. Man unterscheidet dabei nach `note` (Bemerkung), `warning` (Warnung), `error` (Fehler) und `failure` (schwerer Fehler). Näheres zu diesem Thema finden Sie in den Abschnitten 3.4 und 3.5 sowie in Teil IV.

5.2.2 Vordefinierte physikalische Datentypen

VHDL stellt standardmäßig nur einen physikalischen Datentyp bereit. Dies ist der Datentyp `time`, über den Zeiten angegeben werden können. Detaillierte Ausführungen zu physikalischen Datentypen allgemein sind in Abschnitt 3.3.1 auf Seite 77 zu finden.

```
   --
   -- Deklaration der vordefinierten physikalischen Datentypen
   --
50   type time is range -2147483647 to 2147483647
51     units
52       fs;
53       ps = 1000 fs;
54       ns = 1000 ps;
55       us = 1000 ns;
56       ms = 1000 us;
57       sec = 1000 ms;
58       min = 60 sec;
59       hr = 60 min;
60     end units;
```

Wie bei dem Datentyp `integer` und `real` ist der oben im Quellcode angegebene Wertebereich -2147483647 bis 2147483647 wieder nur als Mindestanforderung an die Implementierungen von VHDL zu verstehen.

Die primäre Einheit des physikalischen Datentyps `time` sind Femtosekunden (`fs`). Die sekundären Einheiten Pikosekunden (`ps`), Nanosekunden (`ns`), Mikrosekunden (`us`), Millisekunden (`ms`), Sekunden (`sec`), Minuten (`min`) und Stunden (`hr`) werden auf diese Basiseinheit zurückgeführt. Durch die Zurückführung auf die Basiseinheit werden Werte des physikalischen Datentyps `time` miteinander vergleichbar, auch wenn sie über unterschiedlichen Einheiten angegeben sind.

Der physikalische Datentyp `time` wird insbesondere innerhalb von **wait**-Anweisungen (siehe Abschnitt 3.4.3) im Rahmen funktionaler Hardwarebeschreibungen eingesetzt, um zeitbehaftete Simulationen der VHDL-Spezifikationen zu ermöglichen. Jedoch:

Fallstrick 16

wait for-Anweisungen können nicht synthetisiert werden.

5.2.3 Vordefinierte Subtypen, Felder und die Funktion `now`

Das `standard`-Package stellt neben dem einfachen Datentyp `integer` und dem physikalischen Datentyp `time` noch Subtypen zur Verfügung.

```
   --
   -- Vordefinierte Subtypen und Felder
   --
61 subtype delay_length is time range 0 fs to time'high;
62 impure function now return delay_length;
63 subtype natural is integer range 0 to integer'high;
64 subtype positive is integer range 1 to integer'high;
65 type string is array (positive range <>) of character;
66 type bit_vector is array (natural range <>) of bit;
```

Bezüglich des Datentyps `integer` sind es die Subtypen `natural` und `positive` – diese sind sicherlich selbsterklärend. Zu dem physikalischen Datentyp `time` steht der Subtyp `delay_length` standardmäßig zur Verfügung, der nur den nichtnegativen Bereich der im Datentyp `time` bereitgestellten physikalischen Werte umfasst.

Die Funktion `now` ist eine so genannte „unreine" Funktion, deren Funktionswerte nicht nur von den aktuellen Parametern – die Funktion `now` besitzt überhaupt keine Parameter – abhängen (siehe Abschnitt 4.1.4). Sie liefert beim Aufruf während eines Simulationslaufes die aktuelle Simulationszeit zurück.

Über den einfachen Datentypen `character` und `bit` sind standardmäßig unbeschränkte Felder definiert.[5] Es sind dies die Datentypen `string` und `bit_vector`. Als Indizes von Variablen, Signalen und Konstanten vom Datentyp `bit_vector` sind nur nichtnegative Werte des Datentyps `integer` erlaubt. Beim Datentyp `string` sind nur Teilintervalle des positiven Bereiches des Datentyps `integer` ohne die Null als Indexbereich zulässig.

> **Fallstrick 17**
>
> Der Indexbereich von Konstanten des Datentyps `string` beginnt beim Index 1 und nicht beim Index 0 wie bei Feldern in der Regel üblich. Signale und Variablen vom Typ `string` können andere Grenzen haben, jedoch dürfen auch diese nicht den Index 0 einschließen.

Auf den beiden Datentypen `string` und `bit_vector` sind alle üblichen Vergleichsoperatoren wie auch (ab VHDL-2008) die beiden Funktionen `minimum` und `maximum` definiert. Sie vergleichen zwei über dem gleichen Datentyp definierte Felder lexikografisch miteinander.

Auf dem Datentyp `string` ist neben den üblichen Vergleichsoperatoren der Operator `&` für die Konkatenation definiert, der es erlaubt, Zeichenketten aus einzelnen Teilen zusammenzusetzen. So wandelt zum Beispiel die in Abbildung 5.3 gezeigte Funktion eine nationale Telefonnummer aus Deutschland in die entsprechende internationale Telefonnummer um, ohne dabei Sondernummern oder ähnliches zu berücksichtigen.

---

[5] Ab VHDL-2008 sind ebenfalls `integer_vector`, `real_vector` und `time_vector` vordefiniert, d. h. unbeschränkte Felder über `integer`, `real` und `time`.

```
 5    function international_telephone_number
 6      (vorwahl: string; telefonnummer: string)
 7      return string is
 8    begin
 9      -- führende Null der Vorwahl wird ggf. entfernt
10      if vorwahl(1)='0' then
11        return "+49-" & vorwahl(2 to vorwahl'high) &
12              "-" & telefonnummer;
13      else
14        return "+49-" & vorwahl & "-" & telefonnummer;
15      end if;
16    end;
```

Abbildung 5.3: *Konkatenation von Zeichenketten*

5.2.4 Datentypen zum Arbeiten mit Dateien

Zur Unterstützung der Arbeit mit Dateien stellt das `standard`-Package die folgenden beiden Aufzählungstypen bereit:

```
     --
     -- Vordefinierte Typen zur Datei-Bearbeitung
     --
67    type file_open_kind is (
68      read_mode,
69      write_mode,
70      append_mode);
71    type file_open_status is (
72      open_ok,
73      status_error,
74      name_error,
75      mode_error);
```

Diese vordefinierten Datentypen werden im Zusammenhang mit dem Öffnen von Dateien benötigt und eingesetzt. Hierfür stehen implizit definierte Prozeduren zur Verfügung, beispielsweise die Prozedur `file_open`

```
1    type ft is file of ...;
2    procedure file_open (
3      status: out file_open_status;
4      file f: ft;
5      external_name: in string;
6      open_kind: in file_open_kind := read_mode);
```

Der Datentyp `file_open_kind` wird benutzt, um den Modus anzugeben, in dem eine Datei geöffnet werden soll. Wird eine Datei im Modus `read_mode` geöffnet – `read_mode` ist die Voreinstellung –, so kann auf diese Datei nur lesend zugegriffen werden. Nach dem Öffnen der Datei steht der Lesezeiger am Anfang der Datei. Wird sie im Modus `write_mode` geöffnet, so wird der Inhalt der Datei zuerst gelöscht; anschließend kann auf die Datei nur schreibend zugegriffen werden. Im `append_mode`-Modus wird an das Ende der Datei angehängt.

Die Werte des Datentyps `file_open_status` sind ebenfalls fast selbsterklärend. Der Status wird von der Prozedur `file_open` auf `open_ok` gesetzt, wenn das Öffnen der Datei erfolgreich war und kein Fehler auftrat. Der Wert `status_error` steht für den Fall, dass versucht wird, einen Dateideskriptor, welcher bereits an eine Datei gebunden ist, nochmals an eine Datei zu binden. `name_error` gibt im Modus `read_mode` an, dass die Datei, an die das File gebunden werden soll, nicht existiert, und im Modus `write_mode` bzw. `append_mode`, dass die Datei nicht angelegt werden kann – was nur dann sein kann, wenn die Datei noch nicht existiert. Der Wert `mode_error` besagt, dass die Datei in dem angegebenen Modus nicht geöffnet werden kann.

Prozeduren und Funktionen zum bequemen Arbeiten mit Dateien werden im `textio`-Package zur Verfügung gestellt. Wir werden in Abschnitt 5.4 näher auf diese eingehen.

5.3 Das IEEE Standard Logic Package

Um Hardware realitätsnäher, als dies mit dem `standard`-Package möglich ist, beschreiben und simulieren zu können, steht den Anwendern das `std_logic_1164` Package der Bibliothek `ieee` zur Verfügung. Die in diesem Package vordefinierten Datentypen, Subtypen, Funktionen und Prozeduren sind ab VHDL-2008 Bestandteil des offiziellen Sprachumfangs von VHDL.

5.3.1 Der Datentyp `std_ulogic`

Im Mittelpunkt des Package `std_logic_1164` steht der in Abbildung 5.4 gezeigte Datentyp `std_ulogic`, welcher eine 9-wertige Logik darstellt. Der Datentyp verwirrt einen auf den ersten

```
1   package std_logic_1164 is
2
3       --------------------------------------
4       -- logic state system (unresolved)
5       --------------------------------------
6       type std_ulogic is ('U',   -- Uninitialized
7                           'X',   -- Forcing  Unknown
8                           '0',   -- Forcing  0
9                           '1',   -- Forcing  1
10                          'Z',   -- High Impedance
11                          'W',   -- Weak     Unknown
12                          'L',   -- Weak     0
13                          'H',   -- Weak     1
14                          '-'    -- Don't care
15                          );
16      --------------------------------------
17      -- unconstrained array of std_ulogic for use
18      -- with the resolution function
19      --------------------------------------
20      type std_ulogic_vector is array ( natural range <> )
21        of std_ulogic;
```

Abbildung 5.4: *Datentyp* `std_ulogic`.

Blick[6], arbeitet man doch in der Digitaltechnik nur mit den Werten '0' und '1'. Probleme hat man mit dieser 2-wertigen Logik jedoch während der Simulation einer Schaltung, beispielsweise

- *beim Zuschalten der Stromversorgung:* So sind zum Beispiel nach dem „Hochfahren" einer Schaltung die Zustände und somit auch die Belegung der Ausgänge der Speicherelemente (Flipflops) nicht vorhersehbar, so lange bis sie nicht explizit belegt worden sind. Demnach wäre es falsch, dem Ausgang eines Speicherelements den Wert '0' oder den Wert '1' während der Initialisierungsphase eines Simulationslaufes zuzuordnen. Der Zustand des Speicherelements bzw. sein Ausgang ist nicht initialisiert. Das Package std_logic_1164 stellt hierfür den Wert 'U' zur Verfügung.

- *bei Signalen mit mehr als einem Treiber:* Man denke zum Beispiel an eine Leitung, die durch zwei verschiedene Bausteine getrieben wird; der eine Baustein versucht, das Signal mit dem Wert '0' zu belegen, und der zweite mit dem Wert '1'. Zur Charakterisierung einer solchen Situation steht im Datentyp std_ulogic der Wert 'X' zur Verfügung.

- *bei hochohmigen Zuständen,* wie sie zum Beispiel an den Ausgängen von Tristate-Treibern vorkommen: Die Belegung eines hochohmigen Ausgangs kann mit dem Wert 'Z' des Datentyps std_ulogic beschrieben werden.

Fallstrick 18

In der Regel darf in VHDL jedes Signal nur von *einem* Baustein getrieben bzw. nur durch *einen* Prozess belegt werden, es sei denn, es handelt sich um ein Signal von einem so genannten resolved Datentyp. Einem solchen ist ein Mechanismus zugeordnet, der festlegt, welcher Wert einem Signal zugewiesen wird, wenn mehrere Quellen das Signal gleichzeitig treiben.

Die 5-wertige Logik bestehend aus den Werten 'U', 'X', '0', '1' und 'Z' ist wesentlich, um digitale Schaltungen realitätsnah simulieren zu können. Der Datentyp std_ulogic stellt neben diesen fünf Werten noch die Werte 'L', 'H' und 'W' zur Verfügung, die die so genannten schwachen Spannungen darstellen. Die Werte 'L' und 'H' stehen für die schwache '0' und die schwache '1'. Der Wert 'W' ist das Analogon zum Wert 'X'. Durch die Einführung dieser schwachen Werte erhält man die Möglichkeit, auch pulldown- und pullup-Widerstände zu modellieren. Aus Abbildung 5.5 kann die Zuordnung der Werte 'W', 'L' und 'H' zu den jeweiligen Spannungspegeln entnommen werden.

Schlussendlich stellt der Datentyp std_ulogic noch den so genannten don't care Wert '-' zur Verfügung, der in dem für die Synthese und die Analyse von Schaltungen interessanten Fall zum Einsatz kommt, in dem die Belegung eines Signals nicht interessiert.

5.3.2 Der Subtyp std_logic

Um die Möglichkeit zu haben, ein Signal von zwei verschiedenen Prozessen treiben zu lassen, muss das Signal, wie oben schon angedeutet, von einem so genannten resolved-Datentyp sein. Der zu dem Datentyp std_ulogic gehörige resolved-Datentyp ist der Datentyp std_logic:

---

[6]Vergleiche auch die Ausführungen in [51], denen wir hier zum Teil folgen.

5.3 Das IEEE Standard Logic Package

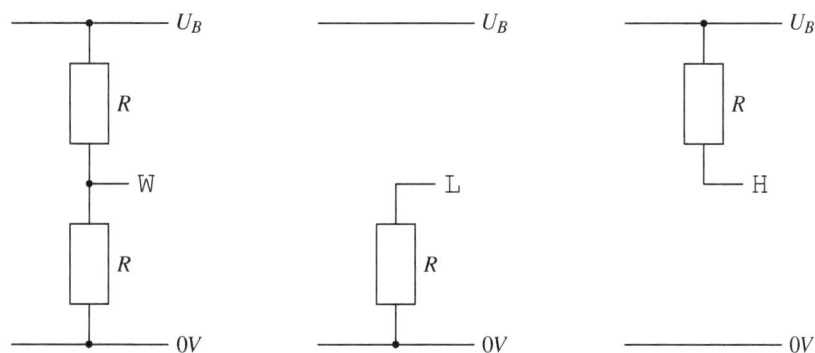

Abbildung 5.5: Spannungsteiler, pulldown- und pullup-Widerstände

```
23   ----------------------------------------------
24   -- resolution function
25   ----------------------------------------------
26   function resolved ( s : std_ulogic_vector )
27     return std_ulogic;
28
-- ...
32   subtype std_logic is resolved std_ulogic;
-- ...
37   type std_logic_vector is array ( natural range <> )
38     of std_logic;
```

	'U'	'X'	'0'	'1'	'Z'	'W'	'L'	'H'	'-'
'U'	'U'	'U'	'U'	'U'	'U'	'U'	'U'	'U'	'U'
'X'	'U'	'X'	'X'	'X'	'X'	'X'	'X'	'X'	'X'
'0'	'U'	'X'	'0'	'X'	'0'	'0'	'0'	'0'	'X'
'1'	'U'	'X'	'X'	'1'	'1'	'1'	'1'	'1'	'X'
'Z'	'U'	'X'	'0'	'1'	'Z'	'W'	'L'	'H'	'X'
'W'	'U'	'X'	'0'	'1'	'W'	'W'	'W'	'W'	'X'
'L'	'U'	'X'	'0'	'1'	'L'	'W'	'L'	'W'	'X'
'H'	'U'	'X'	'0'	'1'	'H'	'W'	'W'	'H'	'X'
'-'	'U'	'X'	'X'	'X'	'X'	'X'	'X'	'X'	'X'

Tabelle 5.1: Die Funktion `resolved` des Datentyps `std_logic` angewendet auf zwei Operanden.

Dieser Datentyp ist ein Subtyp des Datentyps `std_ulogic`. Die Funktionalität der Funktion `resolved`, angewendet auf zwei Werte, ist aus Tabelle 5.1 ersichtlich. Interpretiert man die Funktion `resolved` als „welcher Wert gewinnt, wenn ein Signal durch zwei Quellen getrieben wird", so besitzt der Wert 'U' die größte Signalstärke. Die Signalstärke von 'X' ist größer als die der Werte '0' und '1', die wiederum größer als die der Werte 'Z', 'L' und 'H' sind. Die Funktion `resolved` ist nicht nur kommutativ, sondern auch assoziativ, sodass es nahe liegend ist, dass die Funktion als formalen Parameter ein unbeschränktes `std_ulogic`-Feld hat.

> **Fallstrick 19**
>
> Eine Zuweisung der Belegung eines Signals des Datentyps `std_logic_vector` an ein Signal vom Datentyp `std_ulogic_vector` (und umgekehrt) ist in VHDL-1993 nicht möglich, da die zwei Felddatentypen über unterschiedlichen Basistypen definiert sind und VHDL eine streng getypte Programmiersprache ist.

> **Der Datentyp `std_logic_vector` (VHDL-2008) [6]**
>
> Ab VHDL-2008 ist der Datentyp `std_logic_vector` nicht mehr als eigenständiger Datentyp wie oben angegeben definiert, sondern als `(resolved)` Subtyp des Datentyps `std_ulogic_vector`:
>
>   **subtype** std_logic_vector **is** (resolved) std_ulogic_vector;
>
> Die Klammern um das Schlüsselwort `resolved` bedeuten in VHDL-2008, dass die Funktion `resolved` auf die einzelnen Elemente des Felddatentyps anzuwenden ist und sich nicht auf das Feld `std_logic_vector` als Ganzes bezieht.

5.3.3 Weitere Subtypen von `std_ulogic`

Das Package `std_logic_1164` stellt neben der 9-wertigen Logik, realisiert über den Datentyp `std_ulogic` bzw. den Subtyp `std_logic`, noch weitere Logiken in Form von Subtypen des Datentyps `std_ulogic` zur Verfügung. Es sind dies

- Die 3-wertige Logik X01 bestehend aus den Werten `'X'`, `'0'` und `'1'`.
- Die 5-wertige Logik UX01Z bestehend aus den Werten `'U'`, `'X'`, `'0'`, `'1'`, `'Z'`.
- Die beiden 4-wertigen Logiken X01Z und UX01.

```
43    subtype X01  is resolved std_ulogic range 'X' to '1';
44    subtype X01Z is resolved std_ulogic range 'X' to 'Z';
45    subtype UX01 is resolved std_ulogic range 'U' to '1';
46    subtype UX01Z is resolved std_ulogic range 'U' to 'Z';
```

5.3.4 Auf `std_ulogic` definierte logische Operatoren

Auf dem Datentyp `std_ulogic` und somit auch auf seinen Subtypen sind die üblichen logischen Operatoren definiert, wie z. B. die überladenen infix-Funktionen für das logische Und:

```
52    function "and" ( l : std_ulogic; r : std_ulogic )
53      return UX01;
   -- ...
64    function "and" ( l, r : std_logic_vector )
65      return std_logic_vector;
66    function "and" ( l, r : std_ulogic_vector )
67      return std_ulogic_vector;
```

5.3 Das IEEE Standard Logic Package

Bemerken Sie bitte, dass die auf `std_ulogic` definierten logischen Operatoren in jedem Fall „harte" Spannungen zurückgeben, also Werte vom Subtyp `UX01`. Technologisch ist dies sinnvoll. Man sehe sich zum Beispiel die CMOS-Technologie (engl.: *Complementary Metal-Oxide Semiconductor*) an. In den Basiszellen dieser Technologie fließt kein bzw. nur ein verschwindend kleiner statischer Strom, falls die Eingänge auf einem festen Pegel liegen [53].

Um einen Eindruck zu bekommen, wie solche infix-Funktionen in den von IEEE zur Verfügung gestellten Packages realisiert sind, haben wir beispielhaft die Realisierung der Funktion `"and"`, angewendet auf Operanden des Datentyps `std_ulogic`, auf Seite 134 in Abbildung 5.6 angegeben.

In dem in Abbildung 5.6 gezeigten VHDL-Code sehen wir ein neues Konstrukt, welches wir bisher noch nicht besprochen haben, die **alias**-Deklaration. Mit einer **alias**-Deklaration wird einem existierenden Objekt – in unserem Fall dem Eingabeparameter l bzw. dem Eingabeparameter r – oder einem Teil eines Objekts einen alternativen Bezeichner zugewiesen. So kann in dem Block der Funktion `"and"` das Feld l über den Bezeichner lv angesprochen werden. Der Indexbereich dieses Feldes beginnt bei Index 1 während der Indexbereich des eigentlichen Eingabeparameters an beliebiger Stelle beginnen kann. Entsprechendes gilt für den Bezeichner rv und den Eingabeparameter r. In diesem Sinne vereinfacht die **alias**-Deklaration die syntaktische Beschreibung der Funktion `"and"`.

Neben dem logischen Operator `"and"` stellt das Package noch die Operatoren `"nand"`, `"or"`, `"nor"`, `"xor"`, `"xnor"` und `"not"` zur Verfügung.

5.3.5 Konvertierungsfunktionen

Das Package `std_logic_1164` stellt eine ganze Reihe von Konvertierungsfunktionen zur Verfügung, um zwischen den in diesem Package definierten Datentypen beziehungsweise zwischen dem im Package `standard` definierten Datentyp `bit` und den Datentypen `std_logic` und `std_ulogic` konvertieren zu können.

So wird zum Beispiel die Funktion `To_bit`

```
635    function To_bit ( s : std_ulogic; xmap : bit := '0')
636      return bit is
637    begin
638        case s is
639            when '0' | 'L' => return ('0');
640            when '1' | 'H' => return ('1');
641            when others => return xmap;
642        end case;
643    end;
```

zur Verfügung gestellt, die einen Wert vom Datentyp `std_ulogic` (bzw. von dem Subtyp `std_logic`) in einen Wert `bit` konvertiert. Man sieht, dass die Werte `'0'` und `'L'` des Datentyps `std_ulogic` beide auf den Wert `'0'` des Datentyps `bit` abgebildet werden; die Werte `'1'` und `'H'` werden in den `bit`-Wert `'1'` konvertiert. Liegt ein anderer Wert als `'0'`, `'L'`, `'1'` und `'H'` vor, dann bestimmt der Eingabeparameter `xmap` auf welchen `bit`-Wert abgebildet wird – dies wird durch den dritten Fall in der obigen **case**-Anweisung gewährleistet. Der Eingabeparameter `xmap` ist mit dem `bit`-Wert `'0'` vorbelegt. Die folgende Tabelle fasst zusammen, wie die im Package bereitgestellten Konvertierungsfunktionen, deren Signaturen gegeben sind durch

```vhdl
166   type stdlogic_table is array (std_ulogic, std_ulogic)
167     of std_ulogic;
--  ...
212   constant and_table : stdlogic_table := (
213   -- ----------------------------------
214   --  | U  X  0  1  Z  W  L  H  -  | |
215   -- ----------------------------------
216     ( 'U', 'U', '0', 'U', 'U', 'U', '0', 'U', 'U' ), -- | U |
217     ( 'U', 'X', '0', 'X', 'X', 'X', '0', 'X', 'X' ), -- | X |
218     ( '0', '0', '0', '0', '0', '0', '0', '0', '0' ), -- | 0 |
219     ( 'U', 'X', '0', '1', 'X', 'X', '0', '1', 'X' ), -- | 1 |
220     ( 'U', 'X', '0', 'X', 'X', 'X', '0', 'X', 'X' ), -- | Z |
221     ( 'U', 'X', '0', 'X', 'X', 'X', '0', 'X', 'X' ), -- | W |
222     ( '0', '0', '0', '0', '0', '0', '0', '0', '0' ), -- | L |
223     ( 'U', 'X', '0', '1', 'X', 'X', '0', '1', 'X' ), -- | H |
224     ( 'U', 'X', '0', 'X', 'X', 'X', '0', 'X', 'X' )  -- | - |
225   );
--  ...
272   function "and" ( l : std_ulogic; r : std_ulogic )
273     return UX01 is
274   begin
275       return (and_table(l, r));
276   end "and";
--  ...
313   function "and" ( l,r : std_logic_vector )
314     return std_logic_vector is
315     alias lv : std_logic_vector ( 1 to l'length ) is l;
316     alias rv : std_logic_vector ( 1 to r'length ) is r;
317     variable result : std_logic_vector ( 1 to l'length );
318   begin
319     if ( l'length /= r'length ) then
320       assert FALSE
321       report "arguments of overloaded 'and' operator" &
322              "are not of the same length"
323       severity failure;
324     else
325       for i in result'range loop
326         result(i) := and_table (lv(i), rv(i));
327       end loop;
328     end if;
329     return result;
330   end "and";
331   ------------------------------------------
332   function "and" ( l,r : std_ulogic_vector )
333     return std_ulogic_vector is
--  ...
350   end "and";
```

Abbildung 5.6: *Realisierung der überladenen infix-Funktion* `"and"`.

5.3 Das IEEE Standard Logic Package

```
91     function To_bit ( s : std_ulogic; xmap : bit := '0')
92       return bit;
 -- ...
117    function To_X01 ( s : std_ulogic ) return X01;
 -- ...
126    function To_X01Z ( s : std_ulogic ) return X01Z;
 -- ...
135    function To_UX01 ( s : std_ulogic ) return UX01;
```

Werte aus dem Wertebereich des Datentyps `std_ulogic` in Werte der in den rechten Spalten angegebenen Datentypen jeweils transformieren.

std_ulogic	bit	X01	X01Z	UX01
'U'	xmap	'X'	'X'	'U'
'X'	xmap	'X'	'X'	'X'
'0'	'0'	'0'	'0'	'0'
'1'	'1'	'1'	'1'	'1'
'Z'	xmap	'X'	'Z'	'X'
'W'	xmap	'X'	'X'	'X'
'L'	'0'	'0'	'0'	'0'
'H'	'1'	'1'	'1'	'1'
'-'	x	'X'	'X'	'X'

Die entgegengesetzte Richtung, sprich die Konvertierung der `bit`-Werte in Werte des Datentyps `std_ulogic` bzw. in Werte einer seiner Subtypen, erfolgt einfach dadurch, dass der `bit`-Wert '0' in den Wert '0' und der `bit`-Wert '1' in den Wert '1' des entsprechenden Typs konvertiert wird. Alle diese Funktionen

```
98     function To_StdULogic ( b : bit )
99       return std_ulogic;

120    function To_X01 ( b : bit ) return X01;

129    function To_X01Z ( b : bit ) return X01Z;

138    function To_UX01 ( b : bit ) return UX01;
```

sind notwendig, da VHDL eine streng getypte Programmiersprache ist.

Zudem stehen entsprechende (überladene) Funktionen für Vektoren zur Verfügung. Für die Funktion `To_X01` zum Beispiel sind dies

```
113    function To_X01 ( s : std_logic_vector )
114      return std_logic_vector;
115    function To_X01 ( s : std_ulogic_vector )
116      return std_ulogic_vector;

120    function To_X01 ( b : bit_vector )
121      return std_logic_vector;
122    function To_X01 ( b : bit_vector )
123      return std_ulogic_vector;
```

5.3.6 Detektion der Flanken auf Signalen

Arbeitet man mit sequentiellen Schaltungen, also Schaltungen die Speicherelemente (Flipflops) enthalten, so sind die steigenden und die fallenden Flanken des Taktsignals von Bedeutung. Genau zu diesen Zeitpunkten übernimmt ein Flipflop den Wert an seinem Dateneingang als seinen neuen Zustand. Um Schaltungen beschreiben zu können, muss also die Möglichkeit bestehen, in bequemer Art und Weise abzufragen, ob während des laufenden Simulationszyklus ein Phasenwechsel auf einem Signal erfolgt ist.

Ein Phasenwechsel auf einem Signal liegt genau dann vor, wenn während dem laufenden Simulationszyklus eine Transaktion auf dem Signal durchgeführt wird und die Belegung des Signals vor der Zuweisung des neuen Wertes verschieden von der Belegung des Signals im laufenden Simulationszyklus, also nach der Zuweisung des neuen Wertes an das Signal, ist. Liegt ein Phasenwechsel vor, so sagt man, dass auf dem Signal ein Ereignis (engl.: *event*) aufgetreten ist.

VHDL stellt zwei Funktionen zur Detektion von Flanken auf Signalen zur Verfügung. Beide bauen im Wesentlichen auf den Attributen s'event und s'last_value auf, die wir im Abschnitt 3.2.3 bereits kennengelernt haben. Neben der gängigen Praxis, die Taktflanken über den Ausdruck clk='1' **and** clk'event abzufragen, wird hier zusätzlich überprüft, ob die Flanke auch wirklich beim Pegel logisch-Null beziehungsweise logisch-Eins ihren Ausgang nahm.

```
918    function rising_edge (signal s : std_ulogic)
919      return boolean is
920    begin
921       return (s'event and (To_X01(s) = '1') and
922                          (To_X01(s'last_value) = '0'));
923    end;
924
925    function falling_edge (signal s : std_ulogic)
926      return boolean is
927    begin
928       return (s'event and (To_X01(s) = '0') and
929                          (To_X01(s'last_value) = '1'));
930    end;
```

5.3.7 Sonstige Funktionen

Weiter stellt das Package std_logic_1164 noch eine überladene Funktion Is_X bereit, die überprüft, ob ein Signal vom Typ std_ulogic oder von einem, von std_ulogic abgeleiteten Subtypen mit einem der Werte 'U', 'X', 'Z', '-' oder 'W' belegt ist. Falls dies der Fall ist, gibt die Funktion den Wert true zurück, ansonsten den Wert false.

```
152    function Is_X ( s : std_ulogic_vector ) return boolean;
153    function Is_X ( s : std_logic_vector ) return boolean;
154    function Is_X ( s : std_ulogic ) return boolean;
```

5.4 Das `textio`-Package

VHDL kennt weitere vordefinierte Datentypen und Prozeduren. Es sind dies Datentypen und Prozeduren, die dem Programmierer ein einfaches Handling von Dateien gewährleistet.

Effektive Konstrukte für die Ein- und Ausgabe erleichtern beispielsweise das Schreiben von Testbenches (siehe Teil IV). Eine Testbench kann zum Beispiel derart angelegt sein, dass zu jedem Testfall Stimuli, d. h. Eingabemuster, und das dazugehörige Soll-Verhalten der zu überprüfenden Schaltung in einer oder mehreren Zeilen einer Datei hinterlegt sind. Die Testfälle werden dann von der Testbench eine nach der anderen mit Hilfe der bereitgestellten I/O-Operationen aus der Datei eingelesen. Für jeden dieser Testfälle wird die Schaltung, angewendet auf die Stimuli, simuliert und das Ist-Verhalten mit dem Soll-Verhalten verglichen.

Will man zum Beispiel eine Architektur eines Entity `volladdierer` mit Hilfe einer Testbench simulieren, so könnte man in einer Datei einfach die zu einem (korrekten) Volladdierer gehörige Funktionstabelle

```
0 0 0 0 0
0 0 1 1 0
0 1 0 1 0
0 1 1 0 1
1 0 0 1 0
1 0 1 0 1
1 1 0 0 1
1 1 1 1 1
```

in einer Datei hinterlegen, wobei die ersten drei Spalten für die Operanden stehen, die vierte und fünfte Spalte für das Summenbit und das Übertragsbit.

Weit komplexere Testbenches werden im Teil IV dieses Buches vorgestellt, die es erlauben, über eine Datei Kommandos aus einem vereinbarten Befehlssatz einzulesen, die von der Testbench interpretiert werden und die Simulation des DESIGN UNDER TEST (DUT) steuern. Ohne auf weitere Details einzugehen, könnte eine solche Datei wie in Abbildung 5.7 gezeigt, aussehen. Die Datei besteht aus Kommentaren – entsprechende Zeilen könnten mit # gekennzeichnet sein –, aus Kommandos und Daten, die unterschiedlich zu interpretieren sind. So sind neben Kommandos (wie zum Beispiel `SRA`, `WAIT` und `BRA`) Bitvektoren der Länge 32 in Binär- und Hexadezimaldarstellung als auch Zahlen vom Datentyp `positive` in den einzelnen Zeilen unser Beispieldatei zu finden. Das Package `textio` stellt Datentypen, Prozeduren und Funktionen zur Verfügung, die das Einlesen und Erstellen solcher Dateien erleichtern.

5.4.1 Vordefinierte Datentypen

Die beiden zentralen Datentypen, die im Package `textio` vordefiniert werden, sind der Datentyp `line` und der Datentyp `text`:

```
10  package TEXTIO is
11    type line is access string;
12    type text is file of string;
      -- ...
103 end;
```

```
# SRA - Single Read Access
#   SRA <adr> <value>
# SWA - Single Write Access
#   SWA <adr> <value>
# BRA - Burst Read Access, <nr> greater or equal 1
#   BRA <start-adr> <nr>
#   value1 value2 value3 value4
#   value5 ...... value<nr>
# BWA - Write Access, <nr> greater or equal 1
#   BWA <start-adr> <nr>
#   value1 value2 value3 value4
#   value5 ...... value<nr>
# WAIT - Waiting for <nr> clock cycles,
#   <nr> greater or equal 1
#   WAIT <nr>

SRA 0000ffff 00000004
WAIT 3
BRA 01ff0000 16
00000001 00000000 00000000 00000000
00000000 00000001 00000000 00000000
00000000 00000000 00000001 00000000
00000000 00000000 00000000 00000001
WAIT 3
```

Abbildung 5.7: Kommandos zum Steuern einer Simulation.

Variablen vom Datentyp line sind Zeiger auf Werte vom Datentyp string, der im Package standard (siehe Abschnitt 5.2) definiert ist; die vom Datentyp text sind Dateien bestehend aus Zeichenketten. Das Szenario ist in der Regel derart, dass Dateien zeilenweise gelesen und die Zeilen über Variablen des Datentyps line zwischengespeichert werden. Beim Schreiben von Daten in eine Datei ist in der Regel das gleiche Szenario zu beobachten. Zeilen werden jeweils mit Hilfe *eines* Schreibbefehls in eine Datei geschrieben.

Neben diesen beiden Datentypen line und text stellt das Package textio noch den Aufzählungstyp side zur Verfügung, der im Rahmen von Schreiboperationen zur Ausrichtung eines Textes in einer Zeile benutzt wird, und den Subtyp width, bei dem es sich um eine einfache Umbenennung des Datentyps natural handelt:

```
13    type side is (right, left);
14    subtype width is natural;
```

Zudem werden noch die beiden Variablen input und output vom Typ text deklariert:

```
17    file input  : text open read_mode  is "STD_INPUT";
18    file output : text open write_mode is "STD_OUTPUT";
```

5.4.2 Ein- und Ausgabe-Prozeduren

Das Package `textio` stellt neben der Prozedur `readline`,

```
21      procedure readline(file f: text; L: out line);
```

die bei Aufruf die nächste Zeile aus einer Datei `f` liest, sie als String abspeichert und den Zeiger `L` auf den String zeigen lässt, die Prozedur `read` zur Verfügung, die vielfältig überladen ist. Abbildung 5.8 zeigt die vielfältigen Varianten.

```
23      procedure read(L:inout line; value: out bit;
24                     good : out boolean);
25      procedure read(L:inout line; value: out bit);
26
27      procedure read(L:inout line; value: out bit_vector;
28                     good : out boolean);
29      procedure read(L:inout line; value: out bit_vector);
30
31      procedure read(L:inout line; value: out boolean;
32                     good : out boolean);
33      procedure read(L:inout line; value: out boolean);
34
35      procedure read(L:inout line; value: out character;
36                     good : out boolean);
37      procedure read(L:inout line; value: out character);
38
39      procedure read(L:inout line; value: out integer;
40                     good : out boolean);
41      procedure read(L:inout line; value: out integer);
42
43      procedure read(L:inout line; value: out real;
44                     good : out boolean);
45      procedure read(L:inout line; value: out real);
46
47      procedure read(L:inout line; value: out string;
48                     good : out boolean);
49      procedure read(L:inout line; value: out string);
50
51      procedure read(L:inout line; value: out time;
52                     good : out boolean);
53      procedure read(L:inout line; value: out time);
```

Abbildung 5.8: Die überladene Prozedur `read`.

Im Wesentlichen greift die Prozedur `read` auf die über den Zeiger `L` spezifizierte Zeile zu und gibt das nächste, in dieser Zeile gespeicherte Datum zurück. Der Zeiger auf die Zeile `L` wird entsprechend „weitergerückt". Aus diesem Grund muss der Parameter `L` als **inout**-Parameter deklariert sein. Welches Datum gelesen wird, gibt der Datentyp des Ausgabeparameters `value` an. Der optionale Ausgabeparameter `good` gibt an, ob ein Präfix der Zeile als Wert des angegebenen Datentyps interpretiert werden kann, d. h. ob die Leseoperation erfolgreich abgelaufen ist. Hier sind verschiedene Besonderheiten zu beachten, auf die wir im Folgenden kurz eingehen.

Ist der Ausgabeparameter `value` vom Datentyp `character`, so liest die Prozedur `read` einfach nur das erste Zeichen der über `L` spezifizierten Zeile und gibt diesen über den Ausgabeparameter `value` zurück. Hierbei wird nicht auf Sonderzeichen Rücksicht genommen. Diese werden als normale Zeichen angesehen. Enthält die Zeile `L` zum Beispiel die Zeichenfolge `Pauls Weinkeller`, so liefern sieben aufeinander folgende Aufrufe von

```
37    procedure read(L:inout line; value: out character);
```

die Werte `'P'`, `'a'`, `'u'`, `'l'`, `'s'`, `' '` und `'W'` vom Datentyp `character` zurück.

Ähnlich verhält sich die `string`-Version der Prozedur `read`

```
49    procedure read(L:inout line; value: out string);
```

Hier wird der Präfix der Länge `value'length` der in `L` abgespeicherten Zeile gelesen. Die Länge des zu kopierenden Präfix entspricht also genau der Länge `value'length` der Variablen `value`. Sind nicht ausreichend viele Zeichen in der Zeile vorhanden, d. h. gilt `L'length < value'length`, so schlägt die Prozedur `read` fehl.

Bei den restlichen Versionen der Prozedur `read` wird versucht, einen maximalen Präfix in der in `L` abgespeicherten Zeile zu finden, der als Wert des entsprechenden Datentyps interpretierbar ist, wobei alle vorstehenden Leer-, Tabulator- und CR-Zeichen (CR: carriage return) überlesen werden. Ist ein solcher Präfix nicht zu finden, so schlägt der Aufruf der Prozedur `read` fehl.

Für selbst definierte oder in anderen Packages definierte Datentypen, die im Rahmen von Testbenches benutzt werden, können weitere `read`-Prozeduren bereitgestellt sein. So stellt das Package `std_logic_textio` Versionen der `read`-Prozedur für den in dem vorhin vorgestellten Package `std_logic_1164` definierten Datentyp `std_ulogic` sowie für die zusammengesetzten Datentypen `std_ulogic_vector` und `std_logic_vector` bereit. Diese Prozeduren haben das gleiche Aussehen, wie die in `textio` bereitgestellten:

```
24    procedure read(L:inout line; value:out std_ulogic);
25    procedure read(L:inout line; value:out std_ulogic;
26            good: out boolean);
27    procedure read(L:inout line; value:out std_ulogic_vector);
28    procedure read(L:inout line; value:out std_ulogic_vector;
29            good: out boolean);
      --...
36    procedure read(L:inout line; value:out std_logic_vector);
37    procedure read(L:inout line; value:out std_logic_vector;
38            good: out boolean);
```

Wie bei den obigen Realisierungen der `read`-Prozedur, wird auch hier versucht, einen Präfix in der in `L` abgespeicherten Zeile zu finden, der als Wert des entsprechenden Datentyps interpretierbar ist, wobei alle vorstehenden Leer-, Tabulator- und CR-Zeichen überlesen werden. Zur Verdeutlichung finden Sie in Abbildung 5.9 die Realisierung der `read`-Prozedur angewendet auf Werte aus dem Wertebereich des Datentyps `std_ulogic`.

5.4 Das textio-Package

```
75      type MVL9plus is ('U', 'X', '0', '1', 'Z', 'W', 'L', 'H',
76                        '-', error);
77      type char_indexed_by_MVL9 is array (std_ulogic)
78        of character;
79      type MVL9_indexed_by_char is array (character)
80        of std_ulogic;
81      type MVL9plus_indexed_by_char is array (character)
82        of MVL9plus;
83
84      constant MVL9_to_char: char_indexed_by_MVL9 := "UX01ZWLH-";
85      constant char_to_MVL9: MVL9_indexed_by_char :=
86        ('U' => 'U', 'X' => 'X', '0' => '0', '1' => '1',
87         'Z' => 'Z',
88         'W' => 'W', 'L' => 'L', 'H' => 'H', '-' => '-',
89         others => 'U');
90      constant char_to_MVL9plus: MVL9plus_indexed_by_char :=
91        ('U' => 'U', 'X' => 'X', '0' => '0', '1' => '1',
92         'Z' => 'Z',
93         'W' => 'W', 'L' => 'L', 'H' => 'H', '-' => '-',
94         others => error);
--...
99      procedure read(L:inout line; value:out std_ulogic;
100                    good:out boolean) is
101       variable c: character;
102     begin
103       loop -- skip white space
104         read(l,c);
105         exit when ((c /= ' ') and (c /= CR) and (c /= HT));
106       end loop;
107
108       if (char_to_MVL9plus(c) = error) then
109         value := 'U';
110         good := FALSE;
111       else
112         value := char_to_MVL9(c);
113         good := TRUE;
114       end if;
115     end read;
```

Abbildung 5.9: Realisierung der Prozedur read *für Werte des Datentyps* std_ulogic. *Der Programmcode arbeitet mit Feldern, deren Indexbereiche jeweils die Werte von Aufzählungstypen sind; so ist* char_indexed_by_MVL9 *ein eindimensionales Feld, das mit den Werten des Datentyps* std_ulogic *indiziert wird und deren Komponenten vom Datentyp* character *sind.*

```
58    procedure write(L : inout line; value : in bit;
59                    justified: in side := right;
60                    field: in width := 0);
61
62    procedure write(L : inout line; value : in bit_vector;
63                    justified: in side := right;
64                    field: in width := 0);
65
66    procedure write(L : inout line; value : in boolean;
67                    justified: in side := right;
68                    field: in width := 0);
69
70    procedure write(L : inout line; value : in character;
71                    justified: in side := right;
72                    field: in width := 0);
73
74    procedure write(L : inout line; value : in integer;
75                    justified: in side := right;
76                    field: in width := 0);
77
78    procedure write(L : inout line; value : in real;
79                    justified: in side := right;
80                    field: in width := 0;
81                    digits: in natural := 0);
82
83    procedure write(L : inout line; value : in string;
84                    justified: in side := right;
85                    field: in width := 0);
86
87    procedure write(L : inout line; value : in time;
88                    justified: in side := right;
89                    field: in width := 0;
90                    unit: in time := ns);
```

Abbildung 5.10: *Die zur Verfügung stehenden* write*-Prozeduren.*

Man sieht, dass die in Abbildung 5.9 gezeigte read-Prozedur zuerst alle Leer-, Tabular- und CR-Zeichen überliest. Verlässt die Prozedur die **loop**-Schleife, so ist in c ein Zeichen aus dem Wertebereich des Datentyps character gespeichert, das verschieden von einem der drei gerade genannten ist. Ist das in c gespeicherte Zeichen verschieden von 'U', 'X', '0', '1', 'Z', 'W', 'L', 'H' und '-', so ist der in c abgespeicherte Wert nicht als Wert des Datentyps std_ulogic interpretierbar; das Feld char_to_MVL9plus angewendet auf den in c abgespeicherten Wert gibt den zu dem Aufzählungstyp MVL9plus gehörigen Wert ERROR zurück und die Prozedur schlägt fehl, d. h. der Ausgabeparameter good wird auf FALSE gesetzt. Ist dies nicht der Fall, so wird mit Hilfe des Feldes char_to_MVL9 dem Ausgabeparameter value der korrekte Wert zugewiesen und der Ausgabeparameter good wird auf TRUE gesetzt.

Entsprechend zu den Lese-Prozeduren werden im Package textio (und in anderen Packages wie zum Beispiel in std_logic_1164) Schreib-Prozeduren zur Verfügung gestellt. Neben der Prozedur

5.4 Das `textio`-Package

```
56      procedure writeline(file f : text; L : inout line);
```

welche die in L abgespeicherte Zeichenkette in die Datei f schreibt und den Zeiger auf die Zeile L wieder auf **null** setzt, gibt es für jeden der oben angegebenen Datentypen eine Prozedur zum Schreiben. Es sind dies die in Abbildung 5.10 aufgelisteten Prozeduren. Jede der Prozeduren hat neben den zwei Parametern L und value noch (wenigstens) zwei **in**-Parameter, die helfen sollen, die Ausgabe zu formatieren:

- Der Parameter `field` spezifiziert, wie viele Zeichen für die Darstellung des in dem Eingabeparameter `value` abgespeicherten Wertes benutzt werden.

- Der Parameter `justified` gibt an, ob die Darstellung des in dem Eingabeparameter `value` abgespeicherten Wertes links- oder rechtsbündig in dem für die Darstellung vorgesehenen Teilwort der Länge `field` abgespeichert wird.

Je nach Datentyp über den die Prozedur `write` definiert ist, kann es noch weitere optionale „Formatierungsparameter" geben.

- Beim Datentyp `time` kann zum Beispiel noch angegeben werden, in welcher Einheit der Wert des physikalischen Typs abgespeichert werden soll. Voreingestellt ist der Parameter `unit` auf Nanosekunden.

- Der Formatierungsparameter `digit` bei der `write`-Prozedur für den Datentyp `real` gibt die Anzahl der Stellen hinter dem Komma an, sofern der Wert des Parameters echt größer als 0 ist. Ist der Wert des Parameters `digit` gleich 0, so wird die reelle Zahl in Gleitkommadarstellung geschrieben.

Das Package `std_logic_1164` stellt natürlicherweise nicht nur Leseprozeduren sondern auch Schreibprozeduren zur Verfügung. Es sind dies

```
30      procedure write(L:inout line; value:in std_ulogic;
31        justified:in side := right; field:in width := 0);
32      procedure write(L:inout line; value:in std_ulogic_vector;
33        justified:in side := right; field:in width := 0);
```

und

```
39      procedure write(L:inout line; value:in std_logic_vector;
40        justified:in side := right; field:in width := 0);
```

Die Funktionen `To_string`, `To_ostring` **und** `To_hstring` **(VHDL-2008)** [6]

Ab VHDL-2008 steht dem Entwerfer neben der oben beschriebenen überladenen Funktion `write` zum Schreiben eines Wertes in eine Zeile die überladene Funktion `To_string` zur Verfügung, die angewendet auf einen skalaren Wert oder ein eindimensionales Feld, dessen Elemente Zeichen sind, eine den Wert darstellende Zeichenfolge, d. h. einen Wert über dem Datentyp `string` zurückgibt.

Neben der Funktion `To_string` stehen in VHDL-2008 zudem die Funktionen `To_ostring` und `To_hstring` zur Verfügung, die ein Feld des Datentyps `bit_vector`, `std_ulogic_vector`, `std_logic_vector`, `unsigned` oder `signed` in oktaler bzw. hexadezimaler Schreibweise als `string`-Zeichenfolge zurückgibt.

5.5 Das `numeric_std`-Package

Das Package `numeric_std` definiert numerische Datentypen, die auch für die Synthese benutzt werden können. Die Bibliothek definiert insbesondere die Datentypen `signed` und `unsigned`, die als unbeschränkte Felder über `std_logic` definiert sind und ganze Zahlen im Zweierkomplement bzw. nichtnegative Zahlen als Betrag, d. h. ohne Vorzeichen, darstellen. Die beiden Datentypen sind zusammen mit dazugehörigen arithmetischen Infix-Operatoren, wie zum Beispiel "+", "-", "*", und `abs`, Vergleichsoperatoren, wie beispielsweise "<", "<=", ">", ">=", "=" und "/=" und Konvertierungsfunktionen vordefiniert. Die überladene Funktion `To_integer` wandelt einen `signed`- oder einen `unsigned`-Wert in einen Integerwert um, die überladenen Funktionen `To_signed` und `To_unsigned` (beispielsweise) einen Integerwert in ein `signed`- bzw. `unsigned`-Wert.

Die in `numeric_std` vordefinierten Datentypen, Prozeduren und Funktionen sind ab VHDL-2008 in der offiziellen Sprachdefinition von VHDL enthalten.

5.6 Generische Packages

Ab VHDL-2008 (vgl. [6]) ist es möglich, *generische* Packages zu schreiben, d. h. Packages, die jeweils über einer Menge von generischen Parametern definiert sind.

```
3   package generic_fifo is
4     generic (size: positive; type my_type);
5
6     type my_type_vector is array (0 to size-1) of my_type;
7     type fifo is record
8       first, last: integer range 0 to size-1;
9       fifo_array: my_type_vector;
10    end record fifo;
11
12    procedure reset (buffer: inout fifo);
13    procedure put (buffer: inout fifo;
14      element: in my_type;
15      overflow: out boolean);
16    procedure get (buffer: inout fifo;
17      element: out my_type;
18      successful: out boolean);
19
20  end package generic_fifo;
```

Abbildung 5.11: *Generisches Package (vgl. [6]).*

Bevor ein solches Package in einem Entwurf benutzt werden kann, muss das Package instanziiert werden, indem die generischen Parameter durch konkrete Werte belegt werden.

Beispielsweise definiert der in Abbildung 5.11 gezeigte Quelltext ein Package, in dem ein generischer FIFO-Speicher zur Verfügung gestellt wird. Die Größe des Speichers und der

5.6 Generische Packages

Datentyp der abzuspeichernden Elemente sind durch die generischen Parameter `size` und `my_type` gegeben. Ein Package in dieser Form wird *nichtinstanziiertes* Package genannt. Um das Package innerhalb eines Entwurfes verwenden zu können, müssen wir es durch die Zuweisung konkreter Werte an die generischen Parameter instanziieren, wobei Mehrfachinstanziierungen möglich sind:

```
125 package integer_fifo is new work.generic_fifo
126    generic map (size => 1024, my_type => integer);
```

Durch die Instanziierung erhalten wir ein *instanziiertes* Package, auf das wir zugreifen können, wie wir dies bei nichtgenerischen Packages kennengelernt haben:

```
476 use work.integer_fifo.all;
```

Teil III

Beispielschaltungen

Einleitung zu Teil 3 – Beispielschaltungen

In diesem Teil des Buches wollen wir uns einige VHDL-Entwürfe anschauen, um zum einen den Entwurf komplexer Schaltungen zu üben und zum anderen die Mächtigkeit von VHDL in Bezug auf Modellierung weiter aufzuzeigen. Hierbei wollen wir nicht nur einzelne Schaltungen sondern, im Falle der Addierer, auch ganze Familien von Schaltungen mit *einer* VHDL-Beschreibung modellieren, nämlich die Familie der seriellen Addierer und die Familie der schnellen, auf den Arbeiten [36] und [11] basierenden *carry-lookahead*-Addierern.

Ziel dieses Kapitels ist sicherlich nicht, „optimale" Schaltungen zu modellieren, vielmehr wollen wir anhand von diesen schon recht komplexen Schaltungen die Möglichkeiten von VHDL darlegen. So können beispielsweise serielle Addierer sicherlich effizienter realisiert werden als in diesem Abschnitt beschrieben. Wir haben zu Gunsten der Lesbarkeit des Buches jedoch darauf verzichtet.

In den folgenden Kapiteln begegnen wir einigen VHDL-Konstrukten zur Modellierung parametrisierter Schaltungen. Es sind dies

- **generic**-Parameter, über die zum Beispiel die Bitbreite eines Bausteins gesteuert werden kann und die somit im Rahmen rekursiver Beschreibungen von Schaltungen eine ausgezeichnete Rolle spielen;

- der **generate**-Operator, der iterative sowie bedingte Instanziierungen von Komponenten in **for**-Schleifen erlaubt. Hiermit wird ermöglicht, dass, zum Beispiel in Abhängigkeit eines **generic**-Parameters, eine variable Anzahl von Instanzen einer Komponente innerhalb einer strukturellen Beschreibung eines Entities verwendet werden kann.

Zudem arbeiten wir im Kapitel 6 bei der Beschreibung von Addierern mit einem speziell dafür entworfenen Package, welches uns eine elegante Beschreibung dieser Familie von Schaltungen ermöglicht.

6 Addierer und Subtrahierer

Lassen Sie uns in diesem Kapitel gemeinsam eine Schaltung entwerfen, die zwei Festkommazahlen in Zweierkomplement-Darstellung sowohl addieren als auch subtrahieren kann. Hierbei wollen wir uns nicht auf eine bestimmte Bitbreite festlegen, vielmehr wollen wir uns überlegen, wie eine solche Schaltung für eine beliebige Bitbreite n aussieht. Um die Ausführungen übersichtlich gestalten zu können, wollen wir die Einschränkung treffen, dass die Bitbreite n eine Zweierpotenz ist.

> **Exkurs: Zweierkomplement**
>
> Damit Zahlen im Rechner gespeichert und bearbeitet werden können, müssen sie durch Folgen über der Menge $\{0,1\}$ dargestellt werden. Man spricht in diesem Zusammenhang von *Zahlendarstellungen*. Formal versteht man unter einer (n,k)-*Bit Zahlendarstellung*[1] eine Abbildung
>
> $$\psi : \{0,1\}^{n+k} \to \mathbb{R},$$
>
> die jeder binären Folge der Länge $n+k$ eine reelle Zahl zuordnet. Die Zahl k gibt die Anzahl der Stellen hinter dem Komma an, die Zahl n bestimmt die Anzahl der Stellen vor dem Komma.
>
> Die (n,k)-*Bit Zweierkomplement-Darstellung* ist die in der Praxis üblicherweise benutzte Zahlendarstellung. Sie ist definiert durch
>
> $$\forall \alpha = (\alpha_{n-1}, \alpha_n, \ldots, \alpha_0, \alpha_{-1} \ldots \alpha_{-k}) \in \{0,1\}^{n+k} :$$
>
> $$\psi(\alpha) = \sum_{i=-k}^{n-2} \alpha_i \cdot 2^i - \alpha_{n-1} \cdot 2^{n-1}.$$
>
> Im Folgenden wollen wir der Übersichtlichkeit halber ohne Beschränkung der Allgemeinheit nur Festkommazahlen ohne Nachkommastellen betrachten. Wir sprechen in diesem Zusammenhang vereinfachend von der n-*Bit Zweierkomplement-Darstellung*. Bit α_{n-1} ist das *Vorzeichenbit*. Man überlegt sich wegen $\sum_{i=0}^{n-2} 2^i = 2^{n-1} - 1$ leicht, dass $\psi(\alpha)$ genau dann negativ ist, wenn $\alpha_{n-1} = 1$ gilt.

Die Addition ist in der Zweierkomplement-Darstellung einfach zu realisieren. Sind zwei Darstellungen $\alpha, \beta \in \{0,1\}^n$ gegeben, so haben wir in einem ersten Schritt die *formale Summe* $\sigma = (\sigma_n, \ldots, \sigma_0) \in \{0,1\}^{n+1}$ von α und β zu berechnen, die durch

$$\forall i \in \{0, \ldots, n-1\} : \sigma_i = \alpha_i \oplus \beta_i \oplus \gamma_{i-1} \text{ und } \sigma_n = \alpha_{n-1} \oplus \beta_{n-1} \oplus \gamma_{n-1}$$

---

[1] Wir beschränken uns in diesem Buch auf Festkommazahlendarstellungen.

mit

$$\gamma_{-1} = 0 \text{ und } \forall i \in \{0, \ldots, n-1\}: \gamma_i = (\alpha_i \wedge \beta_i) \vee ((\alpha_i \oplus \beta_i) \wedge \gamma_{i-1})$$

definiert ist. Die Symbole $\wedge$, $\vee$ und $\oplus$ bezeichnen die logischen Operatoren UND, ODER und EXKLUSIV-ODER. Den Wert γ_i ($i \in \{0, \ldots, n-1\}$) bezeichnet man als das *an der Stelle i entstandene Übertragsbit* oder das *von der Stelle i ausgehende Übertragsbit*.

Die n niederwertigen Bits $\sigma_{n-1}, \ldots, \sigma_0$ der formalen Summe stellen genau dann die Addition der durch α und β dargestellten Zahlen dar, d. h.,

$$\psi(\sigma_{n-1}, \ldots, \sigma_0) = \psi(\alpha_{n-1}, \ldots, \alpha_0) + \psi(\beta_{n-1}, \ldots, \beta_0),$$

wenn $\sigma_n = \sigma_{n-1}$ gilt. Dies ist genau dann der Fall, wenn die Addition der durch α und β dargestellten Zahlen mit n Bits durch die Zweierkomplement-Darstellung darstellbar ist, also wenn

$$-2^{n-1} \leq \psi(\alpha_{n-1}, \ldots, \alpha_0) + \psi(\beta_{n-1}, \ldots, \beta_0) \leq 2^{n-1} - 1$$

gilt. Der hier gewählte Ansatz zur Überprüfung eines Überlaufs ist in der Literatur unter dem Stichwort *Vorzeichenverdopplung* bekannt.

Exkurs: Vorzeichenverdopplung

Die Idee der Vorzeichenverdopplung beruht auf dem Fakt, dass die Breite der n-Bit-Zweierkomplement-Darstellung einer ganzen Zahl a durch Verdopplung des Vorzeichens vergrößert werden kann. Die so entstehende $(n+1)$-Bit-Zweierkomplement-Darstellung beschreibt weiterhin die Zahl a. Der Beweis hierzu ist recht einfach. Wegen

$$\alpha_{n-1} \cdot 2^n - \alpha_{n-1} \cdot 2^{n-1} = \alpha_{n-1} 2^{n-1}$$

gilt:

$$\psi(\alpha_{n-1}, \alpha_{n-2}, \ldots, \alpha_0) = \sum_{i=0}^{n-2} \alpha_i \cdot 2^i - \alpha_{n-1} \cdot 2^{n-1}$$

$$= \sum_{i=0}^{n-1} \alpha_i \cdot 2^i - \alpha_{n-1} \cdot 2^n$$

$$= \psi(\alpha_{n-1}, \alpha_{n-1}, \alpha_{n-2}, \ldots, \alpha_0).$$

Das Ergebnis der Addition zweier Operanden in n-Bit-Zweierkomplement-Darstellung ist im $(n+1)$-Bit-Zweierkomplement immer darstellbar. Eine Darstellung in der ursprünglichen Bitbreite n ist aber nur dann möglich, wenn die beiden vorderen Bitstellen in der $(n+1)$-Bit-Zweierkomplement-Darstellung des Ergebnisses gleich sind.

6 Addierer und Subtrahierer

Die Subtraktion zweier Festkommazahlen ist bei Verwendung der Zweierkomplement-Darstellung ebenfalls sehr leicht realisierbar, da sie wegen

$$
\begin{aligned}
-\psi(\beta_{n-1},\ldots,\beta_0) &= -(\sum_{i=0}^{n-2}\beta_i\cdot 2^i - \beta_{n-1}\cdot 2^{n-1}) \\
&= 2^{n-1} - 2^{n-1} - (\sum_{i=0}^{n-2}\beta_i\cdot 2^i - \beta_{n-1}\cdot 2^{n-1}) \\
&= (2^{n-1} - 1) + 1 - 2^{n-1} - \sum_{i=0}^{n-2}\beta_i\cdot 2^i + \beta_{n-1}\cdot 2^{n-1} \\
&= \sum_{i=0}^{n-2} 2^i + 1 - 2^{n-1} - \sum_{i=0}^{n-2}\beta_i\cdot 2^i + \beta_{n-1}\cdot 2^{n-1} \\
&= (\sum_{i=0}^{n-2} 2^i - \sum_{i=0}^{n-2}\beta_i\cdot 2^i) - (2^{n-1} - \beta_{n-1}\cdot 2^{n-1}) + 1 \\
&= \sum_{i=0}^{n-2}(1-\beta_i)\cdot 2^i - (1-\beta_{n-1})\cdot 2^{n-1} + 1 \\
&= (\sum_{i=0}^{n-2}\overline{\beta}_i\cdot 2^i - \overline{\beta}_{n-1}\cdot 2^{n-1}) + 1 \\
&= \psi(\overline{\beta}_{n-1},\ldots,\overline{\beta}_0) + 1
\end{aligned}
$$

effizient auf die Addition zurückführbar ist. Eine kombinierte Addierer-Subtrahierer-Schaltung kann man demnach so erhalten, dass man neben den beiden eigentlichen Operanden α und β der Addition beziehungsweise der Subtraktion ein Signal *op* vom Datentyp std_logic einführt, das den Wert '0' trägt, wenn die Addition $\psi(\alpha) + \psi(\beta)$ auszuführen ist, und den Wert '1' trägt, wenn die Subtraktion $\psi(\alpha) - \psi(\beta)$ zu berechnen ist. Die Schaltung hat dann den wie folgt definierten Vektor $\sigma \in \{0,1\}^{n+1}$ zu berechnen:

$$\forall i \in \{0,\ldots,n\}: \sigma_i = \begin{cases} \alpha_i \oplus \beta_i \oplus \gamma_{i-1}, & \text{falls op='0'} \\ \alpha_i \oplus \overline{\beta}_i \oplus \gamma_{i-1}, & \text{falls op='1'} \end{cases}$$

mit $\alpha_n := \alpha_{n-1}$ und $\beta_n := \beta_{n-1}$ sowie

$$\forall i \in \{0,\ldots,n-1\}: \gamma_i = \begin{cases} (\alpha_i \wedge \beta_i) \vee ((\alpha_i \oplus \beta_i) \wedge \gamma_{i-1}), \\ \qquad \text{falls } i \geq 0 \text{ und op='0'} \\ (\alpha_i \wedge \overline{\beta}_i) \vee ((\alpha_i \oplus \overline{\beta}_i) \wedge \gamma_{i-1}), \\ \qquad \text{falls } i \geq 0 \text{ und op='1'} \end{cases}$$

und $\gamma_{-1} = \text{op}$.

Die Ein-/Ausgabeschnittstelle einer kombinierten Addierer-Subtrahierer-Schaltung kann demnach beschrieben werden durch

```
 3  entity add_sub is
 4    generic (n: positive);
 5    port
 6      (a, b: in std_logic_vector (n-1 downto 0);
 7       op : in std_logic;
 8       s : out std_logic_vector (n-1 downto 0);
 9       ov : out std_logic);
10  end add_sub;
```

Die Bitbreite der beiden Eingabesignale a und b und des Ausgabesignals s wird durch den **generic**-Parameter n gesteuert. Neben dem Steuersignal op, das ein Eingabesignal der Schaltung darstellt und angibt, ob eine Addition oder eine Subtraktion ausgeführt werden soll, enthält das Entity add_sub noch ein Ausgabesignal ov, welches angibt, ob das Ergebnis der Operation mit Bitbreite n darstellbar ist, d. h. ob ein Überlauf (engl.: *overflow*) vorliegt oder nicht.

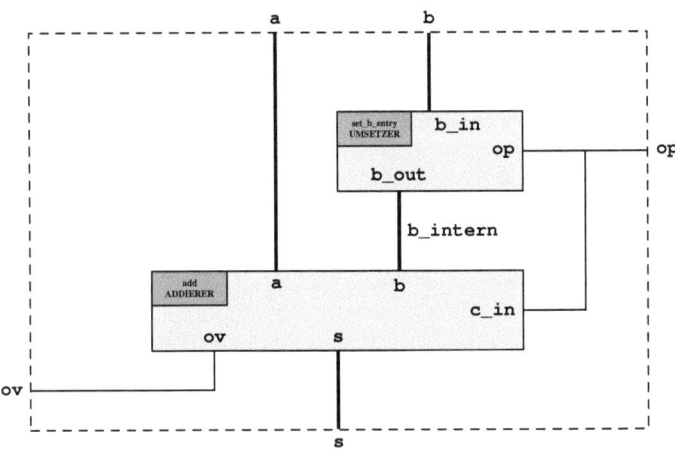

Abbildung 6.1: *Skizze des strukturellen Aufbaus des Bausteins* add_sub. *Fett gezeichnete Leitungen stellen n-Bit-breite Signale dar.*

Wir können den Baustein add_sub realisieren, indem wir einen Addierer und einen Baustein, der den zweiten Operanden des Addierers sozusagen in einem Vorverarbeitungsschritt in Abhängigkeit von der Belegung des Signals op bereitstellt. (vgl. Abbildung 6.1). Diese Bausteine haben die Schnittstellen

```
 5  entity add is
 6    generic (n: positive);
 7    port
 8      (a, b: in std_logic_vector (n-1 downto 0);
 9       c_in : in std_logic;
10       s : out std_logic_vector (n-1 downto 0);
11       ov : out std_logic);
12  end add;
```

```vhdl
 4  entity set_b_entry is
 5    generic (n: positive);
 6    port
 7      (b_in : in std_logic_vector (n-1 downto 0);
 8       op : in std_logic;
 9       b_out : out std_logic_vector (n-1 downto 0));
10  end set_b_entry;
```

Wie wir oben ausgeführt haben, wird der an der nullten Stelle eingehende Übertrag des Addierers an das Eingabesignal c_in angelegt. Wird an c_in der Wert '0' angelegt, so soll eine Addition ausgeführt werden, beim Wert '1' eine Subtraktion.

Die Funktionalität des Bausteins set_b_entry kann unter Verwendung der komponentenweise Komplementbildung, die im Package std_logic_1164 (siehe Kapitel 5) mit dem (überladenen) Operator not zur Verfügung steht, sehr elegant funktional beschrieben werden:

```vhdl
11  architecture behavior of set_b_entry is
12  begin
13    process (b_in, op)
14    begin
15      if (op='0') then
16        b_out <= b_in;
17      else
18        b_out <= not b_in;
19      end if;
20    end process;
21  end behavior;
```

Die entsprechende strukturelle Beschreibung des Bausteins add_sub ist in Abbildung 6.1 zu sehen; der VHDL-Code dazu sehen Sie in Abbildung 6.2.

Damit können wir uns im Folgenden bei unseren Überlegungen auf die Addition zweier Zahlen in Zweierkomplement-Darstellung beschränken, d. h. auf die Berechnung der formalen Summe der beiden Operanden. Die Überprüfung, ob ein Überlauf bei der Addition auftritt, kann sehr einfach funktional über einen Prozess beschrieben werden. Abbildung 6.3 zeigt eine mögliche funktionale Realisierung einer solchen Überprüfung.

6.1 Absorbierende, propagierende und generierende Blöcke

Bevor wir auf mögliche Architekturen für den Baustein add zu sprechen kommen, wollen wir zuerst einige grundlegenden Eigenschaften von Addierern diskutieren.

Als Erstes ist zu bemerken, dass die Berechnung der n Übertragsbits $\gamma_{n-1}, \ldots, \gamma_0$ bei der Addition im Vordergrund steht. Sie bestimmt zu großen Teilen sowohl die Laufzeit als auch den Platzbedarf des Addierers. Ist für jede Stelle $i \in \{0, \ldots, n-1\}$ der an dieser Stelle entstehende Übertrag γ_i berechnet, so kann die Addition in konstanter Zeit abgeschlossen werden, indem parallel für jede Stelle i der Wert σ_i durch $(\alpha_i \oplus \beta_i) \oplus \gamma_{i-1}$ berechnet wird. Der Teilausdruck $(\alpha_i \oplus \beta_i)$ kann zudem schon vorberechnet sein – dies könnte zum Beispiel parallel zur Berechnung der Übertragsbits erfolgen.

```vhdl
11  architecture structure of add_sub is
12   component add
13    generic (n: positive);
14    port
15       (a, b : in std_logic_vector (n-1 downto 0);
16        c_in : in std_logic;
17        s : out std_logic_vector (n-1 downto 0);
18        ov : out std_logic);
19   end component;
20   component set_b_entry
21    generic (n: positive);
22    port
23       (b_in : in std_logic_vector (n-1 downto 0);
24        op : in std_logic;
25        b_out : out std_logic_vector (n-1 downto 0));
26   end component;
27   signal b_intern : std_logic_vector (n-1 downto 0);
28  begin
29   -- Instanziierung der Komponente set_b_entry
30   UMSETZER: set_b_entry
31     generic map (n)
32     port map (b_in=>b, op=>op, b_out=>b_intern);
33   -- Instanziierung der Komponente add
34   ADDER: add
35     generic map (n)
36     port map (a=>a, b=>b_intern, c_in=>op, s=>s, ov=>ov);
37  end structure;
```

Abbildung 6.2: Strukturelle Beschreibung des Bausteins `add_sub`

```vhdl
3   entity overflow_computation is
4    port (sigma_n, sign_of_formal_sum: in std_logic;
5          ov : out std_logic);
6   end overflow_computation;
7
8   architecture behavior of overflow_computation is
9   begin
10    ov <= sigma_n xor sign_of_formal_sum;
11  end behavior;
```

Abbildung 6.3: Funktionale Beschreibung des Tests auf Überlauf

6.1 Absorbierende, propagierende und generierende Blöcke

Um besser verstehen zu können, was während der Berechnung der Übertragsbits wirklich passiert, betrachten wir im Folgenden, wie in Abbildung 6.4 angedeutet, Teilausschnitte aus der eigentlichen Additionsaufgabe. Der Ausdruck $[\alpha,\beta]_{s,t}$ mit $s \geq t$ bezeichne den *Block von Stelle s bis Stelle t* der beiden Operanden α und β.

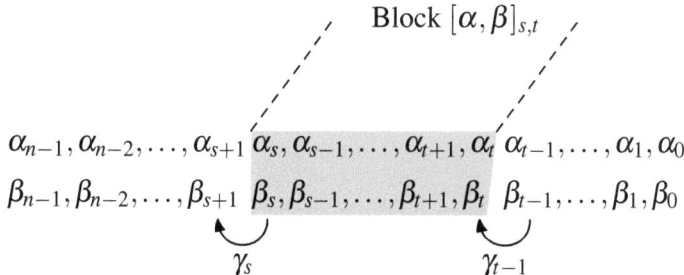

Abbildung 6.4: *Teilausschnitt $[\alpha,\beta]_{s,t}$ der eigentlichen Additionsaufgabe.*

In Bezug auf die Übertragsberechnung ist jeder Block $[\alpha,\beta]_{s,t}$ entweder

- *absorbierend*, d. h. das an der Stelle s entstehende Übertragsbit γ_s ist 0 unabhängig von dem an der Stelle t eingehenden Übertragsbit γ_{t-1}, oder

- *propagierend*, d. h. das an der Stelle s entstehende Übertragsbit γ_s entspricht in jedem Fall dem an der Stelle t eingehenden Übertragsbit γ_{t-1}.

- *generierend*, d. h. das an der Stelle s entstehende Übertragsbit γ_s ist 1 unabhängig von dem an der Stelle t eingehenden Übertragsbit γ_{t-1},

Jedem Block $[\alpha,\beta]_{s,t}$ kann somit ein Attribut zugeordnet werden, das wir mit flag$([\alpha,\beta]_{s,t})$ bezeichnen wollen und Werte aus der Menge $\{a,p,g\}$ annehmen kann – a, p und g stehen hier abkürzend für „absorbierend", „propagierend" und „generierend".

Kennt man nun das Attribut flag$([\alpha,\beta]_{i,0})$ des Blocks $[\alpha,\beta]_{i,0}$ für ein Index $i \in \{0,\ldots,n-1\}$, so ist leicht, den an der Stelle i entstehenden Übertrag γ_i zu berechnen. Es gilt genau dann $\gamma_i = 1$, wenn entweder $[\alpha,\beta]_{i,0}$ generierend ist oder $[\alpha,\beta]_{i,0}$ propagierend ist und $\gamma_{-1} = 1$ gilt, oder formaler ausgedrückt:

$$\gamma_i = 1 \iff \text{flag}([\alpha,\beta]_{i,0}) = g \text{ oder } (\text{flag}([\alpha,\beta]_{i,0}) = p \text{ und } \gamma_{-1} = 1).$$

Die Berechnung dieser so genannten APG-Eigenschaft flag$([\alpha,\beta]_{s,t})$ eines Blocks $[\alpha,\beta]_{s,t}$ ist relativ einfach, da man die APG-Eigenschaft eines Blocks leicht aus den APG-Eigenschaften seiner Teilblöcke berechnen kann. Für jedes $s-1 \geq j \geq t$ gilt, dass

- Block $[\alpha,\beta]_{s,t}$ genau dann absorbierend ist, wenn entweder Block $[\alpha,\beta]_{s,j+1}$ absorbierend ist oder der Block $[\alpha,\beta]_{s,j+1}$ propagierend und der Block $[\alpha,\beta]_{j,t}$ absorbierend ist.

- Block $[\alpha,\beta]_{s,t}$ genau dann propagierend ist, wenn sowohl der Block $[\alpha,\beta]_{s,j+1}$ als auch der Block $[\alpha,\beta]_{j,t}$ propagierend ist;

- Block $[\alpha,\beta]_{s,t}$ genau dann generierend ist, wenn entweder Block $[\alpha,\beta]_{s,j+1}$ generierend ist oder der Block $[\alpha,\beta]_{s,j+1}$ propagierend und der Block $[\alpha,\beta]_{j,t}$ generierend ist;

Diesen Beobachtungen folgend können die APG-Eigenschaften zweier benachbarter Blöcke mittels einer Operation – wir wollen sie mit + bezeichnen – miteinander verknüpft werden. Man erhält die Verknüpfungstafel

+	a	p	g
a	a	a	a
p	a	p	g
g	g	g	g

Die Zeilen stehen für die APG-Eigenschaft des höherwertigen Blocks, die Spalten für die APG-Eigenschaft des niederwertigen Blocks der Operation. Es ist leicht nachzuprüfen, dass die Operation + assoziativ ist.

Zudem sind die APG-Eigenschaften flag$([\alpha,\beta]_{j,j})$ der Blöcke $[\alpha,\beta]_{j,j}$ der Breite 1 direkt aus den Werten α_j und β_j ablesbar. Es gilt

$$\forall j \in \{0,\ldots,n-1\}: \text{flag}([\alpha,\beta]_{j,j}) = \begin{cases} a, & \text{falls } \alpha_j = 0 \text{ und } \beta_j = 0 \\ p, & \text{falls } \alpha_j \neq \beta_j. \\ g, & \text{falls } \alpha_j = 1 \text{ und } \beta_j = 1 \end{cases}$$

6.2 Das APG-Package

Um die gerade durchgeführten Überlegungen im Rahmen einer VHDL-Beschreibung bequem ausnutzen zu können, wollen wir einen entsprechenden Datentyp mit zugehörigen Zugriffsfunktionen innerhalb eines Packages definieren.

Wie wir in Kapitel 5 gesehen haben, enthält ein Package die in einem Entwurfsprojekt gemeinsam benutzten Deklarationen und Funktionen. Es besteht aus einer Deklaration und einem Rumpf, in dem die Realisierung der deklarierten Funktionen und Prozeduren angegeben wird.

6.2.1 Die Deklaration

Eine im Rahmen des Entwurfs von Addierern sinnvolle Package-Deklaration könnte nach den Vorüberlegungen des letzten Abschnittes wie folgt aussehen:

```
3   package apg_arithmetic is
4     type apgType is ( a , p , g );
5     type apg_vector is array ( natural range <> ) of apgType;
6     constant ABSORBING : apgType := a;
7     constant PROPAGATING: apgType := p;
8     constant GENERATING : apgType := g;
9     function "+" (left_flag, right_flag: in apgType)
10      return apgType;
11    function stdlogic2apg (op1, op2: in std_logic)
12      return apgType;
13    function stdlogic2apg (op1, op2: in std_logic_vector)
14      return apg_vector;
15  end package apg_arithmetic;
```

6.2 Das APG-Package

Im Package wird ein neuer Datentyp `apgType` deklariert, der ein Aufzählungstyp ist und gerade die Werte a, p und g enthält. Auf diesem Datentyp ist ein Operator "+" definiert. Die Gänsefüßchen, die in der Deklaration das Operatorsymbol + einschließen, besagen, dass der Operator als infix-Operator verwendet wird.

Die Funktion `stdlogic2apg` soll für Blöcke der Breite 1 die jeweils zugehörige APG-Eigenschaft berechnen. Wir haben diese Funktion überladen, sodass die Funktion sowohl mit Einzelwerten als auch mit Vektoren – dann komponentenweise – arbeiten kann.

> Wir wollen es vorerst bei dieser recht abstrakten Betrachtungsweise belassen und im nächsten Abschnitt (Abschnitt 6.2.2) eine dieser Abstraktionsebene entsprechende Implementierung angeben. Der im Folgenden von uns entworfene Addierer wird das so spezifizierte und implementierte Package benutzen.
>
> Nachdem der auf dieser Abstraktionsebene entworfene Addierer dann durch Simulation erfolgreich simuliert worden ist, kann der Entwerfer allein durch Ändern der Package-Deklaration die Werte a, p und g im Sinne einer Synthese verfeinern, indem er den Typ `apgType` zum Beispiel als eindimensionales Array der Länge 2 über dem Datentyp bit definiert, die Werte also binär codiert und die Konstanten – wenn möglich gemäß eines Optimierungskriteriums – neu belegt. Ein solcher „verfeinerter" VHDL-Quelltext ist in Abbildung 6.5 zu sehen.
>
> In diesem Zusammenhang ist es wichtig darauf zu achten, dass außerhalb der Package-Deklaration nicht direkt mit den Werten a, p und g gearbeitet wird, sondern diese Werte immer nur über die Konstanten ABSORBING, GENERATING und PROPAGATING angesprochen werden.

```vhdl
 4  package apg_arithmetic is
 5    type apgType is array (bit) of bit;
 6    type apg_vector is array ( natural range <> ) of apgType;
 7    constant ABSORBING : apgType := "00";
 8    constant GENERATING : apgType := "10";
 9    constant PROPAGATING: apgType := "01";
10    function "+" (apg1, apg2: in apgType)
11      return apgType;
12    function stdlogic2apg (op1, op2: in std_logic)
13      return apgType;
14    function stdlogic2apg (op1, op2: in std_logic_vector)
15      return apg_vector;
16  end package apg_arithmetic;
```

Abbildung 6.5: Eine auf der Bit-Ebene basierende Package-Deklaration.

6.2.2 Die Implementierung

Die im Package deklarierten Funktionen stdlogic2apg und "+" sind nach unseren Vorüberlegungen recht einfach zu implementieren. Lassen Sie uns mit der Realisierung der infix-Funktion "+" beginnen. Betrachtet man sich die Operation + ein wenig genauer, so sieht man, dass die Operation linksstabil in den Werten a und g ist, d. h. es gilt

$$\forall \theta \in \{a,g,p\} : a+\theta = a \text{ und } g+\theta = g.$$

Der Wert p hingegen ist ein neutrales Element, d. h. es gilt

$$\forall \theta \in \{a,g,p\} : p+\theta = p = \theta + p.$$

Die Funktion "+" kann demnach durch die funktionale Beschreibung

```
18    function "+" (left_flag, right_flag: in apgType)
19    return apgType is
20      variable result: apgType;
21    begin
22      result:=left_flag;
23      if (left_flag=PROPAGATING) then
24        result:=right_flag;
25      end if;
26      return result;
27    end;
```

definiert werden. Eingabeparameter sind die APG-Eigenschaften des linken und rechten Blocks, die wir mit left_flag und right_flag bezeichnen. Die Funktion gibt als Ergebnis wieder einen Wert vom Datentyp apgType aus, das die APG-Eigenschaft des zusammengesetzten Blocks darstellt. Da in der Realisierung der Funktion nie explizit auf Werte des Datentyps apgType zugegriffen wird, sondern nur über die in der Package-Deklaration speziell eingeführten Konstanten, braucht der VHDL-Quelltext der Funktion "+" nicht verändert zu werden, will man den Datentyp apgType als solcher, wie oben angedeutet, verändern.

Analog verfahren wir bei der Realisierung der überladenen Funktion stdlogic2apg:

```
28    function stdlogic2apg (op1, op2: in std_logic)
29    return apgType is
30      variable result: apgType;
31    begin
32      if (op1 xor op2)='1' then
33        result:= PROPAGATING;
34      elsif (op1 and op2)='1' then
35        result:= GENERATING;
36      else
37        result:= ABSORBING;
38      end if;
39      return result;
40    end;
```

```
41      function stdlogic2apg (op1, op2: in std_logic_vector)
42      return apg_vector is
43        variable result: apg_vector(op1'length-1 downto 0);
44      begin
45        for i in op1'range loop
46          result(i):=stdlogic2apg(op1(i),op2(i));
47        end loop;
48        return result;
49      end;
```

In der auf Vektoren arbeitenden Version der Funktion sieht man, dass man – obwohl die Länge der Vektoren unbekannt ist – auf alle Komponenten der Vektoren zugreifen kann. Dies erfolgt über das in VHDL bei Feldern zur Verfügung stehende Attribut range, das den Indexbereich eines Feldes zurückgibt.

Damit haben wir unser Rüstzeug zusammen, um Addierer, speziell die während einer Addition auszuführende Übertragsberechnung, elegant zu beschreiben. In Abbildung 6.6 ist nochmals der vollständige Code des Packages zu sehen.

6.3 Allgemeiner Aufbau eines Addierers

Ein Addierer kann nun prinzipiell wie in Abbildung 6.7 skizziert aufgebaut werden. Der entsprechende VHDL-Quellcode ist in Abbildung 6.8 zu sehen.

Der Aufbau enthält fünf Bausteine:

- In einem ersten Schritt werden zu den beiden Operanden $\alpha, \beta \in \{0,1\}^n$, die die Belegung der Signale a und b darstellen, für alle $j = 0, \ldots, n-1$ die APG-Eigenschaften flag$([\alpha, \beta]_{j,j})$ der Blöcke der Breite 1 berechnet. Diese Berechnung erfolgt in dem oberen Baustein stdlogic2apg_baustein, dessen Funktionalität recht einfach mittels der im Package apg_arithmetic definierten Funktion stdlogic2apg beschrieben werden kann.

  Eine beispielhafte VHDL-Beschreibung des Bausteins sieht wie folgt aus:

```
1   library ieee;
2   library work;
3   use ieee.std_logic_1164.all;
4   use work.apg_arithmetic.all;
5
6   entity stdlogic2apg_baustein is
7     generic (n: positive);
8     port (a, b: in std_logic_vector (n-1 downto 0);
9           simple_flag: out apg_vector (n-1 downto 0));
10  end stdlogic2apg_baustein;
11
12  architecture verhalten of stdlogic2apg_baustein is
13  begin
14    simple_flag <= stdlogic2apg(a,b);
15  end verhalten;
```

```vhdl
 3  package apg_arithmetic is
 4    type apgType is ( a , p , g );
 5    type apg_vector is array ( natural range <> ) of apgType;
 6    constant ABSORBING  : apgType := a;
 7    constant PROPAGATING: apgType := p;
 8    constant GENERATING : apgType := g;
 9    function "+" (left_flag, right_flag: in apgType)
10      return apgType;
11    function stdlogic2apg (op1, op2: in std_logic)
12      return apgType;
13    function stdlogic2apg (op1, op2: in std_logic_vector)
14      return apg_vector;
15  end package apg_arithmetic;
16  package body apg_arithmetic is
17    function "+" (left_flag, right_flag: in apgType)
18    return apgType is
19      variable result: apgType;
20    begin
21      result:=left_flag;
22      if (left_flag=PROPAGATING) then
23        result:=right_flag;
24      end if;
25      return result;
26    end;
27    function stdlogic2apg (op1, op2: in std_logic)
28    return apgType is
29      variable result: apgType;
30    begin
31      if (op1 xor op2)='1' then
32        result:= PROPAGATING;
33      elsif (op1 and op2)='1' then
34        result:= GENERATING;
35      else
36        result:= ABSORBING;
37      end if;
38      return result;
39    end;
40    function stdlogic2apg (op1, op2: in std_logic_vector)
41    return apg_vector is
42      variable result: apg_vector(op1'length-1 downto 0);
43    begin
44      for i in op1'range loop
45        result(i):=stdlogic2apg(op1(i),op2(i));
46      end loop;
47      return result;
48    end;
49  end apg_arithmetic;
```

Abbildung 6.6: *Der Quellcode der Implementierung des* APG*-Packages.*

6.3 Allgemeiner Aufbau eines Addierers

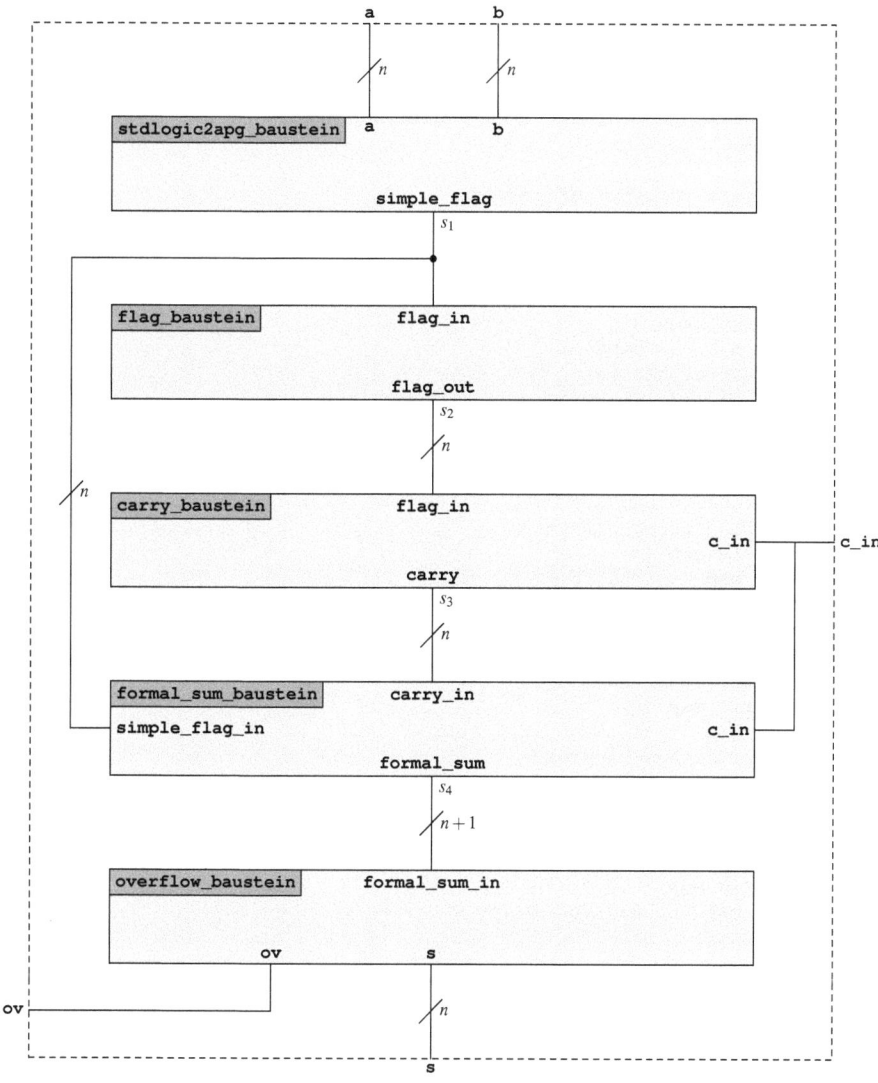

Abbildung 6.7: *Prinzipieller Aufbau eines Addierers unter Verwendung des APG-Ansatzes.*

```vhdl
5   entity add is
6   generic (n: positive:=8);
7   port (a, b : in std_logic_vector (n-1 downto 0);
8      c_in : in std_logic;
9      s : out std_logic_vector (n-1 downto 0);
10     ov : out std_logic);
11  end add;
12  architecture struktur of add is
    -- ...
    -- hier werden die fünf Komponenten deklariert
    -- a) stdlogic2apg_baustein
    -- b) flag_baustein
    -- c) carry_baustein
    -- d) formal_sum_baustein
    -- e) overflow_baustein
43    signal s1, s2: apg_vector (n-1 downto 0);
44    signal s3: std_logic_vector (n-1 downto 0);
45    signal s4: std_logic_vector (n downto 0);
46  begin
47    -- Instanziierung der Komponenten und Verdrahtung
48    SB: stdlogic2apg_baustein
49      generic map (n)
50      port map (a => a, b => b, simple_flag => s1);
51    FB: flag_baustein
52      generic map (n)
53      port map (flag_in => s1, flag_out => s2);
54    CB: carry_baustein
55      generic map (n)
56      port map (flag_in => s2, carry => s3, c_in => c_in);
57    FSB: formal_sum_baustein
58      generic map (n)
59      port map (carry_in => s3, c_in=>c_in,
60        simple_flag_in => s1, formal_sum => s4);
61    FAS: overflow_baustein
62      generic map (n)
63      port map (formal_sum_in => s4, s => s, ov => ov);
64  end struktur;
```

Abbildung 6.8: *Strukturelle Beschreibung des Bausteins* add.

6.3 Allgemeiner Aufbau eines Addierers

- Der Baustein `flag_baustein` berechnet aus den APG-Eigenschaften der Blöcke der Breite 1, d. h. der Werte flag$([\alpha,\beta]_{j,j})$ für $j = 0,\ldots, n-1$, die am Eingang des zweiten Bausteins anliegen, für $i = 0,\ldots, n-1$ die APG-Eigenschaften flag$([\alpha,\beta]_{i,0})$ der für die an den einzelnen Stellen auftretenden Überträge relevanten Blöcke.

  Die Implementierung dieses Bausteins beeinflusst in starkem Maße die Schaltkreistiefe und damit die Laufzeit des Addierers. Je nach Implementierung erhält man zum Beispiel Addierer der Tiefe $\mathcal{O}(n)$ oder Addierer der Tiefe $\mathcal{O}(\log n)$. Wir wollen auf diesen Aspekt in den nächsten zwei Abschnitten (Abschnitt 6.4 und Abschnitt 6.5) detailliert eingehen und geben hier vorerst nur die Schnittstellenbeschreibung des Bausteins an.

  ```
   5   entity flag_baustein is
   6     generic (n: positive);
   7     port
   8       (flag_in: in apg_vector (n-1 downto 0);
   9        flag_out: out apg_vector (n-1 downto 0));
  10   end flag_baustein;
  ```

- Der Baustein `carry_baustein` berechnet für $i = 0,\ldots, n-1$ nach den Überlegungen aus Abschnitt 6.1, in dem gezeigt wurde, dass die Äquivalenz

  $$\gamma_i = 1 \iff \text{flag}([\alpha,\beta]_{i,0}) = g \text{ oder } (\text{flag}([\alpha,\beta]_{i,0}) = p \text{ und } \gamma_{-1} = 1)$$

  gilt, aus den APG-Eigenschaften flag$([\alpha,\beta]_{i,0})$, die an den einzelnen Stellen entstehenden Überträge γ_i. Dementsprechend kann dieser Baustein folgendermaßen funktional modelliert werden:

  ```
   6   entity carry_baustein is
   7     generic (n: positive);
   8     port
   9       (flag_in: in apg_vector (n-1 downto 0);
  10        c_in: in std_logic;
  11        carry: out std_logic_vector (n-1 downto 0));
  12   end carry_baustein;
  13
  14   architecture verhalten of carry_baustein is
  15   begin
  16     BerechneCarry: process(flag_in,c_in)
  17     begin
  18       for i in flag_in'range loop
  19         if (flag_in(i)=GENERATING) or
  20            (flag_in(i)=PROPAGATING and c_in='1') then
  21           carry(i) <= '1';
  22         else
  23           carry(i) <= '0';
  24         end if;
  25       end loop;
  26     end process;
  27   end verhalten;
  ```

- In der vierten Phase liegen also alle eingehenden Überträge vor und die formale Summe kann berechnet werden. Diese Aufgabe erledigt in unserem Aufbau der Baustein `formal_sum_baustein`. Wie im Anfang des Kapitels ausgeführt gilt

  $$\forall i \in \{0,\ldots,n-1\} : \sigma_i = (\alpha_i \oplus \beta_i) \oplus \gamma_{i-1}$$

und

$$\sigma_n = (\alpha_{n-1} \oplus \beta_{n-1}) \oplus \gamma_{n-1}.$$

Mit dem Wissen, dass $\alpha_i \oplus \beta_i$ genau dann 1 ist, wenn flag$([\alpha_i, \beta_i])$ =PROPAGATING gilt, sieht man leicht ein, dass der Quellcode

```
 6  entity formal_sum_baustein is
 7    generic (n: positive);
 8    port (carry_in: in std_logic_vector (n-1 downto 0);
 9      c_in: in std_logic;
10      simple_flag_in: in apg_vector (n-1 downto 0);
11      formal_sum: out std_logic_vector (n downto 0));
12  end formal_sum_baustein;
13  architecture verhalten of formal_sum_baustein is
14  begin
15    BerechneFormaleSumme:
16    process(c_in,carry_in,simple_flag_in)
17      variable vorzDopp: apg_vector(n downto 0);
18    begin
19      vorzDopp:= simple_flag_in(n-1) & simple_flag_in;
20      if (vorzDopp(0)=PROPAGATING) then
21        formal_sum(0) <= not c_in;
22      else
23        formal_sum(0) <= c_in;
24      end if;
25      for i in n downto 1 loop
26        if (vorzDopp(i)=PROPAGATING) then
27          formal_sum(i) <= not carry_in(i-1);
28        else
29          formal_sum(i) <= carry_in(i-1);
30        end if;
31      end loop;
32    end process;
33  end verhalten;
```

eine funktionale Beschreibung des von uns benötigten Bausteins ist. Die Korrektheit der Beschreibung dieses Bausteins folgt direkt aus den Erläuterungen im Exkurs zur Vorzeichenverdopplung auf Seite 152. In Zeile (19) erfolgt die eigentliche Vorzeichenverdopplung durch Verdopplung der APG-Eigenschaft flag$([\alpha, \beta]_{n-1,n-1})$ der Stelle $n-1$. Zur Erinnerung, das Symbol & repräsentiert die Konkatenation von Werten.

- In der letzten Phase wird im Wesentlichen nur noch überprüft, ob ein Überlauf vorliegt. Dies erfolgt im Baustein `overflow_baustein`, dessen Spezifikation in Abbildung 6.9 zu sehen ist.

Um den Addierer zu vervollständigen, bedarf es also nur noch einer Realisierung des Bausteins `flag_baustein`. Wie oben schon angedeutet, entscheidet sich an dieser Stelle, ob es sich um einen Addierer geringer Tiefe, d. h. logarithmischer Tiefe, oder einen Addierer linearer Tiefe handeln wird. Wir wollen mit der Spezifikation eines Addierers linearer Tiefe, also eines seriellen Addierers, beginnen.

6.4 Serielle Addierer

```
 6  entity overflow_baustein is
 7    generic (n: positive);
 8    port (formal_sum_in: in std_logic_vector (n downto 0);
 9      s: out std_logic_vector (n-1 downto 0);
10      ov: out std_logic);
11  end overflow_baustein;
12  architecture verhalten of overflow_baustein is
13  begin
14    s <= formal_sum_in(n-1 downto 0);
15    ov <= formal_sum_in(n) xor formal_sum_in(n-1);
16  end verhalten;
```

Abbildung 6.9: *Der Baustein* `formal_sum_baustein`.

6.4 Serielle Addierer

Realisieren wir den Baustein `flag_baustein` durch

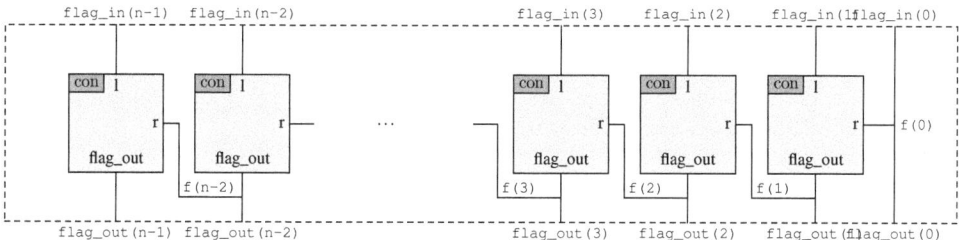

so erhalten wir einen seriellen Addierer. Der $n-1$ Mal verwendete Baustein `con` stellt hierbei einen Baustein dar, der die auf dem Datentyp `apgType` definierte Operation + realisiert, also wie folgt in VHDL beschrieben werden kann:

```
 6  entity con is
 7  port (l,r : in apgType;
 8    flag_out : out apgType);
 9  end con;
10
11  architecture verhalten of con is
12  begin
13    flag_out <= l + r;
14  end verhalten;
```

Man überlegt sich nun leicht folgenden Sachverhalt:

- Da der Baustein `flag_baustein` wie in Abbildung 6.7 bzw. Abbildung 6.8 gezeigt verwendet wird, werden an den Eingängen

$$\texttt{flag\_in(n-1)},\ldots,\texttt{flag\_in(i)},\ldots,\texttt{flag\_in(0)}$$

des Bausteins die Werte

$$\text{flag}\left([\alpha,\beta]_{n-1,n-1}\right),\ldots,\text{flag}\left([\alpha,\beta]_{i,i}\right),\ldots,\text{flag}\left([\alpha,\beta]_{0,0}\right),$$

also die APG-Eigenschaften der Blöcke der Breite 1, anliegen. Somit gilt, dass auch das Signal f(0) und der Ausgang flag(0) mit dem Wert $\mathrm{flag}([\alpha,\beta]_{0,0})$ belegt sind. Induktiv zeigt man nun, dass für alle $i \in \{1,\ldots,n-1\}$ das interne Signal f(i) und somit auch der Ausgang flag(i) den Wert

$$\begin{aligned}
&\mathtt{flag\_in(i)} + \mathtt{f(i-1)} \\
&= \mathrm{flag}([\alpha,\beta]_{i,i}) + \mathrm{flag}([\alpha,\beta]_{i-1,0}) \\
&= \mathrm{flag}([\alpha,\beta]_{i,0})
\end{aligned}$$

zugeordnet bekommen. Hieraus folgt die Korrektheit des Bausteins.

- Die Schaltkreistiefe des so realisierten Bausteins flag_baustein ist gleich

$$\mathrm{tiefe}_{\mathrm{serieller\_addierer}}(n) = (n-1) \cdot \mathrm{tiefe}_+,$$

wobei tiefe_+ die Schaltkreistiefe des Bausteins con darstellt – die natürlicherweise von der letztendlich gewählten Realisierung der Operation + abhängt, also auch von der Codierung der Werte a, p und g des Aufzählungstyp apgType.

Der oben gezeigte strukturelle Aufbau des Bausteins flag_baustein kann mittels dem in VHDL bereitgestellten **generate**-Konstrukt beschrieben werden:

```
11  architecture serieller_addierer of flag_baustein is
12    component con
13      port (l, r: in apgType;
14        flag_out: out apgType);
15    end component;
16    signal f: apg_vector (n-1 downto 0);
17  begin
18    f(0) <= flag_in(0);
19    ALL_BITS: for i in 1 to n-1 generate
20      CON_CELL: con
21        port map (l => flag_in(i), r=> f(i-1),
22          flag_out => f(i));
23    end generate ALL_BITS;
24    flag_out <= f;
25  end serieller_addierer;
```

Die in diesem Quellcode verwendete **for...generate**-Anweisung erlaubt die iterative Instanziierung eines Bausteins. So werden hier $n-1$ Instanziierungen des Bausteins con vorgenommen. Am Eingang l der i. Instanz wird das Signal flag_in(i) und am Eingang r der i. Instanz das interne Signal f(i-1) angelegt. Der Ausgang der i. Instanz treibt das interne Signal f(i).

Einer **for...generate**-Anweisung muss eine Marke voranstehen – dies ist in unserem Beispiel die Marke ALL_BITS. Diese Marken schaffen in der Regel die Voraussetzung, die verschiedenen Instanzen einer Komponente an unterschiedliche Architekturen des zugehörigen Entities binden zu können.[2] Nähere Informationen zu Konfigurationen sind im Abschnitt 3.1.3 zu finden.

---

[2]Da in der gerade besprochenen VHDL-Beschreibung alle Instanzen der Komponente con nur über den gleichen Marken-Pfad erreichbar sind, ist hier eine unterschiedliche Behandlung der Instanzen im Rahmen der Konfiguration leider nicht möglich.

6.5 Schnelle Addierer nach dem Ladner/Fisher-Prinzip

Der gerade in Abschnitt 6.4 beschriebene Addierer kann durch Ausnutzen der Assoziativität der auf dem `apgType`-Datentyp definierten Operation + beschleunigt werden. In der Tat gilt $\forall\, n > s > j > u \geq t \geq 0$:

$$(\operatorname{flag}([\alpha,\beta]_{s,j+1}) + \operatorname{flag}([\alpha,\beta]_{j,u+1})) + \operatorname{flag}([\alpha,\beta]_{u,t})$$
$$= \operatorname{flag}([\alpha,\beta]_{s,j+1}) + (\operatorname{flag}([\alpha,\beta]_{j,u+1}) + \operatorname{flag}([\alpha,\beta]_{u,t})).$$

Die Assoziativität erlaubt eine Parallelisierung der Berechnung der APG-Eigenschaften. Der Aufbau eines solchen parallel arbeitenden Bausteins kann in unserem Falle rekursiv erfolgen. Zur Illustration haben wir die strukturelle Beschreibung des Bausteins `flag_baustein`, die zu der neuen Architektur führt, in Abbildung 6.10 skizziert (vgl. [11, 36]). Die Architektur setzt sich aus drei Phasen zusammen:

Vorbereitungsphase

In einem ersten Schritt werden ausgehend von den APG-Eigenschaften

$$\operatorname{flag}([\alpha,\beta]_{n-1,n-1}),\ldots,\operatorname{flag}([\alpha,\beta]_{i,i}),\ldots,\operatorname{flag}([\alpha,\beta]_{0,0})$$

der n Blöcke $[\alpha,\beta]_{i,i}$ der Breite 1 für $i = 0,\ldots,n-1$ die APG-Eigenschaften

$$\operatorname{flag}([\alpha,\beta]_{n-1,n-2}),\ldots,\operatorname{flag}([\alpha,\beta]_{2i+1,2i}),\ldots,\operatorname{flag}([\alpha,\beta]_{3,2}),\operatorname{flag}([\alpha,\beta]_{1,0})$$

der $\frac{n}{2}$ Blöcke $[\alpha,\beta]_{2i+1,2i}$ für $i = 0,\ldots,\frac{n}{2}-1$ der Breite 2 berechnet. Dies kann wegen

$$\operatorname{flag}([\alpha,\beta]_{2i+1,2i}) = \operatorname{flag}([\alpha,\beta]_{2i+1,2i+1}) + \operatorname{flag}([\alpha,\beta]_{2i,2i})$$

leicht mit einem Teilschaltkreis der Schaltkreistiefe 1 realisiert werden.

Rekursive Anwendung

Die APG-Eigenschaften der Blöcke $[\alpha,\beta]_{2i+1,2i}$ der Breite 2 für $i = 0,\ldots,\frac{n}{2}-1$ können nun benutzt werden, um die APG-Eigenschaften

$$\operatorname{flag}([\alpha,\beta]_{n-1,0}),\ldots,\operatorname{flag}([\alpha,\beta]_{2i+1,0}),\ldots,\operatorname{flag}([\alpha,\beta]_{1,0})$$

der $\frac{n}{2}$ Blöcke $[\alpha,\beta]_{2i+1,0}$ mit „gerader" Breite für $i = 0,\ldots,\frac{n}{2}-1$ zu berechnen. Dies erfolgt rekursiv durch Benutzung des Bausteins `flag_baustein`, diesmal aber instanziiert mit dem aktuellen generischen Parameter $\frac{n}{2}$. Die notwendige Information liegt in der Tat am Eingang des Bausteins an, da aufgrund der Assoziativität

$$\operatorname{flag}([\alpha,\beta]_{2i+1,0}) = \sum_{j=0}^{i} \operatorname{flag}([\alpha,\beta]_{2j+1,2j})$$

gilt.

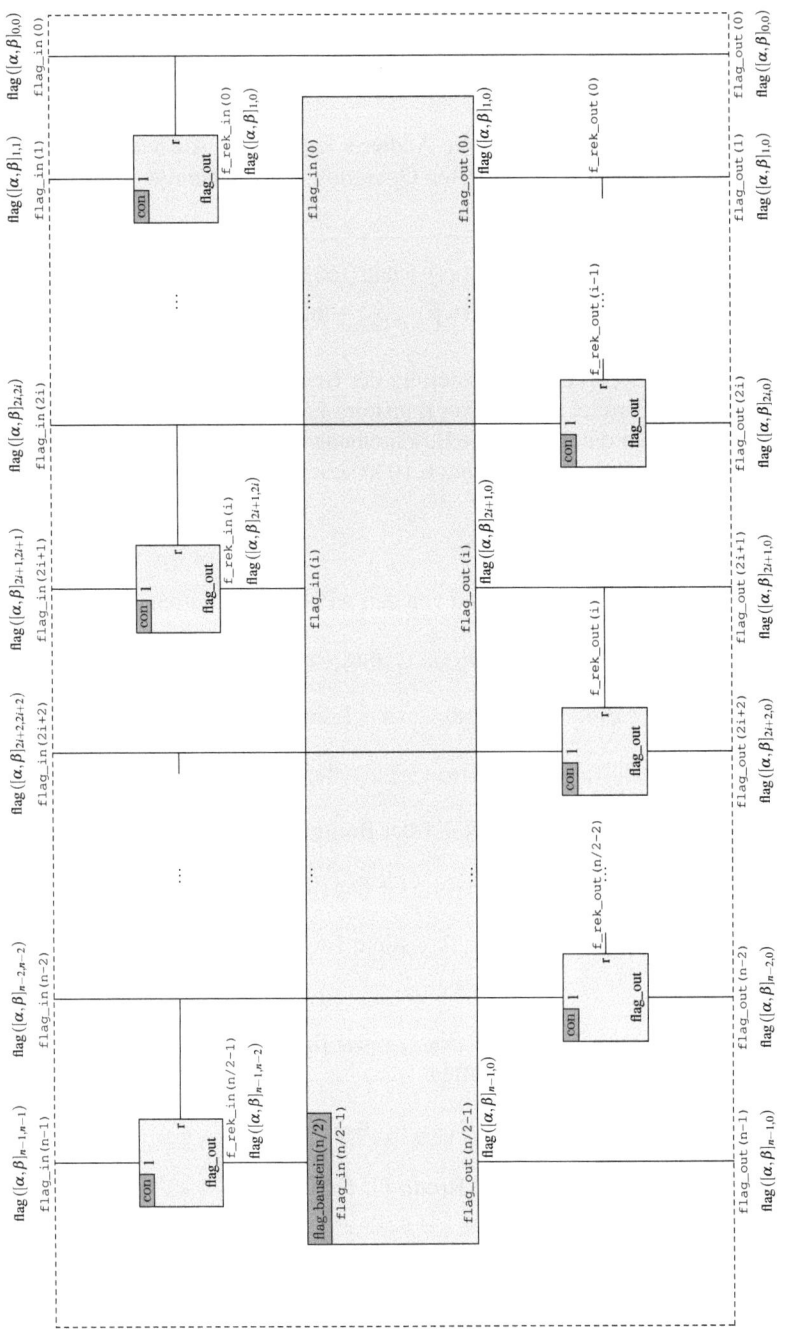

Abbildung 6.10: *Parallele Berechnung der APG-Eigenschaften bei einer n-Bit Addition. Das Bild zeigt eine Architektur des Bausteins* flag_baustein *mit dem generischen Parameter n. Die Architektur verwendet (in rekursiver Art und Weise) wieder eine Instanz der Komponente* flag_baustein, *instanziiert mit dem aktuellen generischen Parameter $\frac{n}{2}$. Um die Skizze besser verstehen zu können, haben wir an alle Signale die Werte annotiert, die das jeweilige Signal annimmt.*

Nachbereitungsphase

In der letzten Phase werden die noch fehlenden APG-Eigenschaften, nämlich die der Blöcke $[\alpha,\beta]_{2i,0}$ mit „ungerader" Breite für $i = 1, \ldots, \frac{n}{2} - 1$ in konstanter Zeit berechnet:

$$\text{flag}\left([\alpha,\beta]_{2i,0}\right) = \text{flag}\left([\alpha,\beta]_{2i,2i}\right) + \text{flag}\left([\alpha,\beta]_{2i-1,0}\right)$$

Wir erhalten hiermit einen Schaltkreis von logarithmischer Tiefe:

$$\text{tiefe}_{\text{schneller\_addierer}}(n) = 2 \cdot \text{tiefe}_+ + \text{tiefe}_{\text{schneller\_addierer}}(n/2) = 2 \cdot \log n \cdot \text{tiefe}_+$$

Die dazugehörige Architektur-Beschreibung

Wir haben also mit VHDL eine rekursiv beschriebene Schaltung zu spezifizieren. Die entsprechende Architektur – lassen Sie uns die Architektur `paralleler_addierer` nennen – des Bausteins `flag_baustein` muss neben der Deklaration der benötigten Komponente `con` den Baustein `flag_baustein` selbst als Komponente deklarieren. Dies ist notwendig, da in der rekursiven strukturellen Beschreibung des Bausteins eine Instanz des Bausteins selbst – zwar mit einem kleineren aktuellen generischen Parameter instanziiert – benutzt wird.

Die in der Abbildung 6.10 gezeigte schematische Darstellung kann nun in VHDL wie in Abbildung 6.12 gezeigt beschrieben werden. Die Rekursion findet man in der VHDL-Beschreibung wieder. Die mit `rekursion` markierte **if** n>2 **generate**-Anweisung realisiert die eigentliche Rekursion wie sie in Abbildung 6.10 dargestellt ist. Die mit `rekursionsende2` markierte **if** n=2 **generate** beziehungsweise die mit `rekursionsende1` markierte **if** n=1 **generate**-Anweisung bilden jeweils den Rekursionsabschluss, in denen die Bitbreite des zu realisierenden Bausteins `flag_baustein` gleich 2 beziehungsweise gleich 1 ist. Im letzteren Fall ist durch den Baustein `flag_baustein` der Wert $\text{flag}([\alpha,\beta]_{0,0})$ zu berechnen, der aber offensichtlich schon am Eingang des Bausteins anliegt. Der Baustein für den Fall $n = 2$ ist in Abbildung 6.11 skizziert.

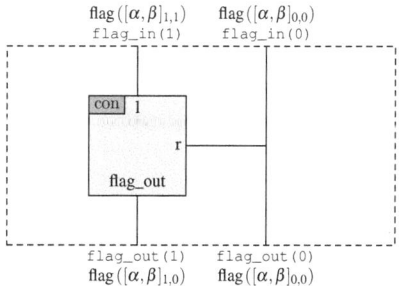

Abbildung 6.11: Der Baustein `flag_baustein` *für die Bitbreite* $n = 2$.

Während das **for...generate**-Konstrukt die iterative Instanziierung von Komponenten erlaubt, hat man mit dem **if...generate**-Konstrukt die Möglichkeit der bedingten Instanziierung von Komponenten. Insbesondere sieht man in unserem Beispiel, dass die Signale `f_rek_in` und `f_rek_out` nur in den Bausteinen `flag_baustein` vorkommen, die einen aktuellen generischen Parameter n haben, der echt größer als 2 ist.

```vhdl
26  architecture paralleler_addierer of flag_baustein is
27   component con
28     port (l, r: in apgType;
29        flag_out: out apgType);
30   end component;
31   component flag_baustein
32     generic (n: positive);
33     port (flag_in: in apg_vector (n-1 downto 0);
34        flag_out: out apg_vector (n-1 downto 0));
35   end component;
36   begin
37   rekursion: if n>2 generate
38     signal f_rek_out,f_rek_in: apg_vector (n/2-1 downto 0);
39     begin
40     -- Vorbereitungsphase
41     PREPROCESSING: for i in n/2-1 downto 0 generate
42       CON_CELL_1: con
43       port map (l => flag_in(2*i+1), r => flag_in(2*i),
44          flag_out => f_rek_in(i));
45     end generate PREPROCESSING;
46     -- Rekursive Anwendung
47     RECURSIVE_CELL: flag_baustein
48     generic map (n/2)
49     port map (flag_in => f_rek_in, flag_out => f_rek_out);
50     -- Nachbearbeitung
51     POSTPROCESSING_COMP: for i in n/2-2 downto 0 generate
52       CON_CELL_2: con
53       port map (l => flag_in(2*i+2), r => f_rek_out(i),
54          flag_out => flag_out(2*i+2));
55     end generate POSTPROCESSING_COMP;
56     POSTPROCESSING_B: process(f_rek_out)
57     begin
58       for i in n/2-1 downto 0 loop
59         flag_out(2*i+1) <= f_rek_out(i);
60       end loop;
61     end process POSTPROCESSING_B;
62     flag_out(0) <= flag_in(0);
63   end generate rekursion;
64   rekursionsende2: if n=2 generate
65     CON_CELL_3: con
66     port map (l => flag_in(1), r => flag_in(0),
67        flag_out => flag_out(1));
68     flag_out(0) <= flag_in(0);
69   end generate rekursionsende2;
70   rekursionsende1: if n=1 generate
71     flag_out(0) <= flag_in(0);
72   end generate rekursionsende1;
73  end paralleler_addierer;
```

Abbildung 6.12: VHDL-Beschreibung der Architektur des Bausteins flag_baustein.

7 Reaktionstest-Spiel

In dem vorangegangenen Kapitel haben wir komplexe kombinatorische Schaltungen besprochen und in VHDL entworfen. Dabei haben wir insbesondere deren reguläre, d. h. durch ein Bildungsgesetz gegebene Struktur bei der Beschreibung ausgenutzt. Weiterhin haben wir jeweils nicht nur *eine* einzelne Addierer-Schaltung sondern durch die Verwendung von generischen Parametern mit *einer* VHDL-Beschreibung jeweils eine ganze Familie von schnellen Addierern in Abhängigkeit von der Bitbreite der Operanden beschrieben.

In diesem Kapitel wollen wir eine andere Art von Entwürfen behandeln. Wir befassen uns im Folgenden mit sequentiellen Schaltungen, also Bausteinen, deren Verhalten nicht nur von den Eingangsbelegungen sondern auch von den internen Zuständen abhängt. Um die Komplexität solcher Entwürfe beherrschbar zu halten, konzentriert man sich meist auf synchrone Schaltungen, deren interne Zustände sich nur zu definierten Zeitpunkten ändern. Jeder synchrone sequentielle Baustein hat also zumindest einen Takteingang, über den die Zeitpunkte, an denen Änderungen der internen Zustände erfolgen können, durch einen Taktgenerator vorgegeben werden. Beim Einschalten der Stromversorgung muss festgelegt werden, welche Belegung die internen Zustände haben. Dazu bedient man sich meist eines so genannten `reset`-Eingangs, über den die Schaltung in einen vordefinierten Zustand gebracht, d. h. „zurückgesetzt", werden kann. Hierbei unterscheidet man zwischen synchronem und asynchronem Zurücksetzen. Beim synchronen Zurücksetzen wird das `reset`-Signal nur zu den vorgegebenen Zeitpunkten, also synchron zum Takt, ausgewertet beziehungsweise verarbeitet. Im Gegensatz dazu führt das Auslösen eines asynchronen Zurücksetzens unmittelbar zur (Re-)Initialisierung.

Die VHDL-Beschreibung von solchen synchronen sequentiellen Schaltungen ist Gegenstand dieses Kapitels. Zur anschaulichen Erläuterung beleuchten wir die grundlegenden Konzepte für synthesetaugliche VHDL-Beschreibungen synchroner sequentieller Schaltungen anhand eines Reaktionstest-Spiels. Dieses Design ist auf das schon in Kapitel 1 vorgestellte Demonstrationsboard zugeschnitten. Dieses Board verfügt über mehrere Tasten, einen Block von acht LEDs und vier 7-Segment-Anzeigen, die wir im Kapitel 1 für den Morsecode-Detektor verwendet haben. Prinzipiell ist der im Folgenden vorgestellte Entwurf aber auch für andere Entwicklungsumgebungen zur praktischen Umsetzung von der VHDL-Implementierung über die Synthese bis hin zur FPGA-Konfigurierung und dem eigentlichen Ausprobieren geeignet.

7.1 Die Spielbeschreibung

Das Reaktionstest-Spiel wird über zwei Tasten bedient. Am Anfang des Spiels leuchtet von den acht LEDs `LD7-LD0` die LED `LD3`. Durch gleichzeitiges Betätigen der Tasten `BTN0` und `BTN3` beginnt das Spiel. Betrachtet man den LED-Block als Lauflicht, beginnt das Lauflicht nun zufällig entweder nach rechts oder nach links zu wandern.

> **Exkurs: Pseudo-Zufallszahlen**
>
> Eine wirklich zufällige Auswahl der Richtung ist nur sehr schwer zu realisieren. Wir werden in unserem Entwurf jedoch eine Methode verwenden, welche zumindest eine **pseudo-zufällige** Richtungswahl ermöglicht. Dazu verwenden wir Schieberegister mit geeigneter Rückkopplung. Solche Schaltungen heißen **linear feedback shift register** (abgekürzt: **LFSR**). Diese sind sehr einfach zu realisieren und liefern je nach Art und Umfang annähernd zufällige Ausgaben. Der Initialisierung dieser Schaltungen ist hierbei ein großer Stellenwert einzuräumen, da die Ausgaben bei bekanntem Startwert und Art der Rückkopplung deterministisch sind.

Wandert das Lauflicht nach rechts, so erlischt LED `LD3` und nach einer gewissen Zeit beginnt die LED `LD2` zu leuchten. Anschließend erlischt LED `LD2` und LED `LD1` leuchtet auf und so weiter. Wird nun die Taste `BTN3` gedrückt, ändert das Lauflicht seine Richtung von rechts nach links – es wandert dann in Richtung LED `LD7`. Durch Betätigung der `BTN0`-Taste kann die Richtung wieder zur LED `LD0` hin umgedreht werden.

Das Spiel gilt als verloren, falls das Lauflicht entweder LED `LD7` oder LED `LD0` erreicht. Jeder Übergang der leuchtenden LED zur nächsten linken beziehungsweise rechten LED erhöht einen Zähler beginnend ab 0. Dieser Zähler repräsentiert den Spielstand und wird über zwei 7-Segment-Anzeigen hexadezimal angezeigt. Sinn und Zweck des Spiels ist es natürlich, einen möglichst hohen Spielstand zu erreichen.

Den eigentlichen Reiz erhält die Geschichte durch folgende Festlegung. Bei jedem ausgelösten Richtungswechsel wird die Geschwindigkeit des Lauflichtes erhöht. Damit wird der Spieler dazu angehalten, die leuchtende LED immer möglichst weit an den Rand des Blocks wandern zu lassen. So erhöht sich natürlicherweise aber auch das Risiko zu verlieren, d. h. dass das Lauflicht den Rand berührt, also LED `LD7` oder LED `LD0` aufleuchtet.

Wir werden die Erhöhung der Lauflichtgeschwindigkeit so gestalten, dass ein Spielstand von 255 nicht erreicht werden kann. Darüber hinaus stellen wir auch sicher, dass die hexadezimale Ausgabe – der mit zwei 7-Segment-Anzeigen maximal darstellbare Wert `FF` entspricht dem dezimalen Wert 255 – auf der 7-Segment-Anzeige stets dem aktuellen Spielstand entspricht.

Das Reaktionstest-Spiel dient uns als Anwendungsbeispiel für den Entwurf von synchronen sequentiellen Schaltungen mit VHDL. Da die Hardwarebeschreibungssprache VHDL für die Simulation, nicht aber direkt für die Synthese von Schaltungen entwickelt wurde, gehen wir zuerst in dem folgenden Abschnitt 7.2 auch auf einige Richtlinien ein, die, wenn eingehalten, in der Regel zu synthetisierbaren VHDL-Beschreibung führen.

7.2 Syntheserichtlinien für synchrone sequentielle VHDL-Entwürfe

Nachdem ein VHDL-Entwurf ausführlich simuliert und validiert wurde, steht als nächster Schritt in Richtung funktionierende Hardware die VHDL-Synthese an. Hierunter verstehen wir die Übersetzung einer VHDL-Beschreibung in eine Netzliste bestehend aus Grundgattern und

7.2 Syntheserichtlinien für synchrone sequentielle VHDL-Entwürfe

Makrozellen. Diese dient dann weiteren Werkzeugen als Eingabe, um den Entwurf auf die Zielarchitektur (z.B. FPGAs) abzubilden. Als Standard für diese Netzlisten gilt EDIF (engl.: *Electronic design interchange format*) [19].

Sicherlich kann sich jeder vorstellen, dass man VHDL-Ausdrücke der Form

```
10      carry <= a and b;
11      sum <= a xor b;
```

relativ einfach in Netzlisten übersetzen kann, sieht man einmal von der Optimierung bei der Übersetzung ab. Auch komplexere Beschreibungen kombinatorischer Logik können geradlinig verarbeitet werden. Problematischer wird es aber bei sequentiellen Schaltungen, die funktional beschrieben sind – strukturelle Beschreibungen entsprechen ja schon Netzlisten bestehend aus Grund- und Makrozellen. Hier stellen sich sofort einige nahe liegende Fragen, da es VHDL-Anweisungen gibt, die nicht synthetisierbar sind. Denken Sie zum Beispiel an die **wait**-Statements. Wie soll zum Beispiel eine Teilschaltung aussehen, die exakt 125 fs wartet? Oder betrachten Sie die **report**-Anweisungen, welche Informationen auf die Konsole ausgeben. Auch solche VHDL-Konstrukte sind nicht synthetisierbar. Oder betrachten Sie arithmetische Operationen. In Abschnitt 3.3.1 hatten wir bereits angemerkt, dass beispielsweise die Division zweier ganzer Zahlen im Allgemeinen nicht synthetisierbar ist – hier liegt der Grund jedoch eher in der Komplexität der Operation. Zusammenfassend sollten wir festhalten, dass wir nur einen Teil der VHDL-Konstrukte zur Synthese verwenden dürfen. Zudem müssen wir uns an einige einfache Richtlinien halten.

Lassen Sie uns im Folgenden beispielhaft auf die Fragen

- Wie beschreibe ich in VHDL funktional Speicherelemente, also Latches und Flipflops?

- Wie erzwinge ich die Verwendung von synchronen oder asynchronen Reset-Leitungen?

- Wie kann ich einen Tristate-Treiber beschreiben?

eingehen. Wir beginnen mit der Betrachtung von Speicherbausteinen.

> **Speicherbausteine** werden durch die Synthese generiert, wenn eine Zuweisung an ein Signal oder eine Variable in Abhängigkeit einer Abfrage auf die Taktleitung oder eine Enable-Leitung erfolgt. Je nach Art der Abfrage werden flankengesteuerte oder phasengesteuerte Speicherbausteine synthetisiert.

Erfolgt eine Zuweisung an ein Signal oder eine Variable, das bzw. die als Vektor oder als anderer komplexer Datentyp deklariert wurde, werden mehrere Speicherelemente erzeugt. Eine Zuweisung zum Beispiel an ein Signal vom Typ std_logic_vector(31 **downto** 0) erzwingt 32 Speicherelemente!

Wir betrachten zunächst flankengesteuerte Speicherbausteine und deren zugehörige VHDL-Implementierung.

7.2.1 Synchrone flankengesteuerte Schaltungen

Synchrone flankengesteuerte Schaltungen reagieren auf die steigende und/oder die fallende Flanke des Takts und werden zu Beginn oder auch bei bestimmten Ereignissen initialisiert. Die Initialisierung kann asynchron oder synchron erfolgen. Das VHDL-Codefragment

```
10  process(clk, areset)
11  begin
12     if (areset='1') then
13        -- ... asynchrone Initialisierung
14     elsif (clk='1' and clk'event) then
15        -- ... Zuweisungen resultieren in Flipflops
16     end if;
17  end process;
```

zeigt den generellen Prozessaufbau für den asynchronen Fall. Sobald die Reset-Leitung `areset` aktiv wird, d. h. den Wert '1' zugewiesen bekommt, wird unabhängig vom Taktsignal `clk` eine Initialisierung durchgeführt. Mehr noch, ein aktives Reset-Signal hat Vorrang vor einer Flanke des Taktes. Dies wird durch die Verwendung des `if...elsif`-Konstruktes zum Ausdruck gebracht. Die Anweisungen innerhalb des `elsif`-Zweiges geben an, was im Fall einer steigenden Flanke des Taktes ausgeführt werden soll, wenn das asynchrone Reset-Signal `areset` nicht gesetzt ist. Hierbei ist wichtig, dass der Prozess nur vom Taktsignal und der Resetleitung abhängt.

> **Fallstrick 20**
>
> Die Sensitivitätsliste darf nur das Taktsignal und die Resetleitung umfassen. Eine Erweiterung der Sensitivitätsliste um weitere Signale führt zu einer Vermischung von Takt- und Anwenderlogik.

```
10  process(clk, areset)
11  begin
12     if (areset='1') then
13        q<='0';
14     elsif (clk='1' and clk'event) then
15        q<=d;
16     end if;
17  end process;
```

Abbildung 7.1: Spezifikation eines Flipflops mit asynchronem Reset.

Abbildung 7.1 zeigt die synthesekonforme Spezifizierung eines *Flipflops mit asynchronem Reset* – das Eingangssignal d steht für den Dateneingang des Flipflops, das Ausgangssignal q für den Zustand des Flipflops. Beim Zurücksetzen des Flipflops wird der Zustand also auf '0' gesetzt und bei steigender Flanke und gleichzeitigem inaktiven Reset wird der Wert am Dateneingang als Zustand übernommen.

Benötigt man ein Flipflop mit erweiterten Steuermöglichkeiten, so werden diese durch weitere `if`-Abfragen innerhalb der Abfrage der steigenden oder fallenden Flanke modelliert. Typisch ist in diesem Zusammenhang auch die Bereitstellung der Möglichkeiten zur Vorbelegung (`clear` oder `load`) und zum zeitweisen Deaktivieren des Bausteins (`enable`). Abbildung 7.2 zeigt

7.2 Syntheserichtlinien für synchrone sequentielle VHDL-Entwürfe

beispielsweise die Beschreibung eines Registers der Breite 32 mit `enable`- und `load`-Signalen. Wir haben in diesem Beispiel die Funktion `rising_edge(clk)` aus dem IEEE Standard Logic Package zum Abfragen der steigenden Flanke benutzt.

```vhdl
 5  entity reg32 is
 6    port (clk,reset,enable,load: in std_logic;
 7          dataIn,loadValue: in std_logic_vector(31 downto 0);
 8          reg: out std_logic_vector(31 downto 0));
 9  end reg32;
10  architecture behavior of reg32 is
11  begin
12    regLoadEnable: process(clk, reset)
13    begin
14      if reset = '1' then
15        reg<=(others=>'0');
16      elsif rising_edge( clk ) then
17        if enable='1' then
18          if load='1' then
19            reg<=loadValue;
20          else
21            reg<=dataIn;
22          end if;
23        end if;
24      end if;
25    end process;
26  end behavior;
```

Abbildung 7.2: *Beschreibung eines 32-Bit-Registers mit asynchronem Reset sowie* `enable`- *und* `load`-*Signal.*

Fallstrick 21

Obwohl auf den ersten Blick die Schachtelung der Schleifen in Abbildung 7.2 auch verändert werden könnte, ohne das simulierte Verhalten zu beeinflussen, ist exakt dieser Prozess-Aufbau bei der Synthese zu wählen.

Eine andere Verschachtelung der Schleifen, zum Beispiel die Abfrage des `enable`-Signals außerhalb der Abfrage auf die steigende Flanke, führt zur Vermischung von Takt- und Anwenderlogik. Hierauf gehen wir nochmals detailliert in Abschnitt 7.3.1 ein.

Flankengesteuerte Speicherelemente mit synchronem Reset werden auf ähnliche Art und Weise spezifiziert. Abbildung 7.3 zeigt das zugehörige VHDL-Fragment. Durch die veränderte Schachtelung der `if`-Abfragen, wird ein ausgelöstes Reset nur bei, in diesem Beispiel steigender Flanke ausgewertet. Der Reset-Impuls muss also entsprechend lang oder synchron zum Takt angelegt werden. Durch die innere `if`-Anweisung wird dem Reset-Signal – wir haben es diesmal zur besseren Kennzeichnung `sreset` genannt – bei vorhandener Taktflanke wieder eine gegenüber weiteren Steuersignalen höhere Priorität eingeräumt.

```
18  process(clk, sreset)
19  begin
20    if (clk='1' and clk'event) then
21      if (sreset='1') then
22        -- ... synchrone Initialisierung
23      else
24        -- ... Zuweisungen resultieren in Flipflops
25      end if;
26    end if;
27  end process;
```

Abbildung 7.3: Beschreibung synchroner flankengesteuerter Schaltungen mit synchronem Reset.

7.2.2 Synchrone phasengesteuerte Schaltungen

Ein Speicherelement, das nicht nur bei steigender oder fallender Flanke, sondern während einer gesamten logisch-Eins- oder logisch-Null-Phase aktiv ist, d. h. den Dateneingang übernimmt, wird *Latch* genannt.

Die Spezifikation solcher phasengesteuerter Bausteine ähnelt der funktionalen VHDL-Beschreibung von Flipflops. Der Unterschied besteht darin, dass die `rising_edge(clk)`-Anweisung durch eine Abfrage auf eine Taktphase oder die Phase eines `enable`-Signals ersetzt wird. Das folgende Codefragment zeigt eine Beschreibung eines phasengesteuerten Bausteins mit asynchronem Reset. Ein weiterer Unterschied betrifft die Sensitivitätsliste. Beachten Sie, dass der Dateneingang eines zu spezifizierenden Latches in der Sensitivitätsliste auftauchen muss. Letztendlich soll während der abgefragten Phase auch auf Änderungen am Dateneingang reagiert werden.

```
28  process(enable, areset, d)
29  begin
30    if (areset='1') then
31      -- ... asynchrone Initialisierung
32    elsif (enable='1') then
33      q<=d;
34    end if;
35  end process;
```

Dieses Codefragment kann, wie in der folgenden Abbildung zu sehen, wieder zu einem Latch mit synchronem Reset abgeändert werden.

```
36  process(enable, sreset, d)
37  begin
38    if (enable='1') then
39      if (sreset='1') then
40        -- ... synchrone Initialisierung
41      else
42        q<=d;
43      end if;
44    end if;
45  end process;
```

Die Erweiterung um andere Eingangsports, wie `load` und `enable`, erfolgt ebenfalls wie bei den flankengesteuerten Speicherbausteinen.

7.2.3 Tristate-Treiber

Auch für so genannte Tristate-Treiber ist in VHDL eine Synthese-Vorschrift vorgegeben. Tristate-Treiber kommen bei der Beschaltung von Bussen zum Einsatz. Soll ein solcher Bus von mehreren Quellen aus mit Daten versorgt werden, kann dies über diesen Typ von Treibern erfolgen. Alternativ könnten die einzelnen Quellen auch über logisch-Oder verknüpft werden, was jedoch bei räumlich getrennten Bausteinen nur schwer möglich ist. Tristate-Treiber werden mit Hilfe der nebenläufigen **when...else**-Anweisung spezifiziert

```
4   entity tristate is
5     port (enable: in std_logic;
6           treiberA: in std_logic_vector(31 downto 0);
7           dataBus: out std_logic_vector(31 downto 0));
8   end tristate;
9   architecture structure of tristate is
10  begin
11    dataBus<=treiberA when enable='1' else (others=>'Z');
12  end structure;
```

In unserem Beispiel instanziieren wir durch diese Zuweisung 32 Tristate-Treiber, die alle mit der gleichen `enable`-Leitung verbunden sind. Die 32-Bit breite Quelle `treiberA` wird nur dann auf den 32-Bit Bus geschaltet, wenn das `enable`-Signal der Treiber auf '1' gesetzt ist, also `enable='1'` gilt. Ansonsten ist der Tristate-Baustein hochohmig mit dem Bus verbunden, sodass eine andere Quelle die Kontrolle über den Bus übernehmen kann. Ein Anwendungsbeispiel für den Einsatz dieser Art von Treibern werden Sie im Kapitel 9 bei der Ansteuerung des I^2C-Busses finden.

7.2.4 Direktiven zur selektiven Auswahl von VHDL-Code

Wir haben bereits festgestellt, dass bestimmte VHDL-Konstrukte und Anweisungen nicht synthetisierbar sind. Typisches Beispiel hierfür sind **assert**-Anweisungen. Um bei der Simulation und

```
5   entity lfsr is
6     port (reset,clk,enable,load: in std_logic;
7           seed: in std_logic_vector(62 downto 0);
8           pseudoR: out std_logic_vector(62 downto 0));
9   begin
10    -- synthesis off
11    assert seed /= X"ffffffffffffffff" & "111"
12    report "lfsr: Startwert darf nicht aus nur Einsen bestehen"
13    severity failure;
14    -- synthesis on
15  end lfsr;
```

Abbildung 7.4: *Verwendung der Direktiven* synthesis on *und* synthesis off.

der Synthese jeweils mit dem gleichen Quellcode arbeiten zu können, kann durch die Direktiven

```
10    -- synthesis off

14    -- synthesis on
```

ein nicht synthesetauglicher Teil ausgeblendet werden. In Abbildung 7.4 haben wir die nebenläufige **assert**-Anweisung zum Test auf ungültige Eingabevektoren mit Hilfe der Direktiven für die Synthese auskommentiert.

Neben diesen Direktiven bieten verschiedene Synthese-Tools weitere Direktiven an. Zum Beispiel reagiert der FPGA Compiler von Synopsys [50] auf Kommentare der Form

```
-- synopsys translate_off
-- synopsys translate_on.
```

7.3 VHDL-Beschreibung des Spiels

Die äußere Schnittstelle der VHDL-Beschreibung für unser Reaktionstest-Spiel können wir vom Morsecode-Detektor aus Kapitel 1 übernehmen und brauchen diese nur um einen weiteren Taster und LEDs zu erweitern. Abbildung 7.5 zeigt die zugehörige Schnittstelle.

```
4  entity reaktionstest is
5    port (clk, reset, btn0, btn3: in std_logic;
6          seg7: out std_logic_vector(6 downto 0);
7          an: out std_logic_vector(3 downto 0);
8          led: out std_logic_vector(7 downto 0));
9  end reaktionstest;
```

Abbildung 7.5: *Die Ein-/Ausgabe-Schnittstelle des Reaktionstest-Spiels.*

Die Geschwindigkeit des Lauflichtes wird durch einen Taktteiler vorgegeben, der durch einen Teiler aus dem externen Taktsignal gewonnen wird. Einen Taktteiler haben wir bereits in Kapitel 1 ausführlich besprochen. Interessant ist also nur noch die Frage, wie aus diesem globalen Takt ein variabler Teiler gewonnen werden kann, um die Geschwindigkeit des Lauflichtes bei jedem Richtungswechsel kontinuierlich zu steigern. Die Ansteuerungen der 7-Segment-Anzeigen und der LEDs wurden bereits beim Morsecode-Detektor in Kapitel 1 besprochen und können hier adaptiert werden.

7.3.1 Variable Taktteilung

Die Erhöhung der Lauflicht-Geschwindigkeit soll durch einen variablen Teiler basierend auf dem globalen Takt realisiert werden. Im ersten Ansatz würde man wohl eine Komponente bauen, die über einen Parameter aus einem gegebenen Takt den entsprechend verlangsamten Takt erzeugt. Eine solche Variante wird in Abbildung 7.6 gezeigt. Die gezeigte Architektur `gatedClock` des Bausteins erzeugt aus einem gegebenen Takt `clk_in` ein entsprechend verlangsamtes Taktsignal `clk_out`. Der Grad der Verlangsamung wird über eine Anzahl von Taktzyklen, die durch den Eingang `step` vorgegeben wird, eingestellt. Nachdem der Baustein über das `reset`-Signal zurückgesetzt wurde, initialisiert er bei der nächsten steigenden Flanke des Taktes `clk_in` einen internen Zähler namens `clk_cnt` mit dem im Signal `step` abgespeicherten Wert. Dann wird bei jeder steigenden Flanke des Eingangstaktes `clk_in` dieser Zähler um Eins dekrementiert. Nach `step`-vielen Takten wird der interne Zustand `int_clk` jeweils invertiert und als neuer Takt an die umliegende Schaltung weitergereicht. Da das Signal `clk_out` als Ausgang des Bausteins

7.3 VHDL-Beschreibung des Spiels

```vhdl
 4  entity varTeiler is
 5    port(
 6      reset,clk_in : in std_logic;
 7      step : in std_logic_vector( 27 downto 0 );
 8      clk_out : out std_logic
 9      );
10  end varTeiler;
11  architecture gatedClock of varTeiler is
12    signal clk_cnt : std_logic_vector( 27 downto 0 );
13    signal int_clk : std_logic;
14  begin
15    Teiler : process( clk_in, reset )
16    begin
17      if reset = '1' then
18        int_clk <= '0';
19        clk_cnt <= (others=>'0');
20      elsif clk_in='1' and clk_in'event then
21        if clk_cnt = X"0000000" then
22          clk_cnt <= step;
23          int_clk <= not int_clk;
24        else
25          clk_cnt <= clk_cnt - 1;
26        end if;
27      end if;
28    end process;
29    clk_out <= int_clk; -- !!! gated clk !!!
30  end gatedClock;
```

Abbildung 7.6: Vermischung von Logik mit Taktgenerierung.

deklariert ist, kann auf dieses Signal innerhalb der Architektur nicht lesend zugegriffen werden, sodass das lokale Signal `int_clk` zur Beschreibung wirklich notwendig ist.

Das simulierte Verhalten der Gesamtschaltung entspricht somit der zu Grunde liegenden Idee. Jedoch wird über diese Art der Verhaltensbeschreibung eine Schaltung impliziert, welche Logik und Takt-Netzwerk vermischt. Wir haben dies in Abbildung 7.7 schematisch dargestellt. In unserem Beispiel wurde in der als Wolke dargestellten Logik ein Inverter liegen (siehe Zeile (23)). Die Verzögerung dieses Inverters wird das Taktsignal verzögern und wir erhalten Taktflanken an den implizierten Flipflops, die um genau diese Zeit verspätet ankommen.[1]

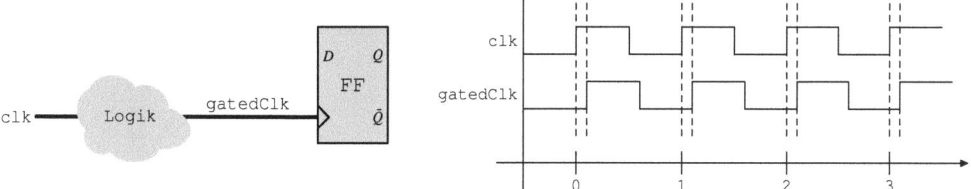

Abbildung 7.7: Taktverschiebung durch Vermischung von Anwenderlogik und Taktnetzwerk.

---

[1] Der Einfachheit halber haben wir bei der Darstellung unterstellt, dass der Inverter gleiche Verzögerungszeiten für steigende und fallende Flanken am Eingang verursacht.

> **Fallstrick 22**
>
> In synchronen sequentiellen Schaltungen sollte sichergestellt sein, dass die Taktflanken an jedem Speicherbaustein zur gleichen Zeit anliegen. Ansonsten treten Taktverschiebungen (engl.: **clock skew**) auf und es handelt sich nicht mehr um synchrone Schaltungen.
>
> Taktnetzwerke haben die inhärente Eigenschaft, dass sie in der Regel einen großen Fanout besitzen, d. h. dass der Ausgang eines Taktgenerators (Quartz) stark aufgefächert wird. Um die (fast) zeitgleichen Taktflanken zu garantieren, müssen
>
> - Treiber, d. h. Signalverstärker, in das Netzwerk eingefügt werden, damit alle angeschlossenen Speicherbausteine getrieben werden können, und
> - die Leitungsbahnlängen zu jedem Flipflop ungefähr gleich gehalten werden.
>
> Dazu wird in der Regel eine separate Verdrahtungsschicht für die Taktleitungen beziehungsweise das Taktnetzwerk reserviert und für den jeweiligen Entwurf ein ausbalanciertes Taktnetzwerk über spezielle Verdrahtungsalgorithmen generiert. Bei speicherprogrammierbaren Bausteinen ist sogar die Lage der Speicherbausteine fest, wodurch auch das Verdrahtungsnetzwerk für den Takt fest ist.
>
> Wird jedoch in das Taktnetzwerk eingegriffen, so sind die oben angedeuteten Maßnahmen hinfällig und es ist mit Taktverschiebungen, zum Beispiel durch die Verzögerungen der betreffenden Anwenderlogik, zu rechnen. Diese Vermischung (engl.: *gated clock*) ist bei synchronen Schaltungen unbedingt zu vermeiden, um die zeitliche Nähe der Taktflanken an allen Bausteinen zu gewährleisten.

Noch unvorhersehbarer wird das Verhalten einer spezifizierten Schaltung, wenn kombinatorische Logik in Form von Gattern mit mindestens zwei Eingängen in der sich in Abbildung 7.7 befindlichen Wolke liegt. Nehmen wir an, es handelt sich, wie in Abbildung 7.8 skizziert, um ein

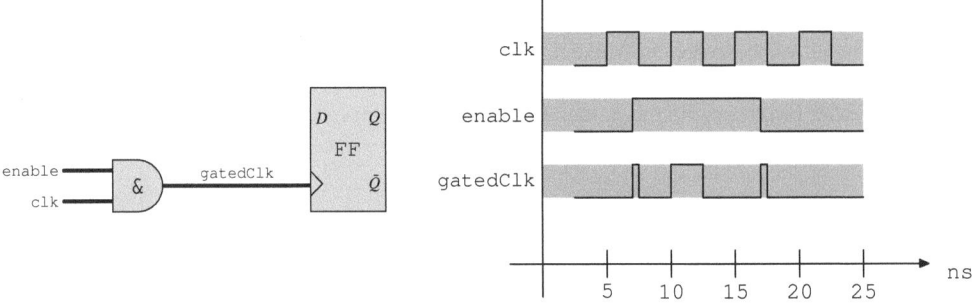

Abbildung 7.8: Störimpulse durch Logik im Taktnetzwerk.

UND-Gatter. Wir erhalten nun neben der schon angesprochenen Verzögerung der Taktflanken ein noch „abenteuerlicheres" Verhalten. Durch das, unter Missachtung der Syntheserichtlinien aus Abschnitt 7.2 – wir werden dies gleich genauer ausführen –, dem Takteingang vorgeschaltete UND-Gatter können Störimpulse (engl.: *glitches*) auf der nachfolgenden Taktleitung `gatedClk`

7.3 VHDL-Beschreibung des Spiels

entstehen. Dies führt im schlechtesten Fall zur Übernahme von falschen oder ungültigen Daten in das Flipflop.

Wir wollen hier nochmals die Diskussion aus Abschnitt 7.2 aufgreifen und Ihnen das VHDL-Codefragment zeigen, das zu der in Abbildung 7.8 dargestellten Schaltung führt.[2]

```
12    WRONG: process(clk, reset)
13    begin
14      if reset = '1' then
15        q<=(others=>'0');
16      elsif enable='1' then  --FALSCH !!!
17        if rising_edge( clk ) then
18          q<=d;
19        end if;
20      end if;
21    end process;
22  end behavior;
```

Offensichtlich ist dies ein Verstoß gegen die bereits angesprochene Richtlinie, dass zur Generierung von enable-Leitungen die zugehörigen if-Abfragen innerhalb der Abfrage auf die steigende oder fallende Flanke erfolgen müssen.

Die Vermischung von Taktnetzwerk und Anwenderlogik wird durch die synthesekonforme Generierung von enable-Signalen vermieden. Betrachten Sie die, nun synthesegerechte Architektur zur variablen Taktteilung in Abbildung 7.9. Wir haben die Verwendung des enable-Signals explizit in der Schnittstellenbeschreibung zum Ausdruck gebracht, indem wir den Ausgang von clk_out in clken umbenannt haben. Mit der Umbenennung wollen wir verdeutlichen, dass hier eine völlig andere Philosophie dahinter steckt. *Wir erzeugen keinen verlangsamten Takt, sondern generieren ein clock-enable-Signal.* Alle Komponenten arbeiten im Gegensatz zu vorher mit dem gleichen Takt. Ist eine weniger schnelle Abarbeitung für einen Baustein erforderlich, wird dieser mit einem clken-Eingang versehen und bei dessen Architektur dieses Eingangssignal synthesekonform verwendet. Die Prozesse zur Spezifikation von Flipflops mit enable haben wir bereits in Abbildung 7.2 vorgestellt.

Leider ist die in Abbildung 7.9 gezeigte Architektur des variablen Taktteilers bei verschiedenen, jedenfalls bei verschiedenen älteren FPGAs nicht nutzbar. Das Synthesetool meldet lapidar, dass wir Flipflops mit asynchronem Reset und Load wünschen, diese aber nicht unterstützt werden. Wieso impliziert dieser VHDL-Code ein Eingangssignal vom „Typ" Load? Grund hierfür sind die Zeilen (19) bis (22). Wir wollen die Inhalte der 28 Flipflops mit der Belegung des Signals step beim Zählerstand X"0000000" überschreiben. Ansonsten wird die aktuelle Belegung von cnt dekrementiert. Dies entspricht in der Tat einem Load.

Es bieten sich nun zwei Auswege aus dem Dilemma an.

- Wir beschreiben die Architektur in struktureller Form. Hier instanziieren wir zunächst 28 Flipflops mit asynchronem Reset. Vor den Eingang D jedes Flipflops setzen wir einen Multiplexer. Der Select-Eingang dieses Multiplexers ergibt sich aus dem logischen NOR aller Flipflop-Ausgänge – dies entspricht der Abfrage in Zeile (19). Falls dieser Select-Eingang den Wert '1' trägt, schalten wir die Belegung von step, sonst den berechneten Wert der Subtraktion des Zählers durch.

---
[2] In der Tat, einige Synthesewerkzeuge übersetzen dieses Codefragment in die in Abbildung 7.8 gezeigte Schaltung.

```vhdl
 4  entity varTeiler is
 5    port(reset,clk : in std_logic;
 6         step : in std_logic_vector(27 downto 0);
 7         clken : out std_logic);
 8  end varTeiler;
 9  architecture behavior of varTeiler is
10    signal cnt : std_logic_vector(27 downto 0);
11    signal enable : std_logic;
12  begin
13    Teiler : process(clk, reset)
14    begin
15      if reset='1' then
16        enable<='0';
17        cnt<=step;
18      elsif clk='1' and clk'event then
19        if cnt=X"0000000" then
20          cnt<=step;
21          enable<='1';
22        else
23          enable<='0';
24          cnt<=cnt-1;
25        end if;
26      end if;
27    end process;
28    clken<=enable;
29  end behavior;
```

Abbildung 7.9: Synthesekonforme Beschreibung zur variablen Taktteilung.

- Wollen wir die funktionale Beschreibung beibehalten, müssen wir die Initialisierung mit dem vorgegebenen Wert step umgehen. Da wir eine Belegung mit Null für alle Flipflops erzwingen können (wie beim asynchronen Reset der Fall), bietet sich an, von Null beginnend bis zum Wert von step zu zählen. Wird dieser erreicht, setzen wir den Zählerstand von cnt wieder auf Null.

Wir haben uns für die zweite Variante entschieden. Sie können den modifizierten Quellcode in Abbildung 7.10 nachprüfen. Vielleicht fällt Ihnen dabei Zeile (19) auf. Wir testen hier auf größer oder gleich, statt auf Gleichheit, wie zu erwarten wäre. Fällt Ihnen der Grund hierzu ein? Das Lauflicht soll ja seine Geschwindigkeit erhöhen, sobald ein Richtungswechsel ausgelöst wurde. In einem solchen Fall werden wir den in dem Signal step übergebenen Wert verkleinern. Nun kann es passieren, dass der aktuelle Wert von cnt plötzlich größer als der Wert von step ist. In diesem Fall wäre das Spiel wieder stark verlangsamt worden, da der Zähler erst nach einem Überlauf wieder kleiner als die Schranke step gewesen wäre. In unserem Beispiel hätte es also passieren können, dass bis zu maximal 2^{28} Takte hätten vergehen müssen, um die Schranke wieder zu erreichen. Alleine an diesem kleinen Beispiel verstehen Sie sicherlich die dringende Notwendigkeit von ausführlicher Simulation zur Validierung, auf die wir in Kapitel 8 eingehen werden.

Lassen Sie uns nun zur nächsten Teilaufgabe übergehen. Zielstellung war es, zu Beginn des Spiels die Richtung des Lauflichtes mehr oder weniger zufällig zu bestimmen. Auch wenn hier eine einfachere Lösung auf der Hand liegt – die Anzahl der Taktzyklen, in denen die BTN3- und

7.3 VHDL-Beschreibung des Spiels

```
13    Teiler : process(clk, reset)
14    begin
15      if reset='1' then
16        enable<='0';
17        cnt<=(others=>'0');
18      elsif clk='1' and clk'event then
19        if cnt>=step then
20          cnt<=(others=>'0');
21          enable<='1';
22        else
23          enable<='0';
24          cnt<=cnt+1;
25        end if;
26      end if;
27    end process;
28    clken<=enable;
```

Abbildung 7.10: Synthesekonforme Beschreibung zur variablen Taktteilung.

die BTN0-Taste gleichzeitig gedrückt sind, wird bei schnellem Takt eine gute zufällige Wahl liefern –, wollen wir einen Pseudo-Zufallszahlen-Generator verwenden. Dieser wird uns in Kapitel 8 bei der Validierung von großen Schaltungen noch von Nutzen sein.

7.3.2 Generierung von Pseudo-Zufallszahlen

Pseudo-Zufallszahlen lasssen sich leicht über Schieberegister mit geeigneter Rückkopplung erzeugen. Ein Beispiel hierfür ist in Abbildung 7.11 zu sehen. Seien die vier Flipflops mit Null

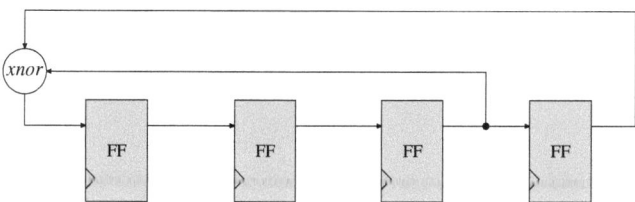

Abbildung 7.11: LSFR – linear feedback shift register.

initialisiert. Wir repräsentieren diese Belegung über einen Vektor z der Länge 4. Zu Beginn gilt also z="0000". Das xnor-Gatter liefert bei dieser Anfangsbelegung – an beiden Eingängen liegt Null an – logisch Eins. Nach einem Takt erhalten wir demzufolge z="1000". Nach dem zweiten Takt und auch nach dem dritten Takt bleibt die Eingangsbelegung für das xnor-Gatter gleich. Es ergeben sich die Vektoren z="1100" und z="1110". Nun liefert das xnor-Gatter eine '0' und im vierten Takt ergibt sich der Vektor z als "0111".

Die Belegungen der Flipflops nach jedem Takt ist in Tabelle 7.1 zusammengestellt. Zusätzlich wurde eine Interpretation des Vektors als vorzeichenlose Binärzahl angegeben. Diese zeigt die „Zufälligkeit" der Belegungen mit fortschreitender Zeit. Die Folge wiederholt sich natürlicherweise, in unserem Beispiel nach 15 Takten. Gibt man ein etwas Obacht, so erhält man bei solchen rückgekoppelten Schieberegistern eine Periode von $2^n - 1$, wobei n der Anzahl der

Takt	Belegung von z	binärer Wert	Takt	Belegung von z	binärer Wert
0	"0000"	0	9	"1001"	9
1	"1000"	8	10	"0100"	4
2	"1100"	12	11	"1010"	10
3	"1110"	14	12	"0101"	5
4	"0111"	7	13	"0010"	2
5	"1011"	11	14	"0001"	1
6	"1101"	13	15	"0000"	0
7	"0110"	6	16	"1000"	8
8	"0011"	3	17	...	

Tabelle 7.1: Pseudo-Zufallszahlen generiert über ein LFSR der Breite 4.

Flipflops entspricht. Wir setzen voraus, das eine geeignete Rückkopplung gewählt wurde und das Schieberegister nicht mit z="1111" initialisiert wird [54]. Diese Belegung würde konstant bleiben. Würde man das xnor-Gatter in der Rückkopplung durch einen xor-Baustein ersetzen, so würde die Belegung z="0000" zu diesem *deadlock* führen. Da Flipflops üblicherweise beim Einschalten auf den Wert Null initialisiert werden, ist dieser Ausnahmezustand durch die Verwendung eines xnor-Gatters einfacher zu umgehen.

```
 5   entity lfsr is
 6     port (reset,clk,enable,load: in std_logic;
 7           seed: in std_logic_vector(62 downto 0);
 8           pseudoR: out std_logic_vector(62 downto 0));
 9   begin
10     -- synthesis off
11     assert seed /= X"fffffffffffffff" & "111"
12     report "lfsr: Startwert darf nicht aus nur Einsen bestehen"
13     severity failure;
14     -- synthesis on
15   end lfsr;
```

Abbildung 7.12: Schnittstellenbeschreibung des LSFR.

Wir werden für unsere Zwecke ein rückgekoppeltes Schieberegister mit 63 Flipflops und einem Feedback-Signal, wie in Abbildung 7.11 gezeigt, benutzen. Damit erreichen wir eine Periode von $2^{63} - 1$, die bei einer Takt-Frequenz von 100 MHz immerhin rund 2.924 Jahren entspricht. Abbildung 7.12 zeigt die Schnittstellenbeschreibung dieses Bausteins. Neben den üblichen Eingängen für Takt und Reset kann über den Eingang load angegeben werden, dass ein Startwert in das rückgekoppelte Schieberegister geladen werden soll – der einzustellende Wert liegt am Eingangssignal seed an. Dieser wird geladen, wenn load='1' gilt. Da der Initialisierungswert nicht nur aus Einsen bestehen darf, haben wir eine nebenläufige **assert**-Anweisung in die Schnittstellenbeschreibung integriert. Das Schieberegister besitzt zudem noch einen weiteren Eingang, den Anschluss enable. Die Register sollen nur dann getaktet werden, wenn an enable der Wert '1' anliegt. Eine mögliche VHDL-Implementierung eines 63-Bit LSFR ist in Abbildung 7.13 zu sehen. Für die letztendliche Auswahl der Richtung des Lauflichts wählen wir willkürlich den Ausgang pseudoR(13). Bei der Einbindung der Komponente lfsr müssen wir auf eine vernünftige Initialisierung achten (siehe Abschnitt 7.3.6).

7.3 VHDL-Beschreibung des Spiels

```vhdl
16  architecture structure of lfsr is
17    signal sreg: std_logic_vector(62 downto 0);
18  begin
19    pseudoRandom: process(reset, clk)
20    begin
21      if reset = '1' then
22        sreg<=(others=>'0');
23      elsif rising_edge( clk ) then
24        if enable='1' then
25          if load='1' then
26            sreg<=seed;
27          else
28            sreg<=(sreg(1) xnor sreg(0)) & sreg(62 downto 1);
29          end if;
30        end if;
31      end if;
32    end process;
33    pseudoR<=sreg;
34  end structure;
```

Abbildung 7.13: Die Architektur des 63-Bit LSFR.

7.3.3 Veränderung der Geschwindigkeit des Lauflichtes

Um den Entwurf einfach zu halten, werden wir bei jedem Richtungswechsel die Geschwindigkeit einfach verdoppeln. In Abbildung 7.14 ist der zugehörige Ausschnitt aus dem VHDL-Prozess zu sehen. In Abhängigkeit von der aktuellen Richtung des Lauflichtes fragen wir die in den Signalen btn3_buffered und btn0_buffered abgelegten Zustände der beiden Tasten BTN3 und BTN0 ab. Bewegt sich das Lauflicht zum Beispiel bereits nach rechts, wird die Betätigung von BTN0 ignoriert. Umgekehrt gilt natürlich auch, dass die Betätigung von BTN3 keine Beachtung findet, wenn das Lauflicht aktuell nach links läuft. Findet eine Laufrichtungsumkehr statt, so wird gleichzeitig in Zeile (112) bzw. (118) die Geschwindigkeit des Lauflichtes verdoppelt, indem

```vhdl
108        if btn3_buffered = '1' and nachRechts='1' then
109          -- Richtung war "rechts"
110          nachRechts <= '0';
111          -- verdopple die Geschwindkeit
112          step <= '0' & step( 27 downto 1 );
113        end if;
114        if btn0_buffered = '1' and nachRechts='0' then
115          -- Richtung war "links"
116          nachRechts <= '1';
117          -- verdopple die Geschwindkeit
118          step <= '0' & step( 27 downto 1 );
119        end if;
```

Abbildung 7.14: Funktionaler Prozess zur Aktualisierung der Lauflicht-Geschwindigkeit.

die Vorgabe für den Taktteiler `step` halbiert wird. Die Division durch 2 realisieren wir durch einen Rechtsshift.

7.3.4 Ansteuerung der 7-Segment-Anzeigen

Die Ansteuerung einer 7-Segment-Anzeige haben wir uns bereits in Kapitel 1 kennengelernt. Abbildung 7.15 zeigt die Realisierung der Ansteuerung für die Ausgabe einer hexadezimalen Ziffer. Wir verwenden im VHDL-Code dieses Bausteins, den wir `Seg7Contr` nennen, eine Prozedur, um die Logik zur Ansteuerung der 7-Segment-Anzeige mehrfach verwenden zu können. Die Komponente `Seg7Contr` steuert beide verwendeten 7-Segment-Anzeigen an. Wir übergeben einmal die oberen und einmal die unteren vier Bit des binär kodierten Spielstandes und erhalten so die gewünschte Repräsentation mit zwei hexadezimalen Ziffern.[3]

7.3.5 Ansteuerung der LED-Zeile und der *game over*-Behandlung

Die Ansteuerung der LED-Zeile benötigt im Gegensatz zu den Ansteuerungen der beiden 7-Segment-Anzeigen interne Zustände. Wir merken uns die aktuelle Beschaltung der LEDs und detektieren, ob das Spiel als verloren zu werten ist. Demzufolge benötigen wir acht Flipflops für das Speichern der momentanen Belegung der LED-Zeile und ein Flipflop für den Zustand „verloren" oder „noch nicht verloren". Die Schnittstellenbeschreibung und die Architektur der Komponente ist in Abbildung 7.16 dargestellt.

Die Komponente steuert die LED-Zeile über einen Vektor, namens `led`, der Breite 8 an und liefert das Signal `verloren`. Als Eingabe benötigt die Teilschaltung neben dem Takt- und dem Reset-Eingang

- einen Anschluss `enable`, der an ein Signal angeschlossen wird, über das die Geschwindigkeit angepasst wird,

- einen Anschluss `gamereset`, über den ein Spielstart beziehungsweise ein Neustart initiiert werden kann, und

- einen Anschluss `nachRechts`, der die aktuelle Laufrichtung angibt.

Im Reset-Zustand initialisieren wir die LEDs, sodass LED `LD3` aufleuchtet. Da ein neues Spiel erst bei Betätigung der beiden Tasten `BTN3` und `BTN0` beginnt, vermerken wir im Signal `int_verloren`, dass sich zunächst das Spiel – es hat noch überhaupt nicht begonnen – im Zustand „verloren" befindet. So lange dieser Zustand beibehalten wird, bleibt das Lauflicht durch die Bedingungen in Zeile (30) und (38) unverändert. Wird durch `gamereset` der Beginn beziehungsweise der Neustart eines Spiels signalisiert, setzen wir den Status in Zeile (22) auf „nicht verloren" und initialisieren die LEDs nochmals (Neustart!).

---

[3] Die Zeilen (46)–(50) und (51)–(57) werden durch das verwendete Demonstrationsboard bedingt. Wir sehen davon ab, die entsprechenden, sehr spezifischen Details hier zu erläutern.

7.3 VHDL-Beschreibung des Spiels

```vhdl
17    -- Zählerstand hexadezimal für die
18    -- 7-Segment-Anzeigen codieren
19    process(clk,reset)
20      procedure spielstand2seg7
21        ( spielstand: in std_logic_vector(3 downto 0);
22          signal cathode: out std_logic_vector(6 downto 0)) is
23      begin
24        case spielstand is
25          when "0000" => cathode <= "1000000"; -- 0
26          when "0001" => cathode <= "1111001"; -- 1
27          when "0010" => cathode <= "0100100"; -- 2
28          when "0011" => cathode <= "0110000"; -- 3
29          when "0100" => cathode <= "0011001"; -- 4
30          when "0101" => cathode <= "0010010"; -- 5
31          when "0110" => cathode <= "0000010"; -- 6
32          when "0111" => cathode <= "1111000"; -- 7
33          when "1000" => cathode <= "0000000"; -- 8
34          when "1001" => cathode <= "0010000"; -- 9
35          when "1010" => cathode <= "0001000"; -- A
36          when "1011" => cathode <= "0000011"; -- B
37          when "1100" => cathode <= "1000110"; -- C
38          when "1101" => cathode <= "0100001"; -- D
39          when "1110" => cathode <= "0000110"; -- E
40          when "1111" => cathode <= "0001110"; -- F
41          when others => cathode <= "0000000";
42        end case;
43      end procedure;
44      begin
45        if reset='1' then
46          state <= (others => '0');
47          cathode <= (others => '1');
48        elsif clk='1' and clk'event then
49          if enable400Hz = '1' then
50            state <= state + 1;
51            if state = "11" then
52              spielstand2seg7(spielstand(3 downto 0), cathode);
53            elsif state = "00" then
54              spielstand2seg7(spielstand(7 downto 4), cathode);
55            else
56              cathode <= (others => '1');
57            end if;
58          end if;
59        end if;
60    end process;
```

Abbildung 7.15: Ansteuerung der 7-Segment-Anzeigen.

```vhdl
 4  entity Lauflicht is
 5    port( clk,reset,enable,gamereset: in std_logic;
 6       nachRechts : in std_logic;
 7       led : out std_logic_vector( 7 downto 0 );
 8       verloren : out std_logic);
 9  end Lauflicht;
10  architecture behavior of Lauflicht is
11    signal int_led : std_logic_vector( 7 downto 0 );
12    signal int_verloren : std_logic;
13  begin
14    ledContr : process( clk, reset )
15    begin
16      if reset = '1' then
17        int_verloren <= '1';
18        int_led <= ( 3 => '1', others => '0' );
19        -- LED LD3 leuchtet
20      elsif rising_edge( clk ) then
21        if gamereset='1' then
22          int_verloren <= '0';
23          int_led <= ( 3 => '1', others => '0' );
24          -- LED LD3 leuchtet
25        else
26          if nachRechts='1' then
27            if int_led( 0 ) = '1' then
28              int_verloren <= '1';
29            else -- Rechtsshift
30              if enable='1' and int_verloren='0' then
31                int_led <= '0' & int_led( 7 downto 1 );
32              end if;
33            end if;
34          else
35            if int_led( 7 ) = '1' then
36              int_verloren <= '1';
37            else -- Linksshift
38              if enable='1' and int_verloren='0' then
39                int_led <= int_led( 6 downto 0 ) & '0';
40              end if;
41            end if;
42          end if;
43        end if;
44      end if;
45    end process;
```

Abbildung 7.16: *Realisierung der Laufrichtungsumkehr und Behandlung eines eventuellen* game over.

7.3 VHDL-Beschreibung des Spiels

Je nach aktueller Richtung des Lauflichtes überprüfen wir in jedem Takt, also mit 50 MHz, ob die leuchtende LED rechts oder links am Rand angekommen ist (siehe Zeile (27) bzw. (35)). Ist dies der Fall, gilt das Spiel als verloren und wir setzen dazu `int_verloren` auf logisch Eins. Ansonsten wird die leuchtende LED nach links oder rechts in Abhängigkeit der gerade gewählten Richtung geschoben, jedoch nur dann, wenn das Signal `enable` aktiv und die somit die Aktion erlaubt ist.

7.3.6 Die Gesamtschaltung

Fassen wir zunächst zusammen, welche Teile der Gesamtarchitektur `reaktionstest`, die in Abbildung 7.17 skizziert sind, wir bereits besprochen haben. Es sind dies

- eine Ansteuerung für die 7-Segment-Anzeigen (Baustein `seg7Contr`),
- eine Ansteuerung für die LED-Zeile (Baustein `lauflicht`),
- einen Taktteiler (Baustein `varTeiler`), der einen eingehenden Takt nach einem variablen Verhältnis teilen kann, und
- ein Pseudo-Zufallszahlen-Generator (Baustein `lfsr`).

In der Architektur `reaktionstest` werden diese zunächst wie in Abbildung 7.18 gezeigt als Komponenten deklariert und dann instanziiert.

Starten eines neuen Spiels

Nach der Instanziierung wird zuerst die Belegung des Signals `gamereset` behandelt. Ein Spiel sollte neu gestartet werden beziehungsweise die Hardware sollte zum Spielen bereit sein, wenn beide Tasten `BTN3` und `BTN0` auf dem Demonstrationsboard gleichzeitig betätigt werden. Hier ist es also notwendig, die beiden primären Eingänge `BTN3` und `BTN0` in irgendeiner Form mit logisch-UND zu verknüpfen. Das klingt äußerst trivial, jedoch sollte man auf eine solche Situation sein Augenmerk richten. Der Tastendruck durch den Spieler wird völlig „unverhofft" für die Schaltung ausgelöst, insbesondere erfolgt dies asynchron zum Takt. Weiterhin können die Tasten prellen, also bei einer Betätigung mehrfach Kontakt auslösen. In Abbildung 7.19 haben wir das Prellen der Taster des Demonstrationsboards mit dem Oszilloskop nachgemessen. Es kommt in unserer Anwendung noch hinzu, dass wir *zwei* Tasten abfragen, ob diese gleichzeitig gedrückt worden sind; sicherlich wird dabei eine der beiden Tasten einen Moment früher schließen beziehungsweise die Verbindung etwas später wieder lösen als die jeweils andere. Alle diese Phänomene können zu Störimpulsen (engl.: *glitches*) führen, wie wir sie bei der Vermischung von Anwenderlogik und Taktnetzwerk schon beobachtet und diskutiert haben.

> **Fallstrick 23**
>
> Primäre Ein- und Ausgänge sollten, wenn möglich, zunächst über Speicherelemente entkoppelt werden, um Störimpulse zu vermeiden.

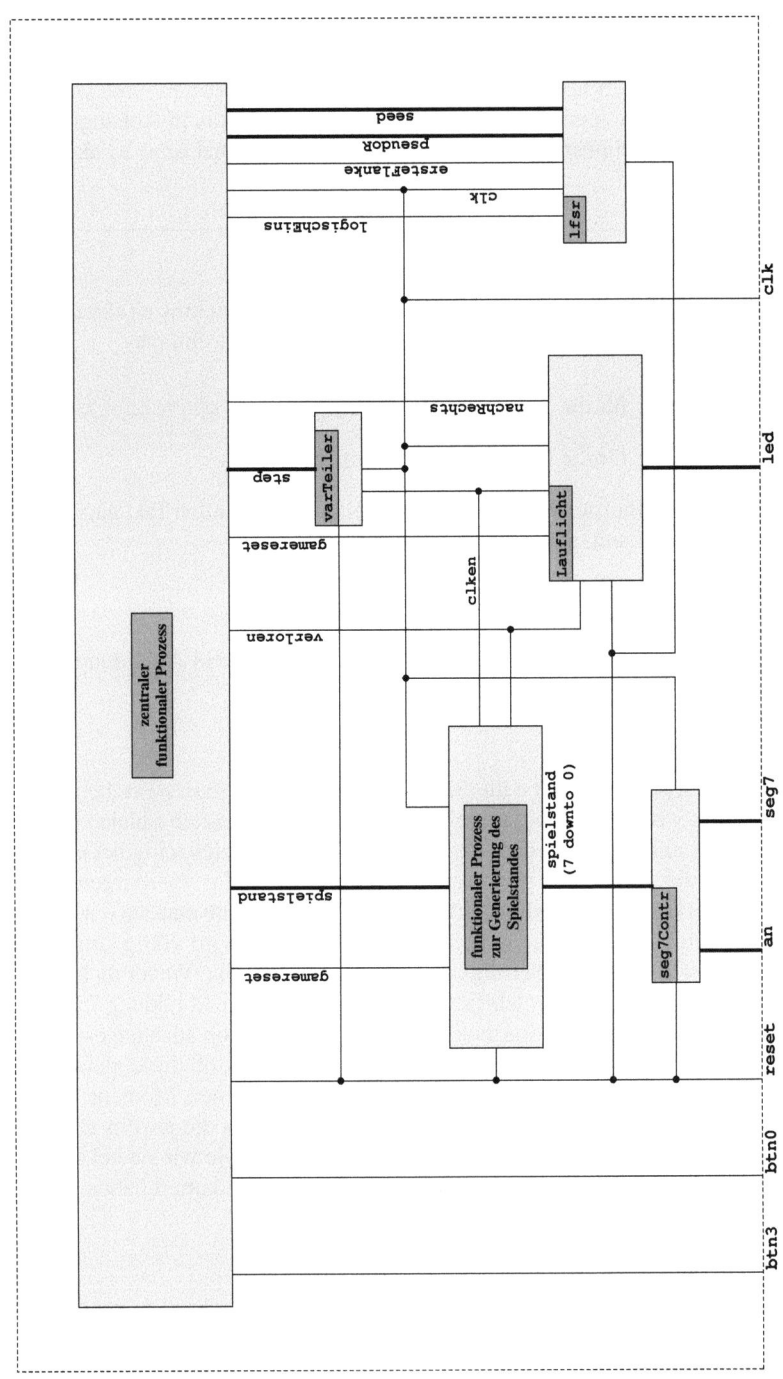

Abbildung 7.17: Schematische Darstellung der Architektur zum Reaktionstest-Spiel.

7.3 VHDL-Beschreibung des Spiels

```
50    PseudoRandomGenerator: lfsr
51      port map(reset, clk, logischEins,
52               ersteFlanke, seed, pseudoR);
53
54    Lauflicht1 : lauflicht port map (
55      reset => reset, clk => clk,
56      gamereset => gamereset,
57      enable => clken,
58      nachRechts => nachRechts,
59      led => led, verloren => verloren
60      );
61
62    SevenSeg: seg7Contr
63         port map (clk, reset, spielstand, an, seg7);
64
65    varTeiler1: varTeiler
66         port map (clk, reset, step, clken);
```

Abbildung 7.18: *Deklaration und Instanziierung der Komponenten der Architektur* reaktionstest.

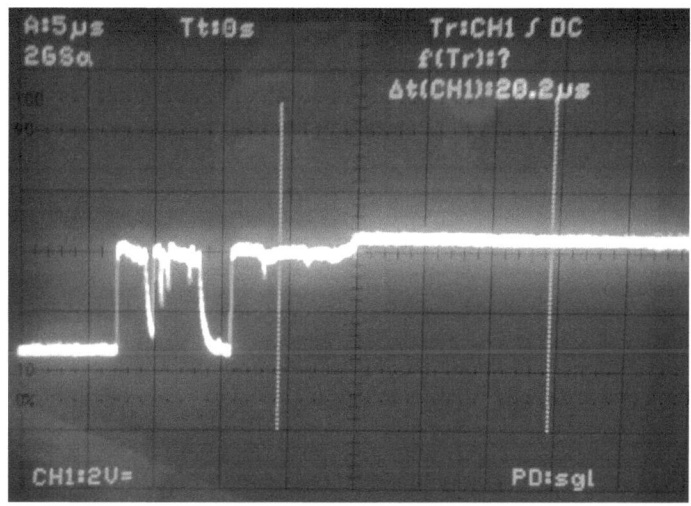

Abbildung 7.19: *Tasten prellen im Allgemeinen beim Betätigen.*

Wir erhalten die Belegung des Signals `gamereset` gemäß dieser Prämisse über die Anweisung

```
68    gamereset <= btn0_buffered and btn3_buffered;
```

wobei `btn3_buffered` und `btn0_buffered` die zunächst in Flipflops eingetakteten Versionen von BTN3 und BTN0 sind.

Erhöhen des Spielstandes

Die Erhöhung des Spielstandes wollen wir funktional beschreiben. Der Prozess

```
70    Score : process( clk, reset )
71    begin
72       if reset = '1' then
73          spielstand <= ( others => '0' );
74       elsif rising_edge( clk ) then
75          if gamereset='1' then
76             spielstand <= ( others => '0' );
77          else
78             if clken = '1' and verloren='0' then
79                spielstand <= spielstand + 1;
80             end if;
81          end if;
82       end if;
83    end process;
```

leistet das Gewünschte. Beim Einschalten, einem globalen Reset oder zu Beginn eines Spiels wird der Spielstand auf Null gesetzt. Falls das Signal `clken` aktiv wird und wir noch nicht verloren haben, inkrementieren wir den Spielstand – diese Bedingung löst in der Teilschaltung `lauflicht` auch das Weiterrücken des Lauflichtes aus.

Neustart der Hardware

Offen ist nun nur noch die Initialisierung bei einem globalen Reset und Neustart des Spiels. Hier ist insbesondere die Vorbelegung des Pseudo-Zufallszahlen-Generators `lfsr` zu berücksichtigen. Das in Abbildung 7.20 gezeigte Codefragment zeigt eine mögliche Realisierung. Wir verwenden ein asynchrones Reset und reagieren dann auf die steigenden Flanke des 50 MHz Taktes. Liegt ein globales Reset an, legen wir folgendes Verhalten fest:

- Das Lauflicht wandert nach rechts.

- Die Vorgabe für den Taktteiler wird auf $3*50*10^6$ (hexadezimal X"8f0d180") gesetzt. Dies entspricht bei 50 MHz einer „Lauflicht-Geschwindigkeit" von circa 3 Sekunden.

- Die Flipflops zur Entkopplung der beiden Tasten BTN3 und BTN0 werden auf '0' gesetzt – dies entspricht, dem Zustand, dass die Tasten nicht betätigt wurden (Stichwort: *active high*).

- Die Register `ersteFlanke` und `waitforNextClken` zur Feststellung der jeweils ersten Flanke nach dem globalen Reset des Taktes und des ersten Impulses von `clken` werden initialisiert.

Bei jeder steigenden Flanke des Taktes aktualisieren wir die Entkopplungsregister für die Tasten BTN3 und BTN0 in Zeile (93).

7.3 VHDL-Beschreibung des Spiels

```
86    RTest : process( reset, clk )
87    begin
88      if reset = '1' then
89        nachRechts <= '1'; step <= X"8f0d180";
90        btn0_buffered<='0'; btn3_buffered<='0';
91        ersteFlanke<='1'; waitforNextClken<='1';
92      elsif rising_edge( clk ) then
93        btn0_buffered<=btn0; btn3_buffered<=btn3;
94        if ersteFlanke='1' then
95          ersteFlanke<='0';
96        end if;
97        if gamereset = '1' then
98          step <= X"8f0d180";
99          nachRechts <= pseudoR(13);
100         waitforNextClken<='1';
101       else
102         if clken='1' then
103           waitforNextClken<='0';
104         end if;
105         if verloren = '1' or spielstand = X"ff" then
106         else
107           if waitforNextClken='0' then
```

***Abbildung 7.20:** Neustart der Hardware.*

Liegt die erste steigende Flanke des Taktes an, setzen wir ersteFlanke auf '0' (siehe Zeilen (94) - (96)). Dieses Signal wird an den load-Eingang des Pseudo-Zufallszahlen-Generators weitergeleitet, sodass durch das Zurücknehmen des Wertes '1' die Ladephase beendet wird. Diese Aufforderung wird genau einmal ausgelöst. Danach generiert die Komponente in jedem Takt eine neue Pseudo-Zufallszahl.

Die Zeilen (97) - (101) spezifizieren die Aktionen, die zu Beginn des Spiels und bei Neustart erfolgen. Solange beide Tasten gedrückt sind, wird die Richtung über den Pseudo-Zufallszahl-Generator bestimmt. Wir starten wieder mit langsamer Lauflicht-Geschwindigkeit und setzen das Signal waitforNextClken auf den Wert '1'. Solange dieses Signal auf dem Wert '1' liegt, wird die „Abarbeitung des Prozesses" ausgesetzt. Die zugehörige Bedingung sehen Sie in Zeile (107). Analog zur Feststellung der ersten Änderung bei clken wird auch hier das Signal waitforNextClken beim ersten ausgelösten clken zurückgenommen.

Es ist sicherlich schwierig, auf den ersten Blick zu verstehen, wieso eine solche Konstellation notwendig ist. Wir haben zwei bestimmende Faktoren für den Richtungswechsel des Lauflichtes. Auf der einen Seite speist der Pseudo-Zufallszahl-Generator bei Spielbeginn (oder bei globalem Reset) das Signal für die Richtung. Ansonsten gibt der Tastendruck auf BTN3 oder BTN0 die Richtung des Lauflichtes vor. Ohne die gerade beschriebene Konstruktion ist durch das gezielte Loslassen der Taster nacheinander die Richtung vorgegeben, anstatt dass diese zufällig gewählt wird.

Wir haben den Prozess im Zusammenhang nochmals in Abbildung 7.21 aufgelistet.

```vhdl
 86   RTest : process( reset, clk )
 87   begin
 88     if reset = '1' then
 89       nachRechts <= '1'; step <= X"8f0d180";
 90       btn0_buffered<='0'; btn3_buffered<='0';
 91       ersteFlanke<='1'; waitforNextClken<='1';
 92     elsif rising_edge( clk ) then
 93       btn0_buffered<=btn0; btn3_buffered<=btn3;
 94       if ersteFlanke='1' then
 95         ersteFlanke<='0';
 96       end if;
 97       if gamereset = '1' then
 98         step <= X"8f0d180";
 99         nachRechts <= pseudoR(13);
100         waitforNextClken<='1';
101       else
102         if clken='1' then
103           waitforNextClken<='0';
104         end if;
105         if verloren = '1' or spielstand = X"ff" then
106         else
107           if waitforNextClken='0' then
108             if btn3_buffered = '1' and nachRechts='1' then
109               -- Richtung war "rechts"
110               nachRechts <= '0';
111               -- verdopple die Geschwindigkeit
112               step <= '0' & step( 27 downto 1 );
113             end if;
114             if btn0_buffered = '1' and nachRechts='0' then
115               -- Richtung war "links"
116               nachRechts <= '1';
117               -- verdopple die Geschwindigkeit
118               step <= '0' & step( 27 downto 1 );
119             end if;
120           end if;
121         end if;
122       end if;
123     end if;
124   end process;
```

Abbildung 7.21: *Der zentrale Prozess der Architektur* reakTest.

Teil IV

Validierung von VHDL-Beschreibungen

Unter *Hardwarevalidierung* versteht man den Prozess, nachzuprüfen, ob eine Hardwarebeschreibung beziehungsweise ein Hardwareentwurf seiner funktionalen Spezifikation und den dazu formulierten Realzeitbedingungen genügt.

Die Validierung ist von zentraler Bedeutung beim Entwurf einer Schaltung. Integrierte Schaltungen haben seit geraumer Zeit Eingang zu allen Bereichen unseres Lebens und unserer Gesellschaft gefunden, insbesondere in sicherheitskritischen Bereichen. Komplexe digitale Systeme steuern Flugzeuge, werden bei Banktransaktionen und im Bereich der Intensivmedizin eingesetzt. Aus diesem Grunde wird der Ruf nach fehlerfreien Entwürfen wichtiger denn je.

Der Entwurf inklusive der Validierung des Entwurfs, der logischen Synthese und dem so genannten *Physical Design* (sowie die Fabrikation integrierter Schaltungen) ist sehr zeit- und kostenaufwändig. Eine herausragende Rolle spielt dabei die Validierung, also die Überprüfung, ob der Entwurf fehlerfrei ist. Da gefertigte fehlerhafte integrierte Schaltungen nicht repariert werden können, sondern ausgetauscht werden müssen, zielt man darauf ab, Entwurfsfehler so früh wie möglich im Designflow zu entdecken und nicht erst nachdem die Schaltungen fabriziert wurden. Diese Punkte spiegeln sich sehr deutlich in Statistiken der Firmen aus dieser Geschäftssparte wider. *Infineon Technologies AG* zum Beispiel ging im Jahre 2000 davon aus, dass ungefähr 60% bis 80% der Entwurfszeit integrierter Schaltungen auf die Validierungsphase fällt [44]. *Cadence Design Systems Inc.*, *Freescale Semiconductor Inc.* und *Synopsys Inc.* sprechen in 2008/09 von Validierungskosten von bis zu 75% der Gesamtkosten [22, 38]. Andere Quellen reden von einem 3-zu-1 Verhältnis zwischen Verifikationsingenieuren und Logikentwerfern.

Welche Aufgaben sind zu erledigen?

Welche Aufgaben sind zur Validierung von Schaltungen zu erledigen? Zu aller erst ist zu bemerken, dass die Validierungsphase im Allgemeinen kein „zusammenhängender Prozess" darstellt, sondern die gesamte Synthese einer Schaltung durch die Validierung begleitet wird. Wir unterscheiden zwischen den folgenden drei Phasen:

- Nachdem der Entwerfer eine formale Spezifikation des gewünschten Verhaltens der zu konstruierenden Schaltung – diese besteht in der Regel aus einem Satz von Eigenschaften, die in einer temporalen Logik [20] formuliert werden – angegeben hat, muss er sich von dessen Vollständigkeit überzeugen.

  Schauen Sie sich als Beispiel eine Ampelanlage einer Straßenkreuzung an. Hier ist eine notwendige Eigenschaft, die, dass die beiden sich kreuzenden Straßen nie zur gleichen Zeit eine Grünphase haben. Dies ist aber sicherlich keine vollständige Beschreibung des Verhaltens der gewünschten Ampelanlage, da eine Realisierung, bei der beide Ampeln immer auf rot stehen, diese Spezifikation zwar erfüllt, aber offensichtlich nicht das ist, was wir gerne haben wollten. Also benötigt man weitere Eigenschaften, zum Beispiel die, dass zu jedem Zeitpunkt jede der beiden Ampeln irgendwann in der Zukunft auf grün schaltet. Überlegen Sie sich nun selbst, ob man mit diesen zwei Eigenschaften einen vollständigen Satz von Eigenschaften gefunden hat.

  Das eigentliche Problem dieser „*Have we written enough properties?*"-Frage [14, 18, 33] besteht darin, dass man versucht, etwas Informales, nämlich die informale Vorstellung, was die Schaltung alles leisten sollte, mit etwas Formalem, der formalen Spezifikation der Eigenschaften, zu vergleichen. Diese Thematik, obwohl spannend, werden wir im Rahmen dieses Buches nicht weiter besprechen, da sie mit VHDL als Hardwarebeschreibungssprache direkt nichts zu tun hat.

- Nachdem die erste Implementierung der Schaltung vorliegt – dies kann zum Beispiel eine VHDL-Beschreibung einer Schaltung sein – muss überprüft werden, ob die Implementierung der im ersten Schritt herausgearbeiteten Spezifikation, d. h. den formalen Eigenschaften, genügt. Hier kennt man zwei Vorgehensweisen.

  Man kann versuchen, die Korrektheit der Implementierung durch Simulation nachzuweisen. Dies ist die bisher am meist benutzte Methode und wird das Thema der beiden nächsten Kapiteln sein.

  Da es in der Regel nicht möglich ist, den zu überprüfenden Baustein für alle möglichen Eingabefolgen zu simulieren – man denke zum Beispiel an eine Schaltung mit einigen hundert Eingängen –, versucht man, nachdem die Schaltung bereits „ausgiebig" erfolgreich simuliert worden ist, mit mathematischen Methoden nachzuweisen, dass die Implementierung den gegebenen Eigenschaften genügt. Hier spielen Verfahren wie *Symbolic Model Checking* [21, 39] und *Bounded Model Checking* [10] eine zentrale Rolle. Auch diese Ansätze gehen über den Fokus dieses Buches hinaus.

- Ist die Implementierung als korrekt bewiesen (oder glaubt man nach hinlänglich vielen Simulationsläufen, dass die Implementierung korrekt ist), so beginnt man mit der Synthese. Logiksynthese und -optimierung [23, 41, 43, 52] sowie Physical Design [35, 37, 48] sind durchzuführen.

  Während vieler Jahre wurde mit dem *Correctness by Construction*-Argument das Problem vernachlässigt, dass durch die Syntheseschritte wieder Fehler in den Entwurf eingestreut werden können. Man argumentierte, dass die Synthesealgorithmen alle als korrekt bewiesen sind und somit bei einer fehlerfreien Eingabe auch eine fehlerfrei Ausgabe durch sie erzeugt wird. Die Erfahrung zeigt jedoch, dass diese Argumentation nicht aufrecht erhalten werden kann. Richtig ist, dass die *reinen* Synthesealgorithmen als korrekt bewiesen, ihre softwaretechnische Umsetzungen, die aus mehreren hunderttausend Zeilen bestehen können, in der Regel jedoch nicht fehlerfrei sind. Da es uns mit den heute bekannten Methoden nicht möglich ist, Softwarepakete der genannten Größe formal zu verifizieren, geht man hier den Weg den Nachweis zu erbringen, dass die durch das Werkzeug synthetisierte Schaltung funktional äquivalent zu der eingegebenen, zu synthetisierenden Schaltung ist. Dieses Problem ist unter dem Namen *Equivalence Checking*-Problem bekannt und ist wohl das am besten untersuchte Problem im Bereich der formalen Verifikation von Schaltungen, sodass hierfür relativ mächtige und effiziente Algorithmen und Programmpakete zur Verfügung stehen [42].

Wir werden uns in den nächsten beiden Kapiteln mit der Validierung von in VHDL beschriebenen Schaltungen durch Simulation unter Verwendung so genannter Testbenches beschäftigen. Diese Technik kann insbesondere im Rahmen der Überprüfung, ob eine Implementierung vorgegebenen Eigenschaften genügt, eingesetzt werden.

Einleitung zu Teil 4 – Validierung von VHDL-Beschreibungen

Was sind nun Testbenches?

Unter dem englischen Begriff *Testbench* versteht man im Deutschen sinngemäß *Prüfstand*, *Laborversuchsanlage* oder auch *Werkbank*. Wir diskutieren also im Folgenden den Entwurf und die Leistungsfähigkeit solcher Prüfstände in der Hardwarebeschreibungssprache VHDL. Es stellt sich also zunächst die Frage, wer oder was überhaupt auf den Prüfstand kommt? Offensichtlich sind das die in VHDL beschriebenen Schaltungen. Wir überprüfen also VHDL-Entwürfe auf Korrektheit mit Methoden und Konstrukten von VHDL selbst.

Im Gegensatz zu einem Prüfstand des TÜV oder der Dekra, wo Sie Ihr Fahrzeug *unabhängig vom Hersteller* einer Kontrolle unterziehen lassen müssen, sind die VHDL-Prüfstände meist speziell für eine Schaltung entworfen. Trotzdem gibt es einige grundlegende Gemeinsamkeiten.

- Eine Prüfanlage hat nur dann eine Existenzberechtigung, wenn sie die Möglichkeit bietet, einen Probanden unter die Lupe zu nehmen. Es muss, um in der Sprache eines TÜV-Ingenieurs zu bleiben, also stets eine *Halterung* oder *Aufnahme* für diesen geben. In VHDL nennen wir den Probanden *Design under Test*. Die *Halterung* entspricht der Instanziierung der Schaltung als Komponente. Als Marke der Instanziierung wird in der Regel die Zeichenfolge DUT als Abkürzung für *Design under Test* benutzt.

- Die Werkbank muss es dem Verifikationsingenieur erlauben, den Prüfling auf Herz und Nieren testen zu können. Dazu wird er alle Schalter, „Drehknöpfe" und Ähnliches betätigen wollen und dabei das Ist-Verhalten des Prüflings beobachten, um es mit dem Soll-Verhalten zu vergleichen.

Die Abbildung

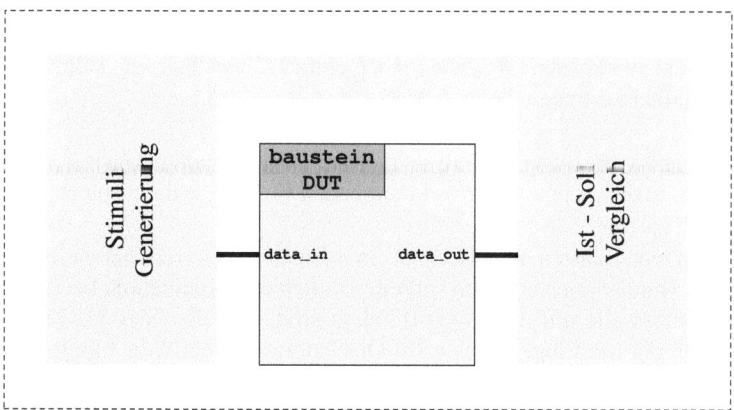

zeigt einen sehr einfachen Aufbau einer Testbench, den man in der Praxis relativ oft vorfindet. Die zu validierende Komponente – wir haben der dazugehörigen Schnittstelle den Namen baustein und der generierten Instanz, wie bei der Validierung üblich, den Namen DUT gegeben – ist in eine funktionale Beschreibung „eingespannt", die Stimuli, d. h. Belegungen für die Eingänge der Instanz DUT, generiert und sie an die primären Anschlüsse anlegt. Daraufhin geht der „Prüfstand" für eine gewisse, von der verwendeten Architektur der Komponente DUT abhängige Zeit in einen Wartezustand über. Wenn an den Ausgängen die Antwort des Bausteins auf die angelegte Belegung der Eingänge vorliegt, kann der „Prüfstand" das Ist-Verhalten des Bausteins mit dem Soll-Verhalten vergleichen. Dieser Vergleich erfolgt in der Regel über **assert**-Anweisungen. Sollte eine Differenz zwischen dem Ist- und dem Soll-Verhalten durch den „Prüfstand" festgestellt werden, so wird dies über eine Warnung (oder einen Fehler) ausgegeben.

In diesem Zusammenhang sollten wir nochmals darauf hinweisen, dass Testbenches in VHDL geschrieben sind. Wie auch in dem gerade besprochenen Beispiel besitzt eine Testbench in der Regel eine Schnittstelle, die weder Ein- noch Ausgänge besitzt. Der Name der Schnittstelle hat in der Regel den Suffix `tb`, um zu verdeutlichen, dass es sich dabei um eine Testbench handelt.

In Kapitel 8 werden wir eine Testbench dieser Art noch näher kennen lernen.

Welche Stimuli sollen angelegt werden?

Welche Stimuli soll nun der „Prüfstand" generieren, d. h. mit welchen Werten soll die betrachtete Komponente simuliert werden? Die spontane Antwort lautet hier

- Die Testbench soll, wenn möglich, alle Zustände der zu überprüfenden Komponente nacheinander einstellen, für jeden dieser Zustände alle Belegungen der Eingänge aufzählen und all diese auch an die entsprechenden Anschlüsse anlegen.

Ist dies möglich, so wird der zu validierende Baustein für jeden erreichbaren inneren Zustand der Schaltung und jede mögliche Belegung der Eingänge auf Korrektheit überprüft, sodass ein vollständiger Test auf Korrektheit erfolgt.

Eine solche vollständige Überprüfung ist aus Laufzeitgründen offensichtlich nur dann möglich, wenn der zu validierende Baustein nur über wenige (binäre) Eingänge verfügt und nur wenige innere Zustände annehmen kann (die zudem noch einfach einstellbar sein sollten). Ist dies nicht der Fall, so lautet die Faustregel, die man befolgen sollte:

- Die Testbench soll solche Stimuli an den zu überprüfenden Baustein anlegen, die die wichtigsten, in der Komponente vorkommenden Ereignisse durchspielen.

Ist der zu überprüfende Baustein zum Beispiel ein n-Bit OR-Gatter, so sagt diese Regel aus, dass wenigstens $n+1$ Simulationen erfolgen sollten, nämlich eine Simulation, bei der die Eingänge des n-Bit OR-Gatters alle mit dem Wert 0 belegt sind, und für jedes $i \in \{1,\ldots,n\}$ je eine Simulation bei der der i-te Eingang des n-Bit Or-Gatters auf dem Wert 1 liegt und die übrigen auf dem Wert 0 liegen.

Zudem hat sich in der Praxis Folgendes herausgestellt:

- Die überprüfte Komponente sollte durch eine Reihe von zufälligen Belegungen der Eingänge simuliert werden.

Ein weiterer, sehr eleganter Ansatz besteht darin, der Testbench, sagen wir mal über eine Datei, Befehle zu erteilen. Die Testbench enthält bei diesem Ansatz einen Interpreter oder Compiler, der

Einleitung zu Teil 4 – Validierung von VHDL-Beschreibungen

die Befehle dekodiert und dann ausführt. Stellen Sie sich vor, der zu überprüfende Baustein wäre zum Beispiel ein Stapel (engl.: *stack*). Dann könnte man als Befehlssatz die Menge bestehend aus den Befehlen

`PUSH wert`

> Der angegebene Wert soll von der Testbench auf den Stapel gelegt werden.

`POP`

> Das oberste Element des Stapels soll von der Testbench entfernt werden.

`EMPTY?`

> Die Testbench soll anfragen, ob der Stapel leer ist.

`MULTIPUSH range`

> Die Testbench soll die Werte aus dem angegebenen Bereich auf den Stapel legen.

`MULTIPOP positive`

> Die Testbench soll eine gewisse Anzahl von `POP`-Operationen hintereinander ausführen.

wählen. Die Testbench sollte so implementiert sein, dass sie eine beliebige Folge von Befehlen aus diesem Befehlssatz einliest und diese in der gelesenen Reihenfolge ausführt. Hierbei sollte die Testbench Buch über die Belegung des Stapels führen und nach jeder Operation beziehungsweise Teiloperation überprüfen, ob das Ist-Verhalten dem Soll-Verhalten entspricht.

Ein ausführliches Beispiel einer Testbench dieser Art werden wir in dem Kapitel 9 vorstellen. Als weiterführende Literatur zu Testbenches empfehlen wir das Buch von Bergeron [9].

8 Testbenches für APG-Addierer

Wir werden uns in diesem Kapitel anschauen, wie wir die in Kapitel 6 beschriebenen Addierer validieren können. Nach den gerade ausgeführten Bemerkungen, betrachten wir in der Testbench, der wir den Namen `add_tb` geben wollen, eine Instanz DUT des zu überprüfenden Addierers `add`, dessen Schnittstelle durch

```
5   entity add is
6     generic (n: positive);
7     port
8       (a, b: in std_logic_vector (n-1 downto 0);
9        c_in : in std_logic;
10       s : out std_logic_vector (n-1 downto 0);
11       ov : out std_logic);
12  end add;
```

gegeben ist. Die Testbench `add_tb`, deren struktureller Aufbau der Skizze

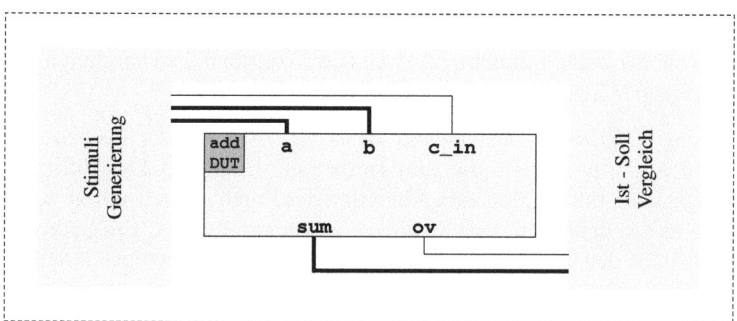

entspricht, soll die Eingangsports mit verschiedenen Stimuli belegen und dann das Ist-Verhalten mit dem Soll-Verhalten jeweils vergleichen.

Die Schnittstelle der Testbench `add_tb` ergibt sich demzufolge durch

```
6   entity add_tb is
7     generic( n : positive := 4);
8   end add_tb;
```

Dieser VHDL-Baustein besitzt also, wie dies bei Testbenches in der Regel der Fall ist, keine Anschlüsse. Die Schnittstelle ist aber mit einem generischen Parameter *n* versehen, über den wir die Bitbreite des zu überprüfenden Addierers angeben werden. Dieser Parameter ist mit dem Wert 4 vorbelegt, d. h. wird dem generischen Parameter *n* kein Wert explizit zugeordnet, so wird ein 4-Bit Addierer validiert.

Bevor wir nun zu möglichen Architekturen der Testbench `add_tb` kommen, lassen Sie uns nochmals in Erinnerung rufen, welches Ein- und Ausgabeverhalten der Baustein `add` haben sollte. Der Baustein `add` besitzt drei Eingänge,

- die beiden Anschlüsse `a` und `b`, die beide Vektoren der Länge n über dem Datentyp `std_logic` sind und über die die beiden Operanden der Addition in Zweierkomplement-Zahlendarstellung angelegt werden, und

- den Anschluss `c_in`, über den der eingehende Übertrag des Addierers angelegt wird. Dieser Eingang dient zur Umschaltung zwischen der Addition und Subtraktion,

und zwei Ausgänge,

- den Anschluss `s`, der ebenfalls einen Vektor der Länge n über dem Datentyp `std_logic` darstellt, über den das eigentliche Ergebnis des Addiererbausteins, nämlich die Summe der beiden Operanden, zurückgegeben wird, sofern kein Überlauf auftritt, und

- den Anschluss `ov` vom Datentyp `std_logic`, der anzeigt, ob ein Überlauf aufgetreten ist.

8.1 Vollständige Validierung eines Addierers

Ist die Bitbreite des zu überprüfenden Addierers klein, sagen wir kleiner als 8, so bereitet es von der Komplexität her keine Probleme, den Addierer vollständig zu validieren. Abbildung 8.1 zeigt eine entsprechende Testbench.

In der in Abbildung 8.1 gezeigten Architektur `TB_ARCHITECTURE` der Testbench `add_tb` wird neben den Signalen `a`, `b` und `c_in`, die zum Treiben der Eingänge des Prüflings erforderlich sind, und den Signalen `s` und `ov`, die zum Abgreifen des Ergebnisses benötigt werden, noch ein Hilfssignal, namens `sX`, deklariert. Das Signal `sX`, deklariert als `std_logic`-Vektor der Länge $n+1$, wird im Rahmen der Vorzeichenverdopplung eingesetzt. Wir wollen darauf im Folgenden näher eingehen. Die Erläuterungen werden von einem Beispiel begleitet, in dem wir annehmen, dass die Bitbreite n des zu überprüfenden Addierers gleich 4 ist.

Die in Abbildung 8.1 gezeigte Testbench arbeitet wie folgt:

- Die beiden ineinander geschachtelten **for**-Schleifen, die in den Zeilen (34) bzw. (36) beginnen, gewährleisten, dass alle Paare (i,j) von ganzen Zahlen mit $0 \leq i,j \leq 2^n - 1$ durch die Testbench betrachtet werden, also in unserem Beispiel alle Paare (i,j) mit $0 \leq i,j \leq 15$.

8.1 Vollständige Validierung eines Addierers

```vhdl
 6  entity add_tb is
 7    generic( n : positive := 4);
 8  end add_tb;
 9  architecture TB_ARCHITECTURE of add_tb is
10    component add
11      generic( n : positive := 8 );
12      port(
13        a : in std_logic_vector(n-1 downto 0);
14        b : in std_logic_vector(n-1 downto 0);
15        c_in : in std_logic;
16        s : out std_logic_vector(n-1 downto 0);
17        ov : out std_logic );
18    end component;
19    signal a,b,s : std_logic_vector(n-1 downto 0);
20    signal c_in,ov : std_logic;
21    signal sX : std_logic_vector(n downto 0);
22    constant zero: std_logic:='0';
23    constant one: std_logic:='1';
24  begin
25    DUT : add -- Design Under Test
26    generic map ( n => n)
27    port map ( a, b, c_in, s, ov);
28    stimuli: process
29      variable at,bt: std_logic_vector(n-1 downto 0);
30    begin
31      report "Validierung startet...";
32      for c in zero to one loop
33        c_in<=c;
34        for i in 0 to 2**n-1 loop
35          at:=CONV_STD_LOGIC_VECTOR(i,n);
36          for j in 0 to 2**n-1 loop
37            bt:=CONV_STD_LOGIC_VECTOR(j,n);
38            sX<=(at(n-1)&at)+(bt(n-1)&bt)+c;
39            a<=at;
40            b<=bt;
41            wait for 10 ns;
42            assert ov=(sX(n) xor sX(n-1))
43            report "Fehler: Übertrag falsch berechnet!";
44            if (sX(n) xor sX(n-1))='0' then
45              assert s=(a+b)+c
46              report "Fehler: Summe falsch berechnet!";
47            end if;
48          end loop;
49        end loop;
50      end loop;
51      report "Validierung beendet";
52      wait;
53    end process;
54  end TB_ARCHITECTURE;
```

Abbildung 8.1: Vollständige Validierung eines Addierers

- Für jedes dieser Paare (i, j) werden in Zeile (35) bzw. Zeile (37) i und j durch die in dem Package `std_logic_arith` der Bibliothek `ieee` definierte Konvertierungsfunktion `CONV_STD_LOGIC_VECTOR` in die dazugehörigen vorzeichenlosen Binärdarstellungen der Länge n umgewandelt und den Variablen `at` beziehungsweise `bt` zugewiesen. Nehmen wir an, i wäre gleich 7 und j wäre gleich 10, so würde

    $$\text{at} = \text{CONV\_STD\_LOGIC\_VECTOR}(i, 4) = \text{"0111"}$$
    $$\text{bt} = \text{CONV\_STD\_LOGIC\_VECTOR}(j, 4) = \text{"1010"}.$$

    gelten. Interpretiert man diese beiden Vektoren über die Zweierkomplement-Darstellung, so stellt `at` in diesem Beispiel die Zahl $+7$ und `bt` die Zahl -6 dar. Demnach werden durch die Testbench alle Paare (at, bt) mit $-2^{n-1} \leq at, bt \leq 2^{n-1} - 1$, also der komplette Definitionsbereich einer n-Bit Addition bei Verwendung der Zweierkomplement-Zahlendarstellung betrachtet und an den Probanden angelegt.

- Die in den Variablen `at` und `bt` abgespeicherten Werte werden in den Zeilen (39) und (40) den Eingängen `a` und `b` der Addierer-Komponente zugewiesen. Dann stoppt die Ausführung der Architektur `TB_ARCHITECTURE`.

- Durch die Zuweisung der Werte von `at` und `bt` an die Eingänge des Addieres wird die zu prüfende Schaltung aktiviert und mit den neuen Werten an seinen Eingangssignalen, also in unserem Beispiel mit den Werten `"0111"` und `"1010"`, simuliert – sofern es sich wirklich um neue Werte handelt. Das Ergebnis der Berechnung liegt anschließend am Signal `s` und `ov` an.

- Die Testbench überprüft dann in den Zeilen (42) und (43), ob der Addierer das Überlaufbit `ov` korrekt gesetzt hat. Die Korrektheit der in Zeile (42) benutzten Abfrage folgt direkt aus dem Exkurs zur Vorzeichenverdopplung bei der Zweierkomplement-Zahlendarstellung in Kapitel 6 auf Seite 152. Man bemerke, dass dem Signal `sX` die formale Summe der beiden Operanden `at` und `bt` nach Vorzeichenverdopplung in Zeile (38) zugewiesen wird.

- Ist `(sX(n) xor sX(n-1))='0'`, d.h. sind die „beiden Vorzeichen" der erweiterten formalen Summe gleich, so ist die Summe von i und j bei eingehendem Übertrag `c_in` mit n Bits im Zweierkomplement darstellbar (siehe Seite 152). In diesem Fall fragen wir in Zeile (45) ab, ob die Belegung des Ausgangssignals `s` gleich der formalen Summe von `a` und `b` bei eingehendem Übertrag `c_in` ist. Die auf `std_logic_vector` definierte binäre Operation + bildet in der Tat die formale Summe der Vektoren. Ist dies der Fall, so hat der Baustein `add` nach den Ausführungen in Kapitel 6 die beiden Operanden `at` und `bt` korrekt addiert.

8.2 Validierung von Addierern bei großer Bitbreite

Wie kann man nun einen Addierer-Baustein validieren, dessen Bitbreite groß ist, sagen wir mal einen Addierer mit 24-Bit Operanden? Beschränkt man sich auf Validierung durch Simulation, so ist eine vollständige Überprüfung kaum noch möglich. Hier gibt es nun, wie in der Einleitung zu dem Themenkreis der Validierung schon angedeutet, zwei Ansätze, die in gewissem Sinne orthogonal zueinander liegen und sich somit nicht gegenseitig ausschließen. Es sind dies

- das Anlegen von so genannten „kritischen" Stimuli, d. h. von Eingangsbelegungen, die bestimmte Ereignisse im zu überprüfenden Baustein auslösen, und
- das Anlegen von zufällig gewählten Operanden.

8.2.1 Stimuli, die ausgewählte Ereignisse im Baustein auslösen

Abbildung 8.2[1] zeigt, wie man bestimmte Stimuli anlegen und dann das Ist-Verhalten mit dem Soll-Verhalten vergleichen kann. Wir testen in diesem Programmstück die Fälle, dass beide Operanden jeweils genau an einer Stelle eine Eins haben und zwar beide an der gleichen Stelle (siehe Zeile (28)–(47) in dem in Abbildung 8.2 gezeigten Code), und den Fall, dass der erste Operand mit dem Integer-Wert $2^{n-1} - 1$ und der zweite Operand mit dem Integer-Wert 1 belegt ist (Zeile (48)–(54)). Hiermit wollen wir überprüfen, ob an den einzelnen Stellen die Übertragsberechnung korrekt abläuft.

Lassen Sie uns kurz durch die Architektur `TB_CRITICAL_CASES` gehen und dabei annehmen, dass die Bitbreite n des zu überprüfenden Addierers gleich 24 ist, damit Sie verstehen, was in der Architektur wirklich passiert.

In der ersten Iteration der inneren `for`-Schleife `belege_und_teste` liegt an beiden Operanden a und b der Vektor `"0000_0000_0000_0000_0000_0001"` an. Da in dieser ersten Iteration `c_in='0'` gesetzt ist, ist das Soll-Verhalten des Addierers durch `s_soll` gleich `"0000_0000_0000_0000_0000_0010"` und `ov_soll='0'` gegeben.

Da die in Kapitel 6 vorgestellten Addierer-Beschreibungen ohne Verzögerungszeiten modelliert worden sind, d. h. während der Simulation der Addierer die Simulationszeit (bis auf Delta-Verzögerungen) nicht weiter rückt, liegt die Antwort des Addierer-Bausteins auf diese Belegung der Eingänge sicherlich nach 10 ns beziehungsweise 20 ns an seinen Ausgangssignalen an, sodass wir dann das Ist-Verhalten des Addierer-Bausteins mit seinem Soll-Verhalten vergleichen können. Wir hätten als Wartezeit auch einen beliebigen anderen positiven Wert wählen können.

In der nächsten Iteration werden die beiden Operanden a und b auf X"000002" und `s_soll` auf X"000004" gesetzt, indem die Belegungen von a und b jeweils um eine Stelle nach links geshiftet werden. Ebenso wird der Sollwert in dem Signal `s_soll` um eine Stelle nach links geshiftet – hier müssen wir natürlich darauf Acht geben, dass wir im Falle `c_in='1'` die Eins an der niederwertigsten, also der 0. Stelle nicht mitshiften, was die etwas kompliziertere Anweisung für das „Shiften" des Sollwertes erklärt. Dies setzen wir fort, bis wir die Übertragsberechnung an allen Stellen für `c_in='0'` überprüft haben, um dann den Fall `c_in='1'` zu betrachten.

Nachdem die äußere `for`-Schleife abgearbeitet ist, legen wir noch den durch `"011...11"` dargestellten Integer-Wert $2^{n-1} - 1$ an das Eingangssignal a und den durch `"00...001"` dargestellten Integer-Wert 1 an das Eingangssignal b an – also in unserem Beispiel die Werte X"7fffff" beziehungsweise X"000001" – und überprüfen auch für diese Belegung der Eingänge und `c_in='1'`, ob der Addierer-Baustein korrekt arbeitet.

---

[1] Wir nehmen im Folgenden an, dass die Bitbreite n des zu überprüfenden Addierers größer gleich 4 ist.

```vhdl
10  architecture TB_CRITICAL_CASES of add_tb is
11    component add
12      generic (n: positive := 24);
13      port(a,b: in std_logic_vector(n-1 downto 0);
14         c_in: in std_logic;
15         s: out std_logic_vector(n-1 downto 0);
16         ov: out std_logic );
17    end component;
18    signal a,b,s_ist,s_soll: std_logic_vector(n-1 downto 0);
19    signal c_in, ov_ist, ov_soll: std_logic;
20    constant zero: std_logic:='0';
21    constant one: std_logic:='1';
22  begin
23    DUT: add
24    generic map (n)
25    port map (a, b, c_in, s_ist, ov_ist);
26    testprozess: process
27    begin
28      a<=(0=>'1',others=>'0'); b<=(0=>'1',others=>'0');
29      s_soll<=(1=>'1', others=>'0');
30      wait for 10 ns;
31      belege_und_teste: for c in zero to one loop
32        c_in<=c;
33        for i in 0 to n-2 loop
34          if i=n-2 then ov_soll<='1';
35          else ov_soll<='0';
36          end if;
37          wait for 10 ns;
38          assert (s_ist = s_soll) and (ov_ist = ov_soll)
39          report "Fehler: Der Baustein addiert nicht korrekt";
40          a<=a(n-2 downto 0) & '0'; --shift left
41          b<=b(n-2 downto 0) & '0'; --shift left
42          s_soll<=s_soll(n-2 downto 1) & '0' & c;
43        end loop;
44        a<=(0=>'1',others=>'0'); b<=(0=>'1',others=>'0');
45        s_soll<=(0 | 1 =>'1', others=>'0');
46        wait for 10 ns;
47      end loop belege_und_teste;
48      a(n-1)<='0'; a(n-2 downto 0)<=(others=>'1');
49      b<=(0=>'1', others=>'0');
50      s_soll(n-1)<='1'; s_soll(n-2 downto 0)<=(0=>c_in,others=>'0');
51      ov_soll<='1';
52      wait for 10 ns;
53      assert (s_ist = s_soll) and (ov_ist = ov_soll)
54      report "Fehler: Der Baustein addiert nicht korrekt";
55      wait;
56    end process testprozess;
57  end architecture TB_CRITICAL_CASES;
```

Abbildung 8.2: Anlegen von Stimuli zur Überprüfung von Spezialfällen

8.2 Validierung von Addierern bei großer Bitbreite

Die in Abbildung 8.2 gezeigte Testbench muss natürlicherweise noch erweitert werden, damit der Addierer von ihr in einem vernünftigen Maße auf Korrektheit überprüft wird. Es müssen unbedingt zum Beispiel noch Stimuli miteinbezogen werden, die negative Zahlen darstellen, um „nachzuweisen", dass die Belegung des Signals ov auch für diesen Fall korrekt ist. Da nach den bisher gemachten Ausführungen es aber klar sein sollte, wie dies programmtechnisch zu erfolgen hat, wollen wir dies hier nicht weiter verfolgen.

8.2.2 Anlegen von Pseudo-Zufallszahlen

Neben Stimuli, die der Entwerfer aufgrund ihrer direkt ersichtlichen Bedeutung explizit auswählt, um sie an den zu überprüfenden Baustein anzulegen, besteht auch die Möglichkeit, Belegungen für die Eingänge zufällig zu wählen. Hier bietet es sich an, einen Pseudo-Zufallszahlen-Generator, wie zum Beispiel den in Kapitel 7 beschriebenen lsfr-Baustein, in die Testbench zu integrieren. Dieser Baustein generiert dann eine gewisse Anzahl pseudo-zufälliger Operanden, für die wir den Addierer-Baustein in gleicher Weise, wie wir dies in Abschnitt 8.1 gesehen haben, auf Korrektheit überprüfen.

Die in Abbildung 8.3 gezeigte Architektur TB_RANDOM_TESTS bindet neben der Instanz DUT des zu überprüfenden Bausteins noch eine Instanz des lfsr-Bausteins in die Testbench mit ein. Die Architektur besteht im Wesentlichen aus drei Prozessen,

- dem Prozess CLKGEN, der für die Generierung des Taktes, also der Belegung des Signals clk verantwortlich ist.

- dem Prozess initialisierung_lfsr, der das rückgekoppelte Schieberegister initialisiert. Hierzu muss der seed-Wert vernünftig belegt werden – wir haben für seed den Vektor "000" & X"000_0028_0000_0007" gewählt.

  Zum Laden dieses Wertes müssen die Steuersignale enable und load auf aktiv, d. h. auf den Wert '1', gesetzt werden. Bei der nächsten steigenden Flanke des Taktes clk wird dann der seed-Wert in das rückgekoppelte Schieberegister übernommen (siehe Abbildung 7.13, Seite 187).

- dem Prozess zufallstest, der in einer **for**-Schleife die jeweilige Belegung des rückgekoppelten Schieberegisters benutzt, um die Operanden zu belegen. Hierbei wird vor jedem Zugriff auf eine neue Belegung des rückgekoppelten Schieberegisters gewartet.

```vhdl
10  architecture TB_RANDOM_TESTS of add_tb is
11    component add
12      generic ( n: positive := 24 );
13      port( a,b: in std_logic_vector(n-1 downto 0);
14            c_in: in std_logic;
15            s: out std_logic_vector(n-1 downto 0);
16            ov: out std_logic);
17    end component;
18    component lfsr
19      port( reset, clk, enable, load: in std_logic;
20            seed: in std_logic_vector(62 downto 0);
21            pseudoR: out std_logic_vector(62 downto 0));
22    end component;
23    signal a,b,s: std_logic_vector(n-1 downto 0):=(others=>'0');
24    signal c_in,ov,reset,clk,enable,load: std_logic:='0';
25    signal sX: std_logic_vector(n downto 0) := (others=>'0');
26    signal seed,pseudo: std_logic_vector(62 downto 0):=(others=>'0');
27  begin
28    DUT: add
29      generic map (n)
30      port map ( a, b, c_in, s, ov );
31    PSEUDO_RANDOM: lfsr
32      port map ( reset, clk, enable, load, seed, pseudo );
33    CLKGEN: process(clk)
34    begin
35      clk <= not clk after 5 ns;
36    end process;
37    initialisierung_lfsr: process is
38    begin
39      seed <= ( 0 | 1 | 2 | 35 | 37 => '1', others => '0' );
40      enable <= '1'; load <= '1'; wait for 10 ns; load <= '0';
41      wait;
42    end process initialisierung_lfsr;
43    zufallstest: process is
44    begin
45      wait for 15 ns; --warte auf LFSR-Initialisierung
46      belege_und_teste: for i in 0 to 9999 loop
47        wait on pseudo; a <= pseudo(n-1 downto 0);
48        wait on pseudo; b <= pseudo(62 downto 63-n);
49        wait on pseudo; c_in <= pseudo(n);
50        wait for 10 ns; -- dann sind s und ov aktualisiert
51        sX<=((a(n-1)&a)+(b(n-1)&b))+c_in;
52        wait for 10 ns;
53        assert ov=(sX(n) xor sX(n-1))
54          report "Fehler: Übertrag!";
55        next when (sX(n) xor sX(n-1))='1';
56        assert s=(a+b)+c_in report "Fehler: Summe!";
57      end loop belege_und_teste;
58      wait until FALSE;
59    end process zufallstest;
60  end architecture TB_RANDOM_TESTS;
```

Abbildung 8.3: Anlegen von Pseudo-Zufallszahlen an den Addierer-Baustein

9 Testbenches für komplexe Entwürfe

Zur Illustration, wie in VHDL mit Hilfe von Testbenches komplexe Schaltungen validiert werden können, wollen wir im Folgenden zwei Schaltungen betrachten, die über Busse und entsprechende Protokolle mit extern angeschlossenen Schaltkreisen kommunizieren. Beginnen werden wir mit einem Baustein zur Ansteuerung eines Videoencoders über I^2C-Bus [46] durch einen FPGA. Als zweites diskutieren wir einen Entwurf zur dynamischen Rekonfigurierung von feldprogrammierbaren Bausteinen.

Wir werden im Rahmen der Testbenches insbesondere die umfangreichen Möglichkeiten der Datei-Ein/Ausgabe von VHDL (siehe Kapitel 5.2.4) nutzen, um auf elegante Art und Weise die Schaltungen zu validieren. Dazu werden durch die hier letztendlich entwickelte Testbench Befehle aus einer Datei geladen, interpretiert und in Anweisungen an die eigentliche Schaltung umgewandelt. Über diese, auf den ersten Blick aufwändige Konstruktion, gelingt es, einen hohen Abstraktionsgrad zu erreichen. Dies steigert die Übersichtlichkeit und verringert gleichzeitig die Anfälligkeit für Fehler bei der Validierung.

9.1 Xilinx MicroBlaze und Multimedia Demonstration Board

Wir benutzen für unsere Ausführungen das *MicroBlaze und Multimedia Demonstration Board* [55] von Xilinx Inc., dessen Kern aus einem programmierbaren Baustein (XC2V2000) der Virtex-II FPGA-Familie besteht. Obwohl der Baustein schon ein bisschen in die Jahre gekommen ist, erfüllt er alle Voraussetzungen, um an ihm die in diesem Kapitel zu behandelnden VHDL-Konzepte zu erläutern.

Neben einer Vielzahl anderer Komponenten zur Kommunikation (z.B. Audio, Ethernet) sind zwei integrierte Schaltkreise zur Videocodierung und -decodierung auf dem Board untergebracht. Diese erlauben, Videodaten zu verarbeiten und die Resultate wieder auf Fernseher beziehungsweise Monitor auszugeben. Es handelt sich dabei um die Bausteine ADV7194 [2] bzw. ADV7185 [3] von Analog Devices, Inc.

Weiter ist das Multimedia Board mit einer komfortablen Konfigurationslösung ausgestattet. Vorgefertigte Bitströme können auf einer CompactFlash-Karte gespeichert und über den *System-ACE*-Baustein [56] von Xilinx in den FPGA geladen werden. Beim Einschalten kann über drei Dip-Schalter aus bis zu acht auf der eingesteckten Karte gespeicherten Konfigurationen gewählt werden. Der FPGA und der System-ACE-Baustein sind über eine Schnittstelle miteinander verbunden, sodass der FPGA im laufenden Betrieb Einfluss auf seine Konfiguration nehmen kann.

Somit bietet die Platine die Möglichkeit, mit dynamischer und auch partieller Rekonfiguration von feldprogrammierbaren Bausteinen zu experimentieren.

In Abbildung 9.1 ist die Platine mit ihren Komponenten dargestellt.

Abbildung 9.1: *Das Multimedia Demonstration Board von Xilinx, Inc.*

9.2 Ansteuerung des Videocodierers ADV7194

Die beiden Bausteine ADV7194 und ADV7185 auf dem Multimedia Board dienen zur Videocodierung und -decodierung. Um zum Beispiel die Fernsehnorm für die Ein- und Ausgabe (NTSC, PAL) sowie eine Vielzahl weiterer Optionen einstellen zu können, sind der FPGA, der Encoder und der Decoder über einen I^2C-Bus miteinander verbunden. Abbildung 9.2 skizziert, in Anlehnung an die Darstellung von I^2C-Verbindungen durch den Urheber *Philips Semiconductors Inc.* [46], den Bus und die beteiligten Chips auf der Platine.

Der FPGA arbeitet als Master, die beiden Schaltkreise als Slaves. Ziel der Kommunikation ist es, bestimmte Register im Encoder und Decoder auszulesen beziehungweise zu beschreiben. Dazu selektiert der Master zunächst das Gerät, mit welchem er kommunizieren möchte. Die beiden Schaltkreise haben fest eingestellte Geräteadressen und sind somit eindeutig identifizierbar. Nachdem entweder Encoder oder Decoder ausgewählt wurde, beginnt der eigentliche Datentransfer. Dazu wird eine Adresse des zu beschreibenden beziehungsweise auszulesenden Registers und im Falle des Setzens eines Registers auch der jeweilige Wert übertragen.

Die angestrebte Testbench soll es uns erlauben, auf „Kommando-Ebene" die zugehörige Schaltung zur Abwicklung des Protokolls im FPGA zu validieren. Das Umschalten zur Videonorm

9.2 Ansteuerung des Videocodierers ADV7194

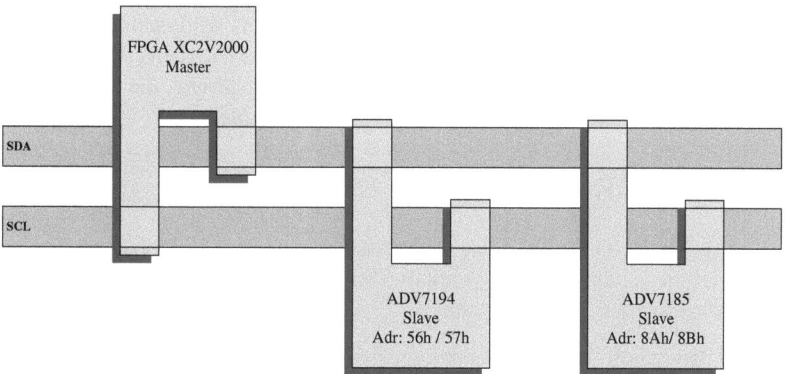

Abbildung 9.2: I^2C *Verbindungsstruktur auf dem Multimedia Demonstration Board von Xilinx, Inc.*

PAL und die Ausgabe eines Testbildes beispielsweise soll dem Testingenieur durch Angabe der Anweisungen

```
i2c_start
i2c_select_encoder("0101011" & '0');
i2c_select_subaddr(X"00");
i2c_write(X"05");
i2c_write(X"3f");
i2c_write(X"48");
i2c_write(X"00");
i2c_write(X"40");
i2c_stop
```

an die Testbench ermöglicht werden.

Damit eine solche Testbench nicht auf eine spezielle Kommandosequenz festgelegt bleibt, erweitern wir den Ansatz derart, dass die jeweilige Folge der I^2C-Befehle von der Testbench aus einer Datei eingelesen werden kann. Die Testbench interpretiert diese dann anschließend und ruft entsprechend die obigen VHDL-Prozeduren auf. Beispielsweise würde die Datei

```
# Kommando-Abfolge zum Einschalten des Testbildes
i2c_start
i2c_selenc   56
i2c_selsub   00
i2c_write    05 # PAL-Norm einstellen
i2c_write    3f # Default-Werte setzen
i2c_write    48 # Default-Werte setzen
i2c_write    00 # Default-Werte setzen
i2c_write    40 # Testbild einschalten
i2c_stop
```

die obigen Kommandos auslösen.

Bevor wir auf das Konzept und die Realisierung einer solchen Testbench eingehen, geben wir zunächst eine kurze Beschreibung des I^2C-Bus-Protokolls und der speziellen Konfiguration auf der Platine an. Danach entwickeln wir die Schaltung zur Ansteuerung, die als DUT dienen wird und über die wir das Protokoll zur Ansteuerung validieren wollen.

9.2.1 Der I^2C-Bus

Der I^2C-Bus [46] wurde von *Philips Semiconductors Inc.* vor circa 20 Jahren zur Kommunikation zwischen integrierten Schaltkreisen entwickelt. Der Name leitet sich aus *Inter IC* ab, wobei *IC* als Abkürzung für *Integrated Circuit* steht.

Der Bus besteht prinzipiell aus zwei Leitungen, sieht man von der Masse und Versorgungsspannung ab. Diese beiden Leitungen SDA (Datenleitung) und SCL (Taktleitung) werden seriell und bidirektional verwendet. Jede der Leitungen ist über einen pullup-Widerstand mit der Versorgungsspannung verbunden. Das Protokoll unterstützt mehrere Master, eine Funktionalität, die jedoch in unserer Anwendung nicht benötigt wird. Es werden Taktraten von 100 kHz, 400 kHz und 3,4 MHz unterstützt.[1]

Ein Datentransfer kann nur durch den Master initiiert werden, der zu diesem Zweck eine so genannte Startbedingung generiert. Danach legt er seriell, beim höchstwertigsten Bit beginnend, eine 7-Bit Adresse auf die SDA-Leitung, gefolgt von einem weiteren Bit, das angibt, ob eine Lesebeziehungsweise eine Schreiboperation vom Master gefordert wird. Alle angeschlossenen Geräte lesen die angegebene Adresse und vergleichen diese mit ihrer eigenen, festen Geräteadresse. Stimmen diese nicht überein, bleibt der Slave in seiner Ruheposition und lauscht auf die nächste Startbedingung und die darauf folgende Adresse vom Master. Stimmen die Adressen überein, kann der Slave dem Master ein „acknowledged"-Token senden, um diesem zu signalisieren, dass nun die gewünschte Lese- oder Schreiboperation durchgeführt werden kann. Nun beginnt der Datenaustausch zwischen dem selektierten Slave und dem Master. Dieser wird durch eine so genannte Stoppbedingung, die durch den Master generiert wird, beendet.

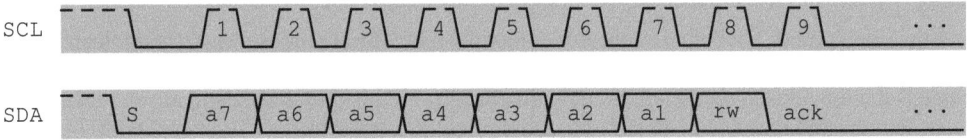

Abbildung 9.3: *I^2C: Beginn einer Datenübertragung durch Generierung einer Startbedingung* s, *Selektion eines Gerätes mit Adresse* a(7 **downto** 1), *Anforderung einer Schreibe- oder Leseoperation über* rw, *positive Rückmeldung durch das adressierte Gerät über* ack. *Die Fortsetzung der Signalverläufe ist in Abbildung 9.4 zu finden.*

In Abbildung 9.3 sind die Signalverläufe der beiden I^2C-Busleitungen für den Fall, dass der Master ein Gerät zur Datenübertragung auswählt und ihm diese Auswahl als erfolgreich zurückgemeldet wird, abgebildet. Am Anfang sind sowohl Takt- als auch Datenleitung über die jeweiligen pullup-Widerstände mit logisch Eins verbunden. Dies entspricht in der 9-wertigen Logik des Datentyps std_ulogic dem Wert 'H'. In den Signalverläufen ist dieser Zustand jeweils

---
[1] Die entsprechenden Modi lauten Standard-, Fast- und Highspeed-Mode.

durch gestrichelte Linien gekennzeichnet. Der Master initiiert nun eine Datenübertragung durch Setzen der Startbedingung. Dazu wird zuerst die Datenleitung und anschließend die Taktleitung vom Master auf logisch Null gezogen – wir benutzen, wie in der Literatur üblich, das Symbol S, um dies in der Abbildung darzustellen. Dann beginnt die eigentliche Datenübertragung. Diese erfolgt byteweise. Der Master legt nacheinander, beginnend beim höchstwertigsten Bit, die 7-Bit Adresse[2] des Gerätes, mit dem er kommunizieren will, auf die Datenleitung. Parallel dazu erzeugt der Master auf der Taktleitung die notwendigen sieben Taktzyklen. Auf die Geräteadresse folgt ein weiteres Bit namens rw, das angibt, ob von dem adressierten Gerät gelesen oder zu diesem Gerät geschrieben werden soll. Gilt rw='0', so lautet die Anforderung an das adressierte Gerät, dass ein Datenwort geschrieben werden soll. Falls rw auf dem Pegel '1' liegt, so soll von dem adressierten Gerät gelesen werden. Das rw-Bit wird im achten Taktzyklus übertragen. Im neunten Taktzyklus lässt der Master die Datenleitung „los", d. h. er schaltet seinen eigenen Treiber der Leitung hochohmig. Zieht der adressierte Slave die Leitung SDA wieder auf logisch Null, so bedeutet dies für den Master, dass der Slave die Anforderung verarbeitet hat.

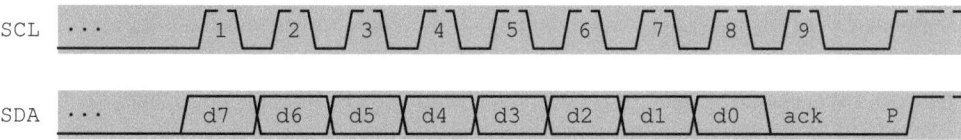

Abbildung 9.4: I^2C – *Fortsetzung von Abbildung 9.3: Schreiboperation mit* d(7 **downto** 0), *positive Rückmeldung durch das adressierte Gerät über* ack, *Ende der Übertragung durch Setzen der Stoppbedingung* P.

Wurde rw vom Master auf den Wert '0' gesetzt, so folgt die Übertragung des ersten Datenwortes an das adressierte Gerät. Die Signalverläufe von SCL und SDA sind in Abbildung 9.4 dargestellt. Es werden wieder acht Taktzyklen auf der Taktleitung erzeugt. In jeder dieser Phasen wird ein Bit des Datenwortes übertragen. Auch hier wird mit dem höchstwertigsten Bit begonnen. Im neunten Takt erfolgt wieder die Bestätigung durch das adressierte Gerät. Anschließend können weitere Datenworte übertragen werden. Zur Signalisierung des Abschlusses der Übertragung setzt der Master eine Stoppbedingung. Dazu wird zunächst die Taktleitung und danach die Datenleitung freigegeben, die beide durch die pullup-Widerstände auf logisch Eins „gezogen" werden. Wir halten uns an die Notation der Firma Philips und verwenden das Symbol P, um das Ereignis auf dem Bus darzustellen.

Wie leicht zu erkennen ist, sind die Ereignisse auf dem Bus für Start- und Stoppbedingung jeweils eindeutig erkennbar. Jedoch muss sichergestellt sein, dass während einer Datenübertragung sich die Belegung der Datenleitung nur während der nicht aktiven Taktphasen ändert.

9.2.2 Der Baustein i2ctop zur Ansteuerung des I^2C-Busses

Bevor wir auf den Prüfstand selbst, also die Testbench, zu sprechen kommen, stellen wir zunächst den Prüfling vor. Um die Erläuterungen nicht zu sehr mit technischen Details zu überladen – vordringliches Ziel dieses Kapitels ist die Vorstellung von Konzepten zur Erstellung und Verwendung von Testbenches und nicht die Vorstellung des I^2C-Busses –, realisiert die

---
[2]Es gibt Erweiterungen des Busprotokolls zur Unterstützung von 10-Bit langen Adressen.

hier vorgestellte VHDL-Implementierung nur eine stark eingeschränkte I^2C-Bus-Ansteuerung. Wir beschränken uns auf Schreiboperationen vom Master zu einem adressierten Gerät und die erforderlichen Start- und Stoppbedingungen. Desweiteren führen wir, wenn überhaupt, nur sehr rudimentäre Fehlerüberprüfungen und -behandlungen durch.

Die Schnittstelle des Bausteins i2cTop wird durch

```
 7  entity i2cTop is
 8    port (clk, reset: in std_logic;
 9          cmd: in i2c_command;
10          data: in std_logic_vector(7 downto 0);
11          scl,sda: inout std_logic;
12          en400k: out std_logic;
13          endCmd: out boolean);
14  end i2cTop;
```

definiert, deren Architektur eine Komponente i2cContr instanziiert, die für die eigentliche Anbindung an den Bus zuständig ist. Beide Bausteine verwenden das Package i2c, in dem insbesondere der Datentyp i2c_command definiert ist. Wir kommen gleich auf dieses Package zu sprechen.

Neben den Eingängen clk und reset und den eigentlichen Busleitungen scl und sda besitzt die Schaltung i2cTop einen Eingang cmd und einen Eingang data:

- Der Anschluss cmd ist vom Typ i2c_command, der im Package i2c durch

    ```
     7  type i2c_command is (start, stop, wr, idle);
    ```

    definiert ist. Der Baustein „versteht" also Kommandos zur Generierung einer Start- und Stoppbedingung sowie zum Schreiben zu einem Gerät am Bus. [3]

- Der Eingang data wird im Rahmen der Schreiboperationen benötigt. An ihn wird das jeweils zu schreibende Datenwort angelegt.

Als Ausgänge stellt die Schnittstelle i2cTop die Signale endCmd und en400k zur Verfügung, die wie folgt durch den Baustein belegt werden:

- Ein Kommando kann nur dann an die Schaltung erteilt werden, wenn diese aktuell keine Anweisungen verarbeitet. Um dies sicherzustellen, liefert die Schaltung über das Signal endCmd einen entsprechenden Status zurück. Dieses Signal ist jeweils für einen Takt aktiv und signalisiert, dass zur nächsten Anweisung übergegangen werden kann. Nachdem eine Aktion ausgelöst wurde, muss also gewartet werden, bis das Signal endCmd den Wert true annimmt.

- Auf dem Xilinx Multimedia Board steht ein Takt mit 27 MHz Frequenz zur Verfügung. Aus diesem Takt generiert der Baustein selbst ein enable-Signal, sodass die Operationen auf dem I^2C-Bus mit 400 kHz durchgeführt werden. Dieses enable-Signal steht als Ausgang en400k des Bausteins zur Verfügung.

---

[3] Das Lesen von einem adressierten Gerät oder andere Operationen werden wir, wie schon angesprochen, der Übersichtlichkeit halber hier nicht implementieren.

9.2 Ansteuerung des Videocodierers ADV7194

```vhdl
16 architecture behavior of i2cTop is
17   component i2cContr
18     port (clk, reset, clken: in std_logic;
19           sclIn,sdaIn: in std_logic;
20           cmd: in i2c_command;
21           data: in std_logic_vector(7 downto 0);
22           sclOut, sdaOut: out std_logic;
23           sclOE, sdaOE: out std_logic;
24           endCmd: out boolean);
25   end component i2cContr;
26   constant CLK_DIVIDE : positive:=68;
27   signal cnt: integer range 0 to CLK_DIVIDE-1;
28   signal clken, sclOut, sdaOut, sclOE, sdaOE: std_logic;
29 begin
30   i2c: i2cContr
31     port map (clk, reset, clken, scl, sda, cmd, data,
32               sclOut, sdaOut, sclOE, sdaOE, endCmd);
33   scl <= sclOut when sclOE='1' else 'Z';
34   sda <= sdaOut when sdaOE='1' else 'Z';
35   CLK_EN: process(clk,reset)
36   begin
37     if (reset='1') then
38       cnt<=CLK_DIVIDE-1;
39     elsif (clk'event and clk='1') then
40       if cnt=0 then
41         cnt<=CLK_DIVIDE-1;
42       else
43         cnt<=cnt-1;
44       end if;
45     end if;
46   end process CLK_EN;
47   clken<='1' when cnt=0 else '0';
48   en400k<=clken;
49 end architecture behavior;
```

Abbildung 9.5: Die Architektur der Komponente `i2cTop`.

Die Architektur der Komponente `i2cTop` ist in Abbildung 9.5 gezeigt. In dieser wird zunächst die Komponente `i2cContr` deklariert und instanziiert. Der Baustein ist verantwortlich für die letztendliche Anbindung der internen Signale `sclIn`, `sdaIn`, `sclOut` und `sdaOut` an den I^2C-Bus. Dazu werden über die beiden Anweisungen in Zeile (32) und (33) zwei Tristate-Treiber spezifiziert. Die beiden internen Signale `sclOut` und `sdaOut` werden nur dann auf den Bus geschaltet, wenn die enable-Signale `sclOE` beziehungsweise `sdaOE` aktiv sind. Danach folgt ein funktionaler Prozess, der einen Zähler realisiert. Mit Hilfe des Zählers `cnt` wird ein Signal `en400k` erzeugt. Dieses enable-Signal liefert nach jeweils 68 Taktzyklen einen Impuls (immer wenn der Zähler den Wert '0' annimmt), sodass wir mit circa 400 kHz (27 MHz / 68 = 397.06 KHz) auf den Bus zugreifen können.

Abbildung 9.6 zeigt die VHDL-Beschreibung der Komponente `i2cContr`. Es wird in Abhängigkeit des übergebenen Kommandos `cmd` die passende Prozedur aus dem Package `i2c` aufgerufen. Die Prozedur trägt den Namen `i2cCmd` und ist im Package als

```
16  architecture behavior of i2cContr is
17  begin
18     sdaOut <= not ports.sdaOE;
19     sclOut <= not ports.sclOE;
20     ports.sdaIn<=sdaIn; endCmd<=ports.endCmd;
21     sdaOE<=ports.sdaOE; sclOE<=ports.sclOE;
22     I2C_CMD: process(clk,reset)
23     begin
24        if (reset='1') then
25           ports.ithBit<=8; ports.sclOE<='0';
26           ports.sdaOE<='0'; ports.endCmd<=False;
27           ports.cycle<=idle;
28           -- für die Simulation anschalten,
29           -- um das Acknowledge des adressierten Gerätes
30           -- zu emulieren
31           ports.genAck<=True;
32        elsif (clk'event and clk='1') then
33           if (clken='1') then -- ca. 400kHz
34              case cmd is
35                 when start | stop =>
36                    i2cCmd(cmd, ports);
37                 when wr =>
38                    i2cCmd(cmd, ports, data);
39                 when others => null;
40              end case;
41           end if;
42        end if;
43     end process I2C_CMD;
44  end behavior;
```

Abbildung 9.6: Die VHDL-Beschreibung der Komponente `i2cContr`.

```
16     procedure i2cCmd (cmd: in i2c_command;
17        signal ports: inout i2cSignals;
18                value: in std_logic_vector(7 downto 0):=X"00");
```

deklariert. Durch eine solche Prozedur erhalten wir auf elegante Weise kurze und damit mehr oder weniger fehlerunanfällige VHDL-Beschreibungen. Prinzipiell gelingt uns dies durch zwei oft verwendete „Tricks":

- Durch Verwendung von Default-Zuweisungen an Parameter der Prozedur können wir diese mit einer variablen Anzahl von Parametern aufrufen. In unserem Beispiel können wir die Prozedur `i2cCmd` sowohl für die Generierung der Start- und Stoppbedingung als auch für das Kommando zum Versenden von Daten über den I^2C-Bus benutzen. Da weder beim Erzeugen einer Startbedingung noch beim Setzen einer Stoppbedingung ein weiterer Parameter notwendig ist, weisen wir dem Parameter `value` über die Default-Anweisung den Nullvektor zu.

- Meist benötigen Prozeduren, so wie wir Sie hier verwenden, sehr viele Parameter. Dies würde den Aufruf unübersichtlich werden lassen. Abhilfe schafft hier das Zusammenfassen aller „technischen" Übergabewerte in einer Struktur. Dazu steht uns in VHDL das **record**-Konstrukt zur Verfügung. In unserem Beispiel haben wir alle internen, für die Prozedur

9.2 Ansteuerung des Videocodierers ADV7194

aber notwendigen Signale, in einer Struktur mit Namen `ports` zusammengefasst, die im Package `i2c` deklariert ist. Der zugehörige Datentyp `i2cSignals` ist ebenfalls im Package `i2c` definiert und ist durch das VHDL-Codefragment

```vhdl
 8    type cycles is (idle,a,b,c,d);
 9    type i2cSignals is record
10      sdaIn, sclOE, sdaOE: std_logic;
11      endCmd, genAck: boolean;
12      Cycle: cycles;
13      ithBit: natural range 0 to 8;
14    end record;
15    signal ports: i2cSignals;
```

gegeben. Der Baustein übernimmt neben dem entsprechenden Aufruf der internen Kommandos die Initialisierung der verwendeten Signale. Diese sind alle in der Struktur `ports` zusammengefasst.

Die Zuweisung an das Signal `ports.genAck` in Zeile (31) der Abbildung 9.6 verdient besondere Beachtung. Für die Simulation und Validierung dieser I^2C-Ansteuerung brauchen wir eigentlich ein Verhaltensmodell eines jeden Gerätes am Bus. Eine Datenübertragung auf dem Bus kommt ja erst dann zustande, wenn das adressierte Gerät Rückmeldungen liefert. Eine vollständige Testbench müsste also sowohl unser eigentliches Design `i2cTop` als auch die Modelle der anzusprechenden Geräte in die Validierung mit einbeziehen. Wir beschränken uns jedoch darauf, die hier besprochene VHDL-Beschreibung zu validieren. Der Leser sollte sich bewusst sein, dass wir dadurch implizit davon ausgehen, eine positive Bestätigung der an der Übertragung beteiligten Geräte zu erhalten. Durch Setzen des Flags `ports.genAck` auf `true` weisen wir unsere Komponente dazu an, die Reaktion des angesprochenen Gerätes zu ignorieren und von einer positiven Rückmeldung auszugehen.

In den Abbildungen 9.7, 9.8 und 9.9 sehen Sie die eigentliche Implementierung der Buszugriffe. Die gesamte Funktionalität und alle verwendeten Datentypen und Signaldeklarationen sind im Package `i2c` gebündelt. Abbildung 9.7 zeigt den Deklarationsteil des Packages.

Bis auf den Datentyp `cycles` haben wir die Typdefinitionen sowie die Prozedurdeklarationen des Packages schon besprochen. Wie man sieht, besteht der Datentyp `cycles` aus fünf Werten, den Werten `idle`, `a`, `b`, `c` und `d`, die die verschiedenen Phasen einer Befehlsabarbeitung bezeichnen sollen.[4]

Der Rumpf des Packages, der in den Abbildungen 9.8 und 9.9 abgebildet ist, besteht einzig aus der VHDL-Beschreibung der deklarierten Prozedur. Sie realisiert die folgende Funktionalität:

- Ist der Wert des Signals `cmd` gleich `start`, so ist die Startbedingung zu generieren. In Abbildung 9.8 sehen wir das zugehörige VHDL-Codefragment aus dem Package. Im Zustand `idle` wird zunächst das Flag `endCmd` zurückgesetzt – dies ist für die Initialisierung des Busses notwendig. Das Flag `endCmd` dient als Signal an die umliegenden Bausteine, um anzuzeigen, dass das aktuelle Kommando schon abgearbeitet beziehungsweise in Bearbeitung ist. Die Taktleitung `scl` als auch die Datenleitung `sda` des I^2C-Busses

---

[4]Teilweise würden vier Phasen genügen [24]

```vhdl
1   library ieee;
2   use ieee.std_logic_1164.all;
3   use ieee.std_logic_arith.all;
4   use ieee.std_logic_unsigned.all;
5
6   package i2c is
7     type i2c_command is (start, stop, wr, idle);
8     type cycles is (idle,a,b,c,d);
9     type i2cSignals is record
10      sdaIn, sclOE, sdaOE: std_logic;
11      endCmd, genAck: boolean;
12      Cycle: cycles;
13      ithBit: natural range 0 to 8;
14    end record;
15    signal ports: i2cSignals;
16    procedure i2cCmd (cmd: in i2c_command;
17      signal ports: inout i2cSignals;
18            value: in std_logic_vector(7 downto 0):=X"00");
19  end package i2c ;
```

Abbildung 9.7: Der Deklarationsteil des Package für die I^2C Ansteuerung.

```vhdl
20  package body i2c is
21    procedure i2cCmd (cmd: in i2c_command;
22      signal ports: inout i2cSignals;
23            value: in std_logic_vector(7 downto 0):=X"00") is
24    begin
25       case cmd is
26         when start => -- generiere Startbedingung
27           case ports.Cycle is
28             when idle =>
29               ports.endCmd<=False;
30             when a | b => null;
31             when c =>
32               ports.sdaOE<='1';
33               ports.endCmd<=True;
34             when d =>
35               ports.sclOE<='1';
36               ports.endCmd<=False;
37           end case;
```

Abbildung 9.8: Der Rumpf des Package für die I^2C Ansteuerung. Fortsetzung in Abbildung 9.9.

```
38              when stop => -- generiere Stoppbedingung
39                case ports.Cycle is
40                  when idle =>
41                    ports.endCmd<=False;
42                  when a =>
43                    ports.sdaOE<='1'; ports.sclOE<='1';
44                  when b =>
45                    ports.sclOE<='0';
46                  when c =>
47                    ports.sdaOE<='0'; ports.endCmd<=True;
48                  when d =>
49                    ports.endCmd<=False;
50                end case;
51              when wr => -- Schreibzugriff auf das addr. Gerät
52                case ports.Cycle is
53                  when idle =>
54                    ports.endCmd<=False;
55                  when a =>
56                    if ports.ithBit>0 then
57                      ports.sdaOE<=not value(ports.ithBit-1);
58                    else
59                      ports.sdaOE<='0';
60                    end if;
61                  when b =>
62                    ports.sclOE<='0';
63                  when c =>
64                    if ports.ithBit=0 and
65                       (ports.sdaIn='0' or ports.genAck) then
66                      ports.endCmd<=True;
67                    end if;
68                  when d =>
69                    ports.sclOE<='1';
70                    if ports.ithBit=0 then
71                      ports.ithBit<=8;
72                    else
73                      ports.ithBit<=ports.ithBit-1;
74                    end if;
75                    ports.endCmd<=False;
76                end case;
77              when others => null; -- falsches Kommando
78            end case;
79            case ports.cycle is -- Folgezustand
80              when idle => ports.cycle<=a;
81              when a => ports.cycle<=b;
82              when b => ports.cycle<=c;
83              when c => ports.cycle<=d;
84              when d => ports.cycle<=idle;
85            end case;
86    end procedure;
87  end package body i2c;
```

Abbildung 9.9: *Der Rumpf des Package für die I^2C Ansteuerung. Fortsetzung des Codes aus Abb. 9.8*

werden in diesem Zustand nicht getrieben, tragen also den Wert 'H' durch die außen angeschlossenen pullup-Widerstände. Die Zustände a und b dienen als Wartezustand und bewirken keine Änderung am Verhalten des Busses. In Phase c wird das enable-Signal für den Tristate-Treiber der Datenleitung gesetzt, sodass diese im folgenden Taktzyklus wieder auf logisch Null gezogen werden kann. Weiterhin setzen wir das Flag endCmd, um das Ende der Verarbeitung im nächsten Taktzyklus zu signalisieren. In Phase d aktivieren wir zusätzlich den Tristate-Treiber für die Taktleitung, sodass nun beide I^2C-Leitungen mit dem Wert '0' beschrieben werden. Da zuerst die Datenleitung und anschließend die Taktleitung beschrieben werden, entspricht dies der gewünschten Startbedingung. Das Zurücknehmen des Signals endCmd erfolgt in Phase d, sodass im nächsten Taktzyklus ein neuer Busbefehl angelegt werden kann.

- Die beiden weiteren, in diesem Package realisierten Kommandos, sind durch den VHDL-Quellcode in Abbildung 9.9 implementiert und sind analog zu dem gerade besprochenen Befehl umgesetzt.

- Die **case**-Anweisung ab Zeile (79) in Abbildung 9.9 realisiert eine einfache Weiterschaltung auf die jeweils nächste Phase.

Nachdem wir den Prüfling selbst vorgestellt haben, werden wir in den folgenden Abschnitten verschiedene Testbenches zeigen, mit denen diese I^2C-Ansteuerung validiert werden kann. Wir beginnen mit der einfachsten, aber ungeschicktesten Testbench, die den Probanden direkt anspricht. Danach geben wir ein Beispiel für eine kommandobasierte Testbench und erweitern diese durch Datei-Ein/Ausgabe-Funktionalitäten zu einer kommando-interpretierenden Testbench.

9.2.3 Eine einfache Testbench

Lassen Sie uns mit einer einfachen Testbench für die Schaltung i2cTop beginnen. Das Codefragment in Abbildung 9.10 spezifiziert den Anfang dieser Testbench. Der Baustein trägt den Namen tb_simple.

Wie schon mehrfach angesprochen, wird zuerst das DESIGN UNDER TEST instanziiert. Danach spezifizieren wir einen Signalverlauf für das asynchrone Reset-Signal und legen die beiden pullup-Widerstände an die Takt- und Datenleitung an – bemerken Sie bitte, dass es sich hierbei um eine strukturelle Beschreibung handelt, sodass die Takt- und Datenleitung fest mit dem Signal 'H' verbunden sind; über die Tatsache, dass es sich bei std_logic um einen **resolved** Datentyp handelt, ergibt sich damit die Funktionalität von pullup-Widerständen. Schließlich muss noch der Systemtakt, in unserer Anwendung ein Takt mit einer Frequenz von 27 MHz, generiert werden. Für die Takterzeugung innerhalb einer Testbench bieten sich, wie wir schon gesehen haben, mehrere Varianten an. Hier sehen wir eine Version mit zwei **wait for**-Konstrukten.

Der in Abbildung 9.11 gezeigte VHDL-Code schließt sich daran an. Er simuliert eine I^2C-Übertragung zum Videocodierer ADV7194. Wir haben diese Übertragung durch einen Prozess I2C_CMD realisiert. Dieser Prozess setzt nacheinander verschiedene Kommandos ab, was auf direktem Wege durch entsprechende Belegung der Signale cmd und data erreicht wird. Begonnen wird mit dem Kommando start zur Generierung einer Startbedingung. Die nachfolgende **wait until**-Anweisung bewirkt, dass der Prozess sich schlafen legt, bis das Kommando – in diesem Fall start – abgearbeitet wurde. Als nächstes Kommando wird eine Datenübertragung

9.2 Ansteuerung des Videocodierers ADV7194

```
 6  entity tb_simple is
 7  end entity tb_simple;
 8
 9  architecture beh of tb_simple is
10    component i2cTop is
11      port (clk, reset: in std_logic;
12            cmd: in i2c_command;
13            data: in std_logic_vector(7 downto 0);
14            scl,sda: inout std_logic;
15            en400k: out std_logic;
16            endCmd: out boolean);
17    end component i2cTop;
18    constant ADDR_ENC_ADV7194:
19      std_logic_vector(6 downto 0):="0101011";
20    signal clk,reset,scl,sda,en400k: std_logic;
21    signal cmd: i2c_command;
22    signal endCmd: boolean;
23    signal data: std_logic_vector(7 downto 0);
24    constant CLK_PERIOD: time:=37037 ps;
25  begin
26    -- instanziiere das Design under Test
27    DUT: i2cTop
28      port map (clk, reset, cmd, data, scl, sda, en400k, endCmd);
29    -- generiere Testeingaben für reset
30    reset<='1', '0' after 150 ns;
31    -- emuliere die Pullup-Widerstände für die i2c-Leitungen
32    sda<='H'; scl<='H';
33    -- generiere einen 27MHz Takt
34    CLKGEN: process
35    begin
36      clk<='0'; wait for CLK_PERIOD/2;
37      clk<='1'; wait for CLK_PERIOD/2;
38    end process;
```

Abbildung 9.10: Die Testbench tb_simple

durchgeführt, um den Videocodierer ADV7194 auszuwählen. Dazu wird dem Signal cmd der Wert wr zugewiesen. Der Datenbus data wird mit der Adresse des Gerätes ("0101011") und dem Bit '0' für eine Schreiboperation belegt. Danach geht der Prozess wiederum in eine Ruhephase über und wird nach Beendigung der Schreiboperation geweckt. Anschließend folgen sechs Schreiboperation, wodurch der Videocodierer auf PAL-Norm umgestellt wird und ein Testbild auf das angeschlossene Fernsehgerät ausgibt.

Nachteilig an dieser Art der Prüfbank sind die Unübersichtlichkeit und die extreme Spezialisierung auf eine ganz bestimmte Testsequenz. Sie können sich vorstellen, wie lang diese Art der Beschreibung für längere Datenübertragungen ist. In gewissem Sinne sind einige der Zuweisungen auch textuell redundant. Wir wollen nun versuchen, diese Nachteile durch den Einsatz von Prozeduren und später auch durch dateibasierte Testbenches aufzuheben. Im folgenden Abschnitt werden wir zunächst die textuelle Redundanz – und damit auch die Fehleranfälligkeit – durch geeignete Prozeduren entfernen.

```
39      I2C_CMD: process
40      begin
41        cmd<=start;
42          wait until not endCmd;
43        cmd<=wr;
44        data<=ADDR_ENC_ADV7194 & '0';
45          wait until not endCmd;
46        data<=X"00";
47          wait until not endCmd;
48        data<=X"05";
49          wait until not endCmd;
50        data<=X"3f";
51          wait until not endCmd;
52        data<=X"48";
53          wait until not endCmd;
54        data<=X"00";
55          wait until not endCmd;
56        data<=X"40";
57          wait until not endCmd;
58        cmd<=stop;
59          wait until not endCmd;
60        cmd<=idle;
61          wait;
62      end process I2C_CMD;
63    end beh;
```

Abbildung 9.11: *I^2C-Übertragung zum Videocodierer ADV7194*

9.2.4 Eine Testbench auf Kommandobasis

Die hier vorgestellte Prüfbank stellt ein sehr elegantes Konzept für Testbenches vor. Wir wollen, wie am Anfang des Abschnitts angekündigt, schlicht die Anweisungen

```
i2c_start
i2c_select_encoder("0101011" & '0');
i2c_select_subaddr(X"00");
i2c_write(X"05");
i2c_write(X"3f");
i2c_write(X"48");
i2c_write(X"00");
i2c_write(X"40");
i2c_stop
```

verwenden können, um den I^2C-Bus anzusprechen. Damit erhalten wir eine übersichtliche und klar strukturierte Testbench. Als DUT dient wiederum die VHDL-Beschreibung von `i2cTop`. Der erste Teil der Testbench beinhaltet analog zur Testbench aus Abschnitt 9.2.3 die notwendigen Komponenten- und Signaldeklarationen, die Modellierung des `reset`-Signals und der pullup-Widerstände sowie die Taktgenerierung – der entsprechende Code ist in Abbildung 9.12 zu sehen.

9.2 Ansteuerung des Videocodierers ADV7194

```vhdl
1   library ieee;
2   use ieee.std_logic_1164.all;
3   use ieee.std_logic_arith.all;
4   use work.i2c.all;
5
6   entity tb_command is
7   end entity tb_command;
8
9   architecture beh of tb_command is
10    component i2cTop is
11      port (clk, reset: in std_logic;
12            cmd: in i2c_command;
13            data: in std_logic_vector(7 downto 0);
14            scl,sda: inout std_logic;
15            en400k: out std_logic;
16            endCmd: out boolean);
17    end component i2cTop;
18
19    constant ADDR_ENC_ADV7194:
20            std_logic_vector(6 downto 0):="0101011";
21    signal clk,reset,scl,sda,en400k: std_logic;
22    signal cmd: i2c_command;
23    signal endCmd: boolean;
24    signal data: std_logic_vector(7 downto 0);
25    constant CLK_PERIOD: time:=37037 ps;
26  begin
27    -- instanziiere das Design under Test
28    DUT: i2cTop
29      port map (clk, reset, cmd, data, scl, sda, en400k, endCmd);
30    -- generiere Testeingaben für reset
31    reset<='1', '0' after 150 ns;
32    -- emuliere die Pullup-Widerstände für die i2c-Leitungen
33    sda<='H'; scl<='H';
34    -- generiere einen 27MHz Takt
35    CLKGEN: process
36    begin
37      clk<='0'; wait for CLK_PERIOD/2;
38      clk<='1'; wait for CLK_PERIOD/2;
39    end process;
```

Abbildung 9.12: Deklarationen, Instanziierung der zu validierenden Komponente, Modellierung des reset-*Signals und der Pullup-Widerständen und Taktgenerierung der kommandobasierten Testbench.*

```vhdl
40    I2C_CMD: process
41      procedure i2c_start is
42      begin
43        cmd<=start; wait until not endCmd;
44      end procedure i2c_start;
45      procedure i2c_stop is
46      begin
47        cmd<=stop; wait until not endCmd;
48        cmd<=idle;
49      end procedure i2c_stop;
50      procedure i2c_write
51        (d: in std_logic_vector(7 downto 0)) is
52      begin
53        cmd<=wr; data<=d; wait until not endCmd;
54      end procedure i2c_write;
55      procedure i2c_select_encoder
56        (addr: in std_logic_vector(7 downto 0)) is
57      begin
58        i2c_write(addr);
59      end procedure i2c_select_encoder;
60      procedure i2c_select_subaddr
61        (addr: in std_logic_vector(7 downto 0)) is
62      begin
63        i2c_write(addr);
64      end procedure i2c_select_subaddr;
65    begin
66      -- lege die Kommandos zum Einschalten von PAL-Norm
67      -- und Testbild an
68      i2c_start;
69      i2c_select_encoder(ADDR_ENC_ADV7194 & '0');
70      i2c_select_subaddr(X"00");
71      i2c_write(X"05");
72      i2c_write(X"3f");
73      i2c_write(X"48");
74      i2c_write(X"00");
75      i2c_write(X"40");
76      i2c_stop;
77      wait;
78    end process I2C_CMD;
79  end beh;
```

Abbildung 9.13: Der Prozess I2C_CMD *der kommandobasierten Testbench.*

Der „neue" Prozess I2C_CMD ist in Abbildung 9.13 zu sehen. Der Anweisungsteil entspricht exakt der Vorgabe und ist nun aussagekräftig und frei von Signalzuweisungen und **wait**-Statements. Diese sind natürlich nicht verschwunden, sondern in der zu jedem Kommando korrespondierenden Prozedur gekapselt. Dabei konnten die Prozeduren i2c_select_encoder und i2c_select_subaddr auf die Prozedur i2c_write zurückgeführt werden. Diese beiden dienen somit nur zur Unterscheidung des inhaltlichen Zwecks einer Datenübertragung vom Master zum Slave.

Die Prozeduren selbst führen die erforderlichen Signalzuweisungen durch und beinhalten auch die wait-Statements. Da die Prozeduren i2c_start, i2c_stop und i2c_write jeweils auf das Signal endCmd reagieren, müssen diese innerhalb des Deklarationsteils des Prozesses definiert sein.

> **Fallstrick 24**
>
> Prozeduren mit Zuweisungen an Signale, die nicht als Parameter spezifiziert sind, können nur im Deklarationsteil von Prozessen definiert werden.

Der durch diese kommandobasierte Testbench induzierte Simulationsverlauf ist für einige ausgewählte Signale in Abbildung 9.14 dargestellt. Man kann die Startbedingung am Anfang sowie die Stoppbedingung am Ende der I^2C-Datenübertragung eindeutig erkennen. Die hier noch überschaubare Anzahl von Flanken auf dem Bus lässt sich anhand des Zeitdiagramms gut validieren, zumal die Belegungen der Signale cmd und data parallel dazu aufgetragen sind.

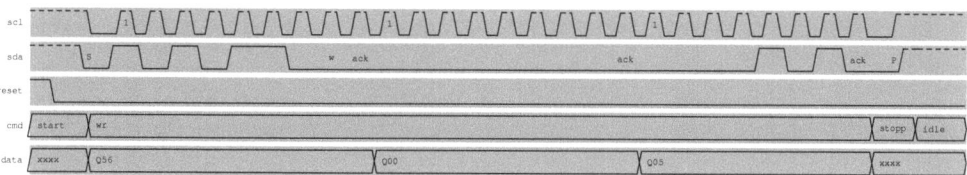

Abbildung 9.14: Signalverläufe bei der Ansteuerung des Videocodieres ADV7194, wie sie durch die kommandobasierte Testbench erzeugt werden.

Dieser Testbench haftet aber immer noch ein entscheidender Nachteil an. Wie schon bei der einfachen Variante in Abschnitt 9.2.3 ist die Datenübertragung fest im Prüfstand kodiert. Diesen Nachteil wollen wir nun durch die Verwendung von Dateien mit ensprechenden Stimuli beziehungsweise Anweisungen wettmachen.

9.2.5 Eine Testbench mit Kommando-Interpreter

Wir erweitern den kommandobasierten Prüfstand um Dateioperationen. Dies ermöglicht uns eine klare Trennung zwischen der Testbench als solche und den anzulegenden Stimuli. Jedoch werden wir nicht einfach nur Eingabevektoren aus Dateien lesen, sondern diese als Folge von Kommandos interpretieren. Auf diese Weise wird das Konzept aus Abschnitt 9.2.4 aufgegriffen und der Nachteil der fest kodierten Prüfabfolge ausgemerzt.

Als Grundlage dient wieder die I^2C-Komponente i2cTop.

```vhdl
 9  architecture behavior of tbfileio is
10    component i2cTop is
11      port (clk, reset: in std_logic;
12      cmd: in i2c_command;
13      data: in std_logic_vector(7 downto 0);
14      scl,sda: inout std_logic;
15      en400k: out std_logic;
16      endCmd: out boolean);
17    end component i2cTop;
18    signal cmd: i2c_command:=idle;
19    signal data: std_logic_vector(7 downto 0):=(others=>'0');
20    signal i2cState: integer range 0 to 9;
21    signal endCmd: boolean; signal en400k: std_logic;
22    constant CLK_PERIOD: time:=37037 ps;
23    signal clk,reset,scl,sda: std_logic;
24    file eingabe: text open READ_MODE is "stimuli.dat";
25  begin
26    -- instanziere das Design under Test
27    DUT: i2cTop
28      port map (clk, reset, cmd, data,
29        scl, sda, en400k, endCmd);
30    -- generiere Testeingaben für reset
31    reset<='1', '0' after 5 us;
32    -- emuliere die Pullup-Widerstände für die i2c-Leitungen
33    scl<='H'; sda<='H';
34    -- generiere einen 27MHz Takt
35    CLK_GEN: process
36    begin
37      clk <= '0'; wait for CLK_PERIOD/2;
38      clk <= '1'; wait for CLK_PERIOD/2;
39    end process;
```

Abbildung 9.15: *Die Architektur* behavior *des Bausteins* tbfileio. *Fortsetzung in Abbildung 9.16.*

Wie in den beiden vorangegangenen Abschnitten gehen wir zunächst auf den Deklarationsteil der Testbench-Architektur und die ersten, fast gleich gebliebenen Anweisungen der Architektur ein – die Architektur ist in Abbildung 9.15 zu sehen. Hinzugekommen ist die Deklaration einer Datei in Zeile (24) mit Namen stimuli.dat. Diese Datei enthält Testfolgen in Form von Kommandos – wir gehen bei den weiteren Erläuterungen davon aus, dass die Datei die Kommandofolge

```
# Kommando-Abfolge zum Einschalten des Testbildes
i2c_start
i2c_selenc   56
i2c_selsub   00
i2c_write    05 # PAL-Norm einstellen
i2c_write    3f # Default-Werte setzen
i2c_write    48 # Default-Werte setzen
i2c_write    00 # Default-Werte setzen
i2c_write    40 # Testbild einschalten
i2c_stop
```

9.2 Ansteuerung des Videocodierers ADV7194

aus Abschnitt 9.1 enthält, wobei wir die Kommentare zunächst ignorieren wollen.

```
40    STIM:process
41      variable zeile : line;
42      variable kommando: string(1 to 10);
43      variable param : std_logic_vector(7 downto 0);
44      procedure i2c_start is
45      begin
46        cmd<=start; wait until not endCmd;
47      end procedure i2c_start;
48      procedure i2c_stop is
49      begin
50        cmd<=stop; wait until not endCmd;
51        cmd<=idle;
52      end procedure i2c_stop;
53      procedure i2c_write
54         (d: in std_logic_vector(7 downto 0)) is
55      begin
56        cmd<=wr; data<=d; wait until not endCmd;
57      end procedure i2c_write;
58    begin
59      while not( endfile(eingabe)) loop
60        readline(eingabe,zeile); -- lese ein Zeile
61        read(zeile,kommando); -- lese Kommando-Präfix
62        case kommando is
63          when "i2c_start " => i2c_start;
64          when "i2c_stop  " => i2c_stop;
65          when "i2c_write " | "i2c_selenc" | "i2c_selsub" =>
66            hread(zeile, param); -- lese Parameter
67            i2c_write(param);
68          when others =>
69            cmd<=idle;
70            report "Falsches Dateiformat, Kommando unbekannt";
71        end case;
72      end loop;
73      cmd<=idle; wait;
74    end process;
75  end behavior;
```

Abbildung 9.16: *Die Architektur* behavior *des Bausteins* tbfileio. *Fortsetzung aus 9.15*

Der in Abbildung 9.16 gezeigte VHDL-Prozess STIM liest Dateien dieses Formats ein. Solange wir nicht das Dateiende erreicht haben, lesen wir in der **while**-Schleife jeweils eine Zeile mit Hilfe der Prozedur readline aus dem standard-Package aus der Datei. Danach speichern wir die ersten zehn Zeichen dieser Zeile in der Variable kommando ab. Im Anschluss daran kann in Abhängigkeit des Kommandos, das anliegt, ein Parameter in hexadezimaler Schreibweise folgen. Auf Basis des eingelesenen Kommandos wählen wir über die **case**-Anweisung das jeweilige Kommando aus. Falls es sich dabei um eines der drei Kommandos i2c_selenc, i2c_selsub oder i2c_write handelt, lesen wir das notwendige 8-Bit Datenwort aus der Datei ein. Dazu nutzen wir die Prozedur hread aus dem Package std_logic_textio, welche

```
59a      while not( endfile(eingabe)) loop
59b        readline(eingabe,zeile); -- lese ein Zeile
59c        next when zeile'length=0; -- leere Zeilen überlesen
59d        read(zeile,kommando); -- lese Kommando-Präfix
59e        if kommando(1)='#' then
59f          next; -- Kommentarzeilen überlesen
59g        end if;
59h        case kommando is
59i          when "i2c_start " => i2c_start;
59j          when "i2c_stop  " => i2c_stop;
59k          when "i2c_write " | "i2c_selenc" | "i2c_selsub" =>
59l            hread(zeile, param); -- lese Parameter
59m            i2c_write(param);
59n          when others =>
59o            cmd<=idle;
59p            report "Falsches Dateiformat, Kommando unbekannt";
59q        end case;
59r      end loop;
```

Abbildung 9.17: Überlesen von Leerzeilen und Kommentaren.

mehrfach überladen ist und insbesondere für Vektoren vom Typ `std_logic` zur Verfügung steht.

Das Überlesen von Leerzeilen und Kommentaren ist mit der Abbildung 9.17 gezeigten Erweiterung der **while**-Schleife aus Abbildung 9.16 möglich. In Zeile (59c) werden leere Zeilen abgefangen, indem der aktuelle Schleifendurchlauf beendet wird. Beginnt eine Zeile mit dem Zeichen #, so fassen wir diese als Kommentarzeile auf. In den Zeilen (59e) bis (59g) wird auf eine solche Zeile geprüft, die ebenfalls überlesen werden.

Wir hoffen, dass Sie bereits anhand diesem kleinen Beispiel erahnen können, dass kommandobasierte Prüfstände ein sehr mächtiges Konzept zur Validierung von Beschreibungen sind.

> FPGAs sind mehrfachprogrammierbar. Man spricht in diesem Zusammenhang von der Konfiguration der feldprogrammierbaren Bausteine. Üblicherweise wird ein FPGA mit dem gewünschten Entwurf konfiguriert und führt danach die entsprechenden Operationen aus. Moderne FPGAs unterstützen jedoch auch die Umkonfigurierung während der Laufzeit (engl.: *runtime reconfiguration*). Dabei kann entweder der gesamte Entwurf oder nur Teile davon ausgetauscht werden. Im letzteren Fall, wenn also nur ein Teil des ursprünglichen Entwurfes durch neue Logik ersetzt wird, spricht man von partieller Rekonfiguration.

9.3 Dynamische Rekonfigurierung

Die im vorigen Abschnitt vorgestellten kommandobasierten Testbenches lassen sich leicht auch auf andere VHDL-Entwürfe übertragen. Viele Codezeilen können hierbei wiederverwendet werden. Um dies zu verdeutlichen, stellen wie einen weiteren VHDL-Entwurf vor, den wir an-

9.3 Dynamische Rekonfigurierung

schließend entsprechend validieren werden. Es handelt sich um eine Schaltung zur dynamischen Rekonfiguration [16].

In diesem Abschnitt wollen wir einen Entwurf beschreiben, der sich selbst durch einen anderen Konfigurationsstrom, der auf der CompactFlash-Karte abgelegt ist, überschreibt.[5] Die Rekonfiguration soll also nicht durch den Benutzer, sondern durch die bereits arbeitende Schaltung vorgenommen werden.

Das Xilinx Multimedia Board bietet die Möglichkeit, verschiedene Konfiguration von einer CompactFlash-Karte zu laden. Beim Einschalten der Stromversorgung wird zunächst eine Konfiguration von der Speicherkarte geladen. Hierbei kann über Dip-Schalter zwischen acht verschiedenen Konfigurationen ausgewählt werden. Zusätzlich sind auf der Platine der FPGA und der System-ACE-Baustein über eine Schnittstelle miteinander verbunden. Diese ermöglicht dem FPGA, den Konfigurationsmanager zu steuern und auf unterster Ebene auf den Inhalt der Speicherkarte selbst zuzugreifen. Der im Folgenden vorgestellte Entwurf wird den Konfigurationsmanager anweisen, einen in der Speicherkarte gespeicherten Bitstrom in den FPGA zu laden. Hierfür steht die so genannte *Microprocessor Interface MPU* Schnittstelle zur Verfügung.[6]

Die Schnittstelle selbst besteht aus [56] einer 7-Bit breiten Adressleitung (MPA), einer 16-Bit breiten Datenleitung (MPD), sowie mehreren Steuersignalen (wie zum Beispiel den Signalen MPCE, MPWE und MPOE).

Über die Adressleitung MPA können interne Register des Konfigurationsmanagers angesprochen und deren Inhalt beschrieben oder gelesen werden. Bei ersterem muss jeweils das entsprechende Datenwort an der Datenleitung MPD angelegt sein. Die Art der Kommunikation wird durch die Belegung der Steuersignale festgelegt.

Die Rekonfiguration kann im Wesentlichen über die Register CONTROLREG und STATUSREG ausgelöst werden. Dabei wird entweder wortweise (16-Bit) oder byteweise adressiert. Für die von uns gewählte byteweise Adressierung haben die untersten acht Bit des Kontrollregisters, d.h. CONTROLREG(7 **downto** 0), die Adresse X"18", die mittleren acht Bit des Kontrollregisters, d.h. CONTROLREG(15 **downto** 8), die Adresse X"19" und die untersten acht Bit des Statusregisters, d.h. STATUSREG(7 **downto** 0), die Adresse X"04".

Der Lese- und Schreibezugriff auf diese beiden Register erfolgt über den MPU-Port nach den Schemata in Abbildung 9.18.[7]

Zum Auslösen der Rekonfiguration wird über die dargestellten Signalverläufe das Kontrollregister zunächst ausgelesen. Danach wird der Inhalt über Bitmasken entsprechend verändert und wieder in das Kontrollregister zurückgeschrieben. Hierbei sind die in Tabelle 9.1 aufgelisteten Komponenten des Kontroll- und Statusregisters von Interesse.

Zur Rekonfiguration werden zunächst die unteren acht Bit des Kontrollregisters ausgelesen, die Bits 2, 3, 4 und 7 gesetzt und die resultierende Belegung wieder zurückgeschrieben. Danach werden die mittleren acht Bit des Kontrollregisters ausgelesen und die 3 Bit zur Auswahl des zu ladenden Bitstroms gesetzt.

---

[5] Als Anwendungsbeispiel haben wir in unseren Experimenten das I^2C-Design aus Abschnitt 9.2 abgelegt.
[6] MPU ist primär für die Kommunikation mit Mikroprozessoren gedacht. Es kann ein 32-Bit Soft-Mikroprozessor in den FPGA eingebettet werden
[7] Die Diagramme sind [56] entnommen.

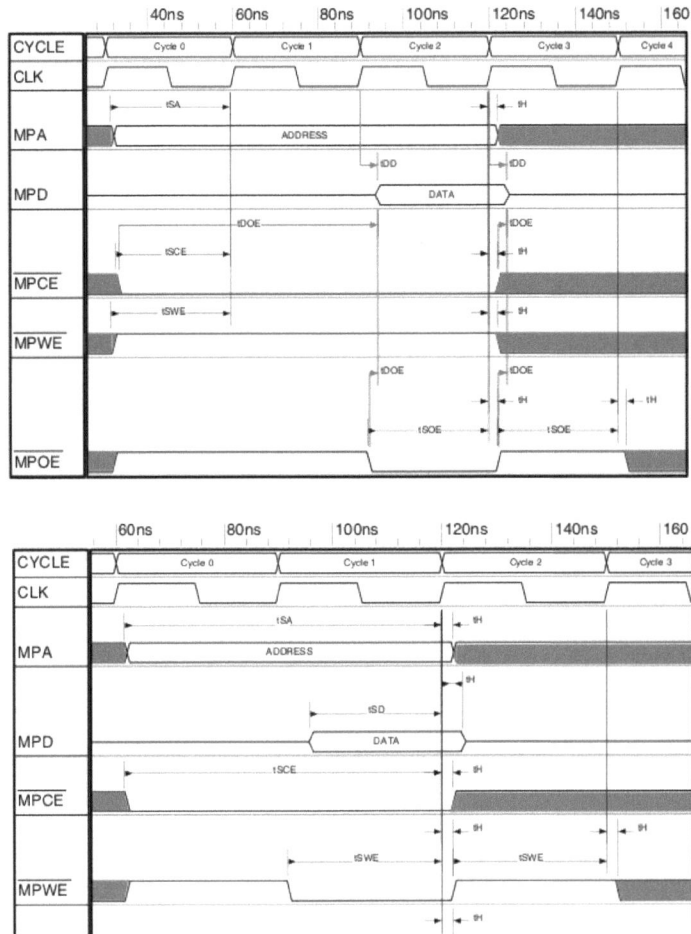

Abbildung 9.18: Zugriff über den MPU-Port auf Register des System-ACE-Bausteins. Oben: Lesezugriff. Unten: Schreibzugriff.

9.3 Dynamische Rekonfigurierung

Bit	Name	Beschreibung
	Kontrollregister CONTROLREG	
2	FORCECFGADDR	erlaubt das Überschreiben der Dip-Schalter zum Auswählen der Konfiguration. Ist FORCECFGADDR mit '1' belegt, so wird die von CONTROLREG(15 **downto** 13) angegebene Konfiguration verwendet.
3	FORCECFGMODE	überschreibt den Taster zum Auslösen einer Neukonfiguration durch die Belegung des CFGMODE-Bits. Ist FORCECFGMODE mit '1' belegt, so wird das CFGMODE-Bit aktiviert.
4	CFGMODE	gibt den Konfigurationsmodus an. Ist CFGMODE mit '1' belegt, so wird unmittelbar nach einem Reset des ACE-Bausteins eine Konfiguration durchgeführt. Ist der Wert gleich '0', so löst das CFGSTART-Bit des Kontrollregisters die Konfiguration aus.
7	CFGRESET	steuert die Resetleitung. Eine Belegung mit '1' löst ein Reset des Konfigurationsmanagers aus.
13	CFGADDRBIT0	Konfigurationsadressbit 0
14	CFGADDRBIT1	Konfigurationsadressbit 1
15	CFGADDRBIT2	Konfigurationsadressbit 2
	Statusregister STATUSREG	
Bit	Name	Beschreibung
7	CFGDONE	Eine Belegung mit '0' bedeutet, dass der Konfigurationsprozess noch arbeitet, eine Belegung mit '1' gibt an, dass der Prozess zur Konfiguration abgeschlossen ist.

Tabelle 9.1: Die Bedeutung der für diesen Entwurf relevanten Bits im Kontroll- und Statusregister des Konfigurationsmanagers

Nachdem dieses Byte zurückgeschrieben ist, werden wiederum die unteren acht Bit des Kontrollregisters ausgelesen. Da sich der Kontrollmanager noch im Reset-Zustand befindet, muss nun das CFGRESET-Bit (Bit 7) zurückgesetzt werden. Ist dies wiederum übertragen, lesen wir solange den unteren Teil des Statusregisters aus, bis CFGDONE='1' gilt.

Wie im Entwurf zur Kommunikation via I^2C-Bus führen wir mehrere Kommandos sequentiell nacheinander aus, die jeweils wiederum aus mehreren Einzelschritten bestehen. Wir verwenden daher hier einen sehr ähnlichen Aufbau der VHDL-Beschreibung. Die Realisierung eines einzelnen Lese- oder Schreibezugriffs ist jeweils wieder in einer Prozedur – wir haben sie aceReadReg8 beziehungsweise aceWriteReg8 genannt – gekapselt. Die Kommandos können nacheinander erteilt werden, müssen aber auf die positive Rückmeldung der letzten Aktion warten. Die Prozeduren zum Lesen und Schreiben sind im Package ace zusammengefasst. Der VHDL-Code des Packages ist in den Abbildungen 9.19 und 9.20 zu sehen.

Die Verarbeitung der Lese- und Schreiboperation auf Grundlage der Prozeduren aus dem Package sind in der VHDL-Beschreibung ACEMPU, die in den Abbildungen 9.21 und 9.22 zu finden sind, umgesetzt. Die Schnittstelle dieses Bausteins bietet uns die Möglichkeit, Kommandos auf einer höheren Abstraktionsebene anzugeben, und kann über eine kommandobasierte Testbench mit Datei-Ein/Ausgabe angesprochen werden. Für die Stimuli beziehungsweise die zu interpretierenden Eingabemuster verwenden wir die Syntax

```
#  Bit-Masken
#  ACE_FORCECFGADDR_MASK_8 : X"04";
```

```
#   ACE_FORCECFGMODE_MASK_8 : X"08";
#   ACE_CFGMODE_MASK_8      : X"10";
#   ACE_CFGRESET_MASK_8     : X"80";
#   ACE_STATDONE_MASK_8     : X"80";
#   configuration : 000
#
# Kommando-Abfolge zur dynamischen Rekonfiguration
#
aceReadContrReg0
aceOR               04
aceOR               10
aceOR               08
aceOR               80
aceWriteContrReg0
aceReadContrReg1
aceAND              1f  # configuration & '1' & X"f"
aceWriteContrReg1
aceReadContrReg0
aceAND              7f  # NOT ACE_CFGRESET_MASK_8
aceWriteContrReg0
aceReadStatusReg
```

Dabei verwenden wir das Zeichen # wiederum als Beginn eines Kommentars beziehungsweise einer Kommentarzeile.

Hierdurch ergibt sind die in den Abbildungen 9.23 und 9.24 gezeigte Testbench, mit der die Rekonfiguration des FPGAs geprüft werden kann. Sie unterscheidet sich nur unwesentlich von der in Abschnitt 9.2.5 vorgestellten Testbench, mit der die Ansteuerung des I^2C-Busses geprüft wurde.

9.3 Dynamische Rekonfigurierung

```vhdl
library ieee;
use ieee.std_logic_1164.all;
use ieee.std_logic_arith.all;
use ieee.std_logic_signed.all;

package ace is
  type mpu is record
    MPDin : std_logic_vector(15 downto 0);
    MPA : std_logic_vector(6 downto 0);
    MPCE, MPWE, MPOE : std_logic; -- low active
    MPDout : std_logic_vector(15 downto 0);
    MPDoe : std_logic;
    endCmd: boolean;
  end record;
  type aceCommand is (idle, aceReadContrReg0, aceWriteContrReg0,
                      aceReadContrReg1, aceWriteContrReg1,
                      aceReadStatusReg, aceWriteStatusReg);
  type fsmRd is (idle, w1,w2, rd, release);
  type fsmWr is (idle, init, wr, release);
  -- byte mode addr for controlreg
  constant ACE_REG_CONTROL8_0:
    std_logic_vector(6 downto 0):= "0011000";
  constant ACE_REG_CONTROL8_1:
    std_logic_vector(6 downto 0):= "0011001";
  -- byte mode addr for statusreg
  constant ACE_REG_STATUS8:
    std_logic_vector(6 downto 0):= "0000100";
  -- byte mode masks
  constant ACE_FORCECFGADDR_MASK_8 :
    std_logic_vector(7 downto 0):= X"04";
  constant ACE_FORCECFGMODE_MASK_8 :
    std_logic_vector(7 downto 0):= X"08";
  constant ACE_CFGMODE_MASK_8 :
    std_logic_vector(7 downto 0):= X"10";
  constant ACE_CFGRESET_MASK_8 :
    std_logic_vector(7 downto 0):= X"80";
  constant ACE_CFGDONE_MASK_8 :
    std_logic_vector(7 downto 0):= X"80";
  procedure aceReadReg8 (signal ports: inout mpu;
    signal clkPhase: inout fsmRd;
           Addr: in std_logic_vector(6 downto 0);
    signal Reg: out std_logic_vector(7 downto 0));
  procedure aceWriteReg8 (signal ports: inout mpu;
    signal clkPhase: inout fsmWr;
           Addr: in std_logic_vector(6 downto 0);
           Reg: in std_logic_vector(7 downto 0));
end package ace ;
```

Abbildung 9.19: *Package* ace: *Deklarations- und Definitionsteil.*

```vhdl
48  package body ace is
49    procedure aceReadReg8 (signal ports: inout mpu;
50      signal clkPhase: inout fsmRd;
51            Addr: in std_logic_vector(6 downto 0);
52      signal Reg: out std_logic_vector(7 downto 0)) is
53    begin
54      case clkPhase is
55        when idle =>
56          ports.MPA <= Addr;
57          ports.MPCE <= '0'; ports.MPOE <= '1';
58          ports.MPWE <= '1'; ports.endCmd <= False;
59          clkPhase <= w1;
60        when w1 =>
61          clkPhase<=w2;
62        when w2 =>
63          ports.MPOE <= '0'; clkPhase<=rd;
64        when rd =>
65          Reg<=ports.MPDin(7 downto 0);
66          ports.MPOE<='1';
67          ports.endCmd<=True; clkPhase<=release;
68        when release =>
69          clkPhase<=idle; ports.endCmd<=False;
70      end case;
71    end procedure;
72    procedure aceWriteReg8 (signal ports: inout mpu;
73      signal clkPhase: inout fsmWr;
74            Addr: in std_logic_vector(6 downto 0);
75            Reg: in std_logic_vector(7 downto 0)) is
76    begin
77      case clkPhase is
78        when idle =>
79          ports.MPA<= Addr;
80          ports.MPCE<='0'; ports.MPOE<='1';
81          ports.MPWE <='1'; ports.MPDOE<='0';
82          ports.endCmd<=False; clkPhase<=init;
83        when init =>
84          ports.MPDout <= X"00" & Reg;
85          ports.MPWE <= '0'; ports.MPDOE <= '1';
86          clkPhase<=wr;
87        when wr =>
88          ports.MPWE<='1'; ports.MPDoe<='0';
89          ports.endCmd<=True; clkPhase<=release;
90        when release =>
91          ports.endCmd<=False; clkPhase<=idle;
92      end case;
93    end procedure;
94  end package body ace;
```

Abbildung 9.20: *Package* ace: *Die Implementierung.*

9.3 Dynamische Rekonfigurierung

```vhdl
library ieee;
use ieee.std_logic_1164.all;
use ieee.std_logic_arith.all;
use ieee.std_logic_signed.all;
use work.ace.all;

entity ACEMPU is
  port (
    clk, reset,enable :in std_logic;
    CFG :in std_logic_vector(2 downto 0);
    -- System ACE MPU interface
    MPD :inout std_logic_vector(15 downto 0);
    MPA :out std_logic_vector(6 downto 0);
    MPCE :out std_logic; -- low active
    MPWE :out std_logic; -- low active
    MPOE :out std_logic; -- low active
    --
    aceCmd: in aceCommand;
    regDataIn: in std_logic_vector(7 downto 0);
    regDataOut: out std_logic_vector(7 downto 0);
    endCmd,cfgDone: out boolean
    );
end entity ACEMPU;

architecture protoType of ACEMPU is
   signal ports: mpu;
   signal clkphaseRd: fsmRd;
   signal clkphaseWr: fsmWr;
begin
  ports.MPDin<=MPD;
  mpoe<=ports.mpoe;
  mpce<=ports.mpce;
  mpwe<=ports.mpwe;
  endCmd<=ports.endCmd;
  MPD <=ports.MPDout when ports.MPDoe='1' else (others=>'Z');
  MPA <= ports.mpa;
```

Abbildung 9.21: *Die Schnittstelle* ACEMPU *und ihre Realisierung. Fortsetzung in Abbildung 9.22.*

```
37   process(clk, reset)
38   begin
39     if (reset = '1') then
40       clkPhaseRd <= idle;
41       clkPhaseWr <= idle;
42       ports.MPDoe <= '0'; ports.mpoe <= '0';
43       ports.mpce <= '0'; ports.mpwe <= '0';
44       ports.mpa <= (others => '0');
45     elsif (clk'event and clk = '1') then
46       if enable='1' then
47         case aceCmd is
48           when aceReadContrReg0 =>
49             aceReadReg8(ports, clkPhaseRd,
50               ACE_REG_CONTROL8_0, regDataOut);
51           when aceWriteContrReg0 =>
52             aceWriteReg8(ports, clkPhaseWr,
53               ACE_REG_CONTROL8_0, regDataIn);
54           when aceReadContrReg1 =>
55             aceReadReg8(ports, clkPhaseRd,
56               ACE_REG_CONTROL8_1, regDataOut);
57           when aceWriteContrReg1 =>
58             aceWriteReg8(ports, clkPhaseWr,
59               ACE_REG_CONTROL8_1, regDataIn);
60           when aceReadStatusReg =>
61             aceReadReg8(ports, clkPhaseRd,
62               ACE_REG_STATUS8, regDataOut);
63           when aceWriteStatusReg =>
64             aceWriteReg8(ports, clkPhaseWr,
65               ACE_REG_STATUS8, regDataIn);
66           when idle => null;
67         end case;
68       end if;
69     end if;
70   end process;
71 end protoType;
```

Abbildung 9.22: *Die Schnittstelle* ACEMPU *und ihre Realisierung: Fortsetzung des Codes aus Abb. 9.21.*

9.3 Dynamische Rekonfigurierung

```vhdl
1   library ieee;
2   use ieee.STD_LOGIC_1164.all;
3   use ieee.STD_LOGIC_TEXTIO.all;
4   use STD.TEXTIO.all;
5   use work.ace.all;
6
7   entity tbfileio is
8   end tbfileio;
9
10  architecture behavior of tbfileio is
11    component ACEMPU
12    port( clk, reset, enable: in std_logic;
13      CFG : in std_logic_vector(2 downto 0);
14      -- System ACE MPU interface
15      MPD : inout std_logic_vector(15 downto 0);
16      MPA : out std_logic_vector(6 downto 0);
17      MPCE, MPWE, MPOE :out std_logic; -- low active
18      aceCmd: in aceCommand;
19      regDataIn: in std_logic_vector(7 downto 0);
20      regDataOut: out std_logic_vector(7 downto 0);
21      endCmd,cfgDone: out boolean);
22    end component ACEMPU;
23
24    constant CLK_PERIOD: time:=37037 ps;
25    signal clk, reset, enable: std_logic;
26    signal MPD : std_logic_vector(15 downto 0);
27    signal MPA : std_logic_vector(6 downto 0);
28    signal MPCE, MPWE, MPOE : std_logic;
29    signal CFG : std_logic_vector(2 downto 0);
30    signal aceCmd: aceCommand;
31    signal endCmd,cfgDone: boolean;
32    signal regDataIn, regDataOut: std_logic_vector(7 downto 0);
33    file eingabe: text open READ_MODE is "stimuli.dat";
34  begin
35    -- instanziere das DUT
36    DUT: ACEMPU port map (
37      clk, reset, enable, CFG,
38      MPD, MPA, MPCE, MPWE, MPOE,
39      aceCmd, regDataIn,regDataOut,endCmd,cfgDone);
40    -- generiere Testeingaben für reset und enable;
41    enable<='1';
42    reset<='1', '0' after 50 ns;
43    -- generiere einen 27MHz Takt
44    CLK_GEN: process
45    begin
46      clk <= '0'; wait for CLK_PERIOD/2;
47      clk <= '1'; wait for CLK_PERIOD/2;
48    end process;
```

Abbildung 9.23: Testbench für die Rekonfiguration des FPGAs. Die Fortsetzung in Abb. 9.24.

```vhdl
49  STIM:process
50    variable zeile : line;
51    variable kommando: string(1 to 17);
52    variable param, controlReg, statusReg :
53      std_logic_vector(7 downto 0);
54  begin
55    while not( endfile(eingabe)) loop
56      readline(eingabe,zeile); -- lese ein Zeile
57      next when zeile'length=0 or zeile'length<16;
58      read(zeile,kommando); -- lese Kommando-Präfix
59      if kommando(1)='#' then
60        next; -- Kommentarzeilen überlesen
61      end if;
62      case kommando is
63        when "aceReadContrReg0 " =>
64          aceCmd<=aceReadContrReg0;
65          controlReg:=regDataOut;
66          wait until not endCmd;
67        when "aceReadContrReg1 " =>
68          aceCmd<=aceReadContrReg1;
69          controlReg:=regDataOut;
70          wait until not endCmd;
71        when "aceOR " =>
72          hread(zeile,param);
73          controlReg:=controlReg or param;
74        when "aceAND " =>
75          hread(zeile,param);
76          controlReg:=controlReg and param;
77        when "aceWriteContrReg0" =>
78          regDataIn<=controlReg;
79          aceCmd<=aceWriteContrReg0;
80          wait until not endCmd;
81        when "aceWriteContrReg1" =>
82          regDataIn<=controlReg;
83          aceCmd<=aceWriteContrReg1;
84          wait until not endCmd;
85        when "aceReadStatusReg " =>
86          while (not cfgDone) loop
87            aceCmd<=aceReadStatusReg;
88            statusReg:=regDataOut;
89            wait until not endCmd;
90          end loop;
91        when others =>
92          report "Falsches Dateiformat, Kommando unbekannt";
93      end case;
94    end loop;
95    aceCmd<=idle;
96    wait;
97  end process;
98 end behavior;
```

Abbildung 9.24: Testbench für die Rekonfiguration des FPGAs. Fortsetzung des Codes aus Abb. 9.23

Teil V

VHDL IEEE Std. 1076-1993

10 Reservierte Wörter

Eine Reihe von Bezeichnern sind in VHDL reserviert und haben in VHDL eine feste Bedeutung. Man spricht in diesem Zusammenhang von *reservierten Wörtern*. Ein reserviertes Wort darf nicht als ein explizit durch den Programmierer definierten Bezeichner benutzt werden. Im Standard VHDL IEEE Std. 1076-1993 sind die folgenden Wörter reserviert.

A	`abs`, `access`, `after`, `alias`, `all`, `and`, `architecture`, `array`, `assert`, `attribute`
B	`begin`, `block`, `body`, `buffer`, `bus`
C	`case`, `component`, `configuration`, `constant`
D	`disconnect`, `downto`
E	`else`, `elsif`, `end`, `entity`, `exit`
F	`file`, `for`, `function`
G	`generate`, `generic`, `group`, `guarded`
I	`if`, `impure`, `in`, `inertial`, `inout`, `is`
L	`label`, `library`, `linkage`, `literal`, `loop`
M	`map`, `mod`
N	`nand`, `new`, `next`, `nor`, `not`, `null`
O	`of`, `on`, `open`, `or`, `others`, `out`
P	`package`, `port`, `postponed`, `procedure`, `process`, `pure`
R	`range`, `record`, `register`, `reject`, `rem`, `report`, `return`, `rol`, `ror`
S	`select`, `severity`, `signal`, `shared`, `sla`, `sll`, `sra`, `srl`, `subtype`
T	`then`, `to`, `transport`, `type`
U	`unaffected`, `units`, `until`, `use`
V	`variable`
W	`wait`, `when`, `while`, `with`
X	`xnor`, `xor`.

11 Die formale Syntax

Die folgende Übersicht über die Syntax von VHDL ist [58] entnommen. Die Syntax wird hier über eine kontextfreie Grammatik [25] spezifiziert, deren Startsymbol das Nichtterminal `design_file` ist.

11.1 Verwendete Schreibweisen

In der im nächsten Abschnitt angegebenen Syntaxbeschreibung verwenden wir folgende Vereinbarungen bei den Schreibweisen:

- Wörter, die klein geschrieben sind (und in der Regel Unterstriche enthalten), bezeichnen Nichtterminale der kontextfreien Sprache, also Variablen, die für eine Teilsprache von VHDL stehen. So lassen sich aus dem Nichtterminal `architecture_body` alle Architekturbeschreibungen ableiten.

- Wörter, die **fett** geschrieben sind, sind Terminale der kontextfreien Sprache, die in der Regel reservierte Wörter darstellen. Reservierte Wörter können nur an solchen Stellen benutzt werden, die von der Syntax angegeben sind.

- Eine Ersetzungsregel (oder Produktionsregel) besteht aus einer linken Seite, die nur aus einem Nichtterminal besteht, und, durch das Symbol ::= getrennt, einer rechten Seite. Sie sagt aus, dass das Nichtterminal auf der linken Seite durch einen durch die rechte Seite spezifizierten Ausdruck „textuell" ersetzt werden kann.

- Die rechte Seite einer Ersetzungsregel kann aus Alternativen bestehen, die durch das Symbol | getrennt werden. So sagt die Regel

    direction ::=   **to** | **downto**

    aus, dass das Nichtterminal direction entweder durch das reservierte Wort **to** oder durch das reservierte Wort **downto** ersetzt wird.

- Eckige Klammern der Form ⟦ und ⟧ auf der rechten Seite einer Regel bezeichnen optionale Zeichenketten. So sagt die Regel

    null_statement ::=   ⟦ label : ⟧ **null**

    dass (auf diesem Ableitungspfad) vor dem reservierten Wort **null** eine Marke stehen kann, aber nicht muss. Diese Regel ist demnach äquivalent zu der Regel

    null_statement ::=   label : **null** | **null**

- Geschweifte Klammern sagen aus, dass die innerhalb stehende Zeichenfolge endlich oft eingesetzt werden kann. So beschreibt die Ersetzungsregel

    integer ::=   digit { 〚 _ 〛 digit }

    alle Zeichenfolgen, die aus wenigstens einer Ziffer bestehen. Ab der zweiten Ziffer kann vor jeder Ziffer ein Unterstrich stehen.

- Ist der Präfix eines Nichtterminals auf der rechten Seite *kursiv* geschrieben, so ist er im Sinne der kontextfreien Grammatik äquivalent zu dem Nichtterminal ohne den kursiven Teil. Die Benutzung einer solchen ausführlicheren Namensgebung ist im besseren Verständnis begründet.

11.2   Die Syntax

Die in diesem Abschnitt abgedruckte Syntax-Beschreibung von VHDL (*IEEE Std 1076-1993*) haben wir [58] entnommen. Sie werden einige Konstrukte in der hier formal beschriebenen Sprache finden, die wir im Buch selbst nicht angesprochen haben. Wie schon zu Beginn des Buches erwähnt, bestand das Ziel des vorliegenden Buches *nicht* darin, die Hardwarebeschreibungssprache vollständig vorzustellen. Konstrukte, die nur selten benötigt werden, haben wir übergangen. Vielmehr verfolgen wir mit diesem Lehrbuch das Ziel, eine leicht verständliche, an anschaulichen Beispielen orientierte Einführung in VHDL zu geben.

Nun aber zu der formalen Syntax von VHDL-93.

A

abstract_literal ::=
    decimal_literal | based_literal

access_type_definition ::=
    access subtype_indication

actual_designator ::=
    expression | *signal*_name | *variable*_name | *file*_name | **open**

actual_parameter_part ::=
    *parameter*_association_list

actual_part ::=
    actual_designator | *function*_name (actual_designator) |
    type_mark (actual_designator)

adding_operator ::=
    + | − | &

aggregate ::=
    (element_association { , element_association })

alias_declaration ::=
    alias alias_designator 〚 : subtype_indication 〛 **is** name 〚 signature 〛 ;

11.2 Die Syntax

alias_designator ::=
   identifier | character_literal | operator_symbol

allocator ::=
   new subtype_indication | **new** qualified_expression

architecture_body ::=
   architecture identifier **of** *entity*_name **is**
      architecture_declarative_part
   begin
      architecture_statement_part
   end [[**architecture**]] [[*architecture*_simple_name]] ;

architecture_declarative_part ::=
   { block_declarative_item }

architecture_statement_part ::=
   { concurrent_statement }

array_type_definition ::=
   unconstrained_array_definition | constrained_array_definition

assertion ::=
   assert condition [[**report** expression]] [[**severity** expression]]

assertion_statement ::=
   [[label :]] assertion ;

association_element ::=
   [[formal_part **=>**]] actual_part

association_list ::=
   association_element { , association_element }

attribute_declaration ::=
   attribute identifier : type_mark ;

attribute_designator ::=
   *attribute*_simple_name

attribute_name ::=
   prefix [[signature]] ' attribute_designator [[(expression)]]

attribute_specification ::=
   attribute attribute_designator **of** entity_specification **is** expression ;

B

base ::=
   integer

base_specifier ::=
   B | O | X

based_integer ::=
   extended_digit { [[_]] extended_digit }

based_literal ::=
   base **#** based_integer [[**.** based_integer]] **#** [[exponent]]

basic_character ::=
   basic_graphic_character | format_effector

basic_graphic_character ::=
   upper_case_letter | digit | special_character | space_character

basic_identifier ::=
   letter { [[_]] letter_or_digit }

binding_indication ::=
   [[**use** entity_aspect]] [[generic_map_aspect]] [[port_map_aspect]]

bit_string_literal ::=
   base_specifier " [[bit_value]] "

bit_value ::=
   extended_digit { [[_]] extended_digit }

block_configuration ::=
   for block_specification
      use_clause
      configuration_item
   end for ;

block_declarative_item ::=
   subprogram_declaration | subprogram_body | type_declaration |
   subtype_declaration | constant_declaration | signal_declaration |
   *shared*_variable_declaration | file_declaration | alias_declaration |
   component_declaration | attribute_declaration | attribute_specification |
   configuration_specification | disconnection_specification | use_clause |
   group_template_declaration | group_declaration

block_declarative_part ::=
   { block_declarative_item }

block_header ::=
   [[generic_clause [[generic_map_aspect ;]]]] [[port_clause [[port_map_aspect ;]]]]

block_specification ::=
   *architecture*_name | *block*_statement_label |
   *generate*_statement_label [[**(** index_specification **)**]]

block_statement ::=
   *block*_label : **block** [[(*guard*_expression)]] [[**is**]]
      block_header
      block_declarative_part
   begin
      block_statement_part
   end block [[*block*_label]] ;

11.2 Die Syntax

block_statement_part ::=
  { concurrent_statement }

C

case_statement ::=
  [[*case*_label :]] **case** expression **is**
    case_statement_alternative
    { case_statement_alternative }
  end case [[*case*_label]] ;

case_statement_alternative ::=
  when choices => sequence_of_statements

character_literal ::=
  ' graphic_character '

choice ::=
  simple_expression | discrete_range | *element*_simple_name | **others**

choices ::=
  choice { | choice }

component_configuration ::=
  for component_specification
    [[binding_indication ;]]
    [[block_configuration]]
  end for ;

component_declaration ::=
  component identifier [[**is**]]
    [[*local*_generic_clause]]
    [[*local*_port_clause]]
  end component [[*component*_simple_name]] ;

component_instantiation_statement ::=
  *instantiation*_label : instantiated_unit
    [[generic_map_aspect]]
    [[port_map_aspect]] ;

component_specification ::=
  instantiation_list : *component*_name

composite_type_definition ::=
  array_type_definition | record_type_definition

concurrent_assertion_statement ::=
  [[label :]] [[**postponed**]] assertion ;

concurrent_procedure_call_statement ::=
  [[label :]] [[**postponed**]] procedure_call ;

concurrent_signal_assignment_statement ::=
  [[label :]] [[**postponed**]] conditional_signal_assignment |
  [[label :]] [[**postponed**]] selected_signal_assignment

concurrent_statement ::=
    block_statement | concurrent_procedure_call_statement | process_statement |
    concurrent_assertion_statement | generate_statement |
    concurrent_signal_assignment_statement | component_instantiation_statement

condition ::=
    *boolean*_expression

condition_clause ::=
    until condition

conditional_signal_assignment ::=
    target **<=** options conditional_waveforms ;

conditional_waveforms ::=
    { waveform **when** condition **else** } waveform 〚 **when** condition 〛

configuration_declaration ::=
    configuration identifier **of** *entity*_name **is**
        configuration_declarative_part
        block_configuration
    end configuration 〛 〚 *configuration*_simple_name 〛 ;

configuration_declarative_item ::=
    use_clause | attribute_specification | group_declaration

configuration_declarative_part ::=
    { configuration_declarative_item }

configuration_item ::=
    block_configuration | component_configuration

configuration_specification ::=
    for component_specification binding_indication ;

constant_declaration ::=
    constant identifier_list : subtype_indication 〚 **:=** expression 〛 ;

constrained_array_definition ::=
    array index_constraint **of** *element*_subtype_indication

constraint ::=
    range_constraint | index_constraint

context_clause ::=
    { context_item }

context_item ::=
    library_clause | use_clause

D

decimal_literal ::=
    integer 〚 . integer 〛 〚 exponent 〛

11.2 Die Syntax

declaration ::=
   type_declaration | subtype_declaration | object_declaration |
   interface_declaration | alias_declaration | attribute_declaration |
   component_declaration | group_template_declaration | group_declaration |
   entity_declaration | configuration_declaration | subprogram_declaration |
   package_declaration

delay_mechanism ::=
   transport | [[**reject** *time*_expression]] **inertial**

design_file ::=
   design_unit { design_unit }

design_unit ::=
   context_clause library_unit

designator ::=
   identifier | operator_symbol

direction ::=
   to | **downto**

disconnection_specification ::=
   disconnect guarded_signal_specification **after** *time*_expression ;

discrete_range ::=
   *discrete*_subtype_indication | range

E

element_association ::=
   [[choices **=>**]] expression

element_declaration ::=
   identifier_list : element_subtype_definition ;

element_subtype_definition ::=
   subtype_indication

entity_aspect ::=
   entity *entity*_name [[(*architecture*_identifier)]]
   | **configuration** *configuration*_name | **open**

entity_class ::=
   entity | **architecture** | **configuration** | **procedure** | **function** | **package** |
   type | **subtype** | **constant** | **signal** | **variable** | **component** | **label** |
   literal | **units** | **group** | **file**

entity_class_entry ::=
   entity_class [[**<>**]]

entity_class_entry_list ::=
   entity_class_entry { , entity_class_entry }

entity_declaration ::=
   entity identifier **is**
      entity_header
      entity_declarative_part
   〚 **begin**
      entity_statement_part 〛
   end 〚 **entity** 〛 〚 *entity*_simple_name 〛 ;

entity_declarative_item ::=
   subprogram_declaration | subprogram_body | type_declaration |
   subtype_declaration | constant_declaration | signal_declaration |
   *shared*_variable_declaration | file_declaration | alias_declaration |
   attribute_declaration | attribute_specification | disconnection_specification |
   use_clause | group_template_declaration | group_declaration

entity_declarative_part ::=
   { entity_declarative_item }

entity_designator ::=
   entity_tag 〚 signature 〛

entity_header ::=
   〚 *formal*_generic_clause 〛 〚 *formal*_port_clause 〛

entity_name_list ::=
   entity_designator { , entity_designator } | **others** | **all**

entity_specification ::=
   entity_name_list : entity_class

entity_statement ::=
   concurrent_assertion_statement | *passive*_process_statement|
   *passive*_concurrent_procedure_call_statement

entity_statement_part ::=
   { entity_statement }

entity_tag ::=
   simple_name | character_literal | operator_symbol

enumeration_literal ::=
   identifier | character_literal

enumeration_type_definition ::=
   (enumeration_literal { , enumeration_literal })

exit_statement ::=
   〚 label : 〛 **exit** 〚 *loop*_label 〛 〚 **when** condition 〛 ;

exponent ::=
   E 〚 **+** 〛 integer | **E** − integer

expression ::=
   relation { **and** relation } | relation { **or** relation } | relation { **xor** relation } |
   relation 〚 **nand** relation 〛 | relation 〚 **nor** relation 〛 | relation { **xnor** relation }

11.2 Die Syntax

extended_digit ::=
  digit | letter

extended_identifier ::=
  \ graphic_character { graphic_character } \

F

factor ::=
  primary [[** primary]] | **abs** primary | **not** primary

file_declaration ::=
  file identifier_list : subtype_indication [[file_open_information]] ;

file_logical_name ::=
  *string*_expression

file_open_information ::=
  [[**open** *file*_open_kind_expression]] **is** file_logical_name

file_type_definition ::=
  file of type_mark

floating_type_definition ::=
  range_constraint

formal_designator ::=
  *generic*_name | *port*_name | *parameter*_name

formal_parameter_list ::=
  *parameter*_interface_list

formal_part ::=
  formal_designator | *function*_name (formal_designator) |
  type_mark (formal_designator)

full_type_declaration ::=
  type identifier **is** type_definition ;

function_call ::=
  *function*_name [[(actual_parameter_part)]]

G

generate_statement ::=
  *generate*_label : generation_scheme **generate**
    [[{ block_declarative_item }
  begin]]
    { concurrent_statement }
  end generate [[*generate*_label]] ;

generation_scheme ::=
  for *generate*_parameter_specification | **if** condition

generic_clause ::=
  generic (generic_list) ;

generic_list ::=
   *generic*_interface_list

generic_map_aspect ::=
   generic map (*generic*_association_list)

graphic_character ::=
   basic_graphic_character | lower_case_letter | other_special_character

group_constituent ::=
   name | character_literal

group_constituent_list ::=
   group_constituent { , group_constituent }

group_declaration ::=
   group identifier : *group_template*_name (group_constituent_list) ;

group_template_declaration ::=
   group identifier **is** (entity_class_entry_list) ;

guarded_signal_specification ::=
   *guarded*_signal_list : type_mark

I

identifier ::=
   basic_identifier | extended_identifier

identifier_list ::=
   identifier { , identifier }

if_statement ::=
   [[*if*_label :]] **if** condition **then**
     sequence_of_statements
   { **elsif** condition **then**
     sequence_of_statements }
   [[**else**
     sequence_of_statements]]
   end if [[*if*_label]] ;

incomplete_type_declaration ::=
   type identifier ;

index_constraint ::=
   (discrete_range { , discrete_range })

index_specification ::=
   discrete_range | *static*_expression

index_subtype_definition ::=
   type_mark range <>

indexed_name ::=
   prefix (expression { , expression })

11.2 Die Syntax

instantiated_unit ::=
  〚 **component** 〛 *component*_name |
  entity *entity*_name 〚 (*architecture*_identifier) 〛 |
  configuration *configuration*_name

instantiation_list ::=
  *instantiation*_label { , *instantiation*_label } | **others** | **all**

integer ::=
  digit { 〚 _ 〛 digit }

integer_type_definition ::=
  range_constraint

interface_constant_declaration ::=
  〚 **constant** 〛 identifier_list : 〚 **in** 〛 subtype_indication 〚 := *static*_expression 〛

interface_declaration ::=
  interface_constant_declaration | interface_signal_declaration |
  interface_variable_declaration | interface_file_declaration

interface_element ::=
  interface_declaration

interface_file_declaration ::=
  file identifier_list : subtype_indication

interface_list ::=
  interface_element { ; interface_element }

interface_signal_declaration ::=
  〚 **signal** 〛 identifier_list : 〚 mode 〛 subtype_indication 〚 **bus** 〛 〚 := *static*_expression 〛

interface_variable_declaration ::=
  〚 **variable** 〛 identifier_list : 〚 mode 〛 subtype_indication 〚 := *static*_expression 〛

iteration_scheme ::=
  while condition | **for** *loop*_parameter_specification

L

label ::=
  identifier

letter ::=
  upper_case_letter | lower_case_letter

letter_or_digit ::=
  letter | digit

library_clause ::=
  library logical_name_list ;

library_unit ::=
  primary_unit | secondary_unit

literal ::=
   numeric_literal | enumeration_literal | string_literal | bit_string_literal | **null**

logical_name ::=
   identifier

logical_name_list ::=
   logical_name { , logical_name }

logical_operator ::=
   and | **or** | **nand** | **nor** | **xor** | **xnor**

loop_statement ::=
   [[*loop*_label :]][[iteration_scheme]] **loop**
      sequence_of_statements
   end loop [[*loop*_label]] ;

M

miscellaneous_operator ::=
   ** | **abs** | **not**

mode ::=
   in | **out** | **inout** | **buffer** | **linkage**

multiplying_operator ::=
   * | **/** | **mod** | **rem**

N

name ::=
   simple_name | operator_symbol | selected_name |
   indexed_name | slice_name | attribute_name

next_statement ::=
   [[label :]] **next** [[*loop*_label]] [[**when** condition]] ;

null_statement ::=
   [[label :]] **null** ;

numeric_literal ::=
   abstract_literal | physical_literal

O

object_declaration ::=
   constant_declaration | signal_declaration | variable_declaration | file_declaration

operator_symbol ::=
   string_literal

options ::=
   [[**guarded**]] [[delay_mechanism]]

P

package_body ::=
  package body *package*_simple_name **is**
    package_body_declarative_part
  end [[**package body**]] [[*package*_simple_name]] ;

package_body_declarative_item ::=
  subprogram_declaration | subprogram_body | type_declaration |
  subtype_declaration | constant_declaration | *shared*_variable_declaration |
  file_declaration | alias_declaration | use_clause | group_template_declaration |
  group_declaration

package_body_declarative_part ::=
  { package_body_declarative_item }

package_declaration ::=
  package identifier **is**
    package_declarative_part
  end [[**package**]] [[*package*_simple_name]] ;

package_declarative_item ::=
  subprogram_declaration | type_declaration | subtype_declaration |
  constant_declaration | signal_declaration | *shared*_variable_declaration |
  file_declaration | alias_declaration | component_declaration |
  attribute_declaration | attribute_specification | disconnection_specification |
  use_clause | group_template_declaration | group_declaration

package_declarative_part ::=
  { package_declarative_item }

parameter_specification ::=
  identifier in discrete_range

physical_literal ::=
  [[abstract_literal]] *unit*_name

physical_type_definition ::=
  range_constraint
    units
      primary_unit_declaration
      { secondary_unit_declaration }
    end units [[*physical_type*_simple_name]]

port_clause ::=
  port (port_list) ;

port_list ::=
  *port*_interface_list

port_map_aspect ::=
  port map (*port_association*_list)

prefix ::=
  name | function_call

primary ::=
   name | literal | aggregate | function_call | qualified_expression | type_conversion |
   allocator | (expression)

primary_unit ::=
   entity_declaration | configuration_declaration | package_declaration

primary_unit_declaration ::=
   identifier ;

procedure_call ::=
   *procedure*_name [[(actual_parameter_part)]]

procedure_call_statement ::=
   [[label :]] procedure_call ;

process_declarative_item ::=
   subprogram_declaration | subprogram_body | type_declaration |
   subtype_declaration | constant_declaration | variable_declaration |
   file_declaration | alias_declaration | attribute_declaration |
   attribute_specification | use_clause | group_template_declaration |
   group_declaration

process_declarative_part ::=
   { process_declarative_item }

process_statement ::=
   [[*process*_label :]] [[**postponed**]] **process** [[(sensitivity_list)]] [[**is**]]
      process_declarative_part
   begin
      process_statement_part
   end [[**postponed**]] **process** [[*process*_label]] ;

process_statement_part ::=
   { sequential_statement }

Q

qualified_expression ::=
   type_mark ' (expression) | type_mark ' aggregate

R

range ::=
   *range*_attribute_name | simple_expression direction simple_expression

range_constraint ::=
   range range

record_type_definition ::=
   record
      element_declaration
        { element_declaration }
   end record [[*record_type*_simple_name]]

11.2 Die Syntax

relation ::=
   shift_expression [[relational_operator shift_expression]]

relational_operator ::=
   = | /= | < | <= | > | >=

report_statement ::=
   [[label :]] **report** expression [[**severity** expression]] ;

return_statement ::=
   [[label :]] **return** [[expression]] ;

S

scalar_type_definition ::=
   enumeration_type_definition | integer_type_definition |
   floating_type_definition | physical_type_definition

secondary_unit ::=
   architecture_body | package_body

secondary_unit_declaration ::=
   identifier = physical_literal ;

selected_name ::=
   prefix . suffix

selected_signal_assignment ::=
   with expression **select** target <= options selected_waveforms ;

selected_waveforms ::=
   { waveform **when** choices , } waveform **when** choices

sensitivity_clause ::=
   on sensitivity_list

sensitivity_list ::=
   *signal*_name { , *signal*_name }

sequence_of_statements ::=
   { sequential_statement }

sequential_statement ::=
   wait_statement | assertion_statement | report_statement |
   signal_assignment_statement | variable_assignment_statement |
   procedure_call_statement | if_statement | case_statement | loop_statement |
   next_statement | exit_statement | return_statement | null_statement

shift_expression ::=
   simple_expression [[shift_operator simple_expression]]

shift_operator ::=
   sll | **srl** | **sla** | **sra** | **rol** | **ror**

sign ::=
   + | –

signal_assignment_statement ::=
    [[label :]] target <= [[delay_mechanism]] waveform ;

signal_declaration ::=
    signal identifier_list : subtype_indication [[signal_kind]] [[:= expression]] ;

signal_kind ::=
    register | **bus**

signal_list ::=
    *signal*_name { , *signal*_name } | **others** | **all**

signature ::=
    [[[[type_mark { , type_mark }]] [[**return** type_mark]]]]

simple_expression ::=
    [[sign]] term { adding_operator term }

simple_name ::=
    identifier

slice_name ::=
    prefix (discrete_range)

string_literal ::=
    " { graphic_character } "

subprogram_body ::=
    subprogram_specification **is**
        subprogram_declarative_part
    begin
        subprogram_statement_part
    end [[subprogram_kind]] [[designator]] ;

subprogram_declaration ::=
    subprogram_specification ;

subprogram_declarative_item ::=
    subprogram_declaration | subprogram_body | type_declaration |
    subtype_declaration | constant_declaration | variable_declaration |
    file_declaration | alias_declaration | attribute_declaration |
    attribute_specification | use_clause | group_template_declaration |
    group_declaration

subprogram_declarative_part ::=
    { subprogram_declarative_item }

subprogram_kind ::=
    procedure | **function**

subprogram_specification ::=
    procedure designator [[(formal_parameter_list)]] |
    [[**pure** | **impure**]] **function** designator [[(formal_parameter_list)]]
        return type_mark

11.2 Die Syntax

subprogram_statement_part ::=
  { sequential_statement }

subtype_declaration ::=
  subtype identifier **is** subtype_indication ;

subtype_indication ::=
  [[*resolution_function*_name]] type_mark [[constraint]]

suffix ::=
  simple_name | character_literal | operator_symbol | **all**

T

target ::=
  name | aggregate

term ::=
  factor { multiplying_operator factor }

timeout_clause ::=
  for *time*_expression

type_conversion ::=
  type_mark (expression)

type_declaration ::=
  full_type_declaration | incomplete_type_declaration

type_definition ::=
  scalar_type_definition | composite_type_definition |
  access_type_definition | file_type_definition

type_mark ::=
  *type*_name | *subtype*_name

U

unconstrained_array_definition ::=
  array (index_subtype_definition { , index_subtype_definition })
    of *element*_subtype_indication

use_clause ::=
  use selected_name { , selected_name } ;

V

variable_assignment_statement ::=
  [[label :]] target := expression ;

variable_declaration ::=
  [[**shared**]] variable identifier_list : subtype_indication [[:= expression]] ;

W

wait_statement ::=
 〚 label : 〛 **wait** 〚 sensitivity_clause 〛 〚 condition_clause 〛〚 timeout_clause 〛 ;

waveform ::=
 waveform_element { , waveform_element } | **unaffected**

waveform_element ::=
 *value*_expression 〚 **after** *time*_expression 〛 |
 null 〚 **after** *time*_expression 〛

Literaturverzeichnis

[1] ALTERA CORPORATION: *ModelSim-Altera Starter Edition.* http://www.altera.com/products/software/quartus-ii/modelsim/.

[2] ANALOG DEVICES INC.: *ADV7194: Professional Extended-10 Video Encoder With 54 MHz Oversampling, Data Sheet (Rev. A, 2/01).* http://www.analog.com, 2001.

[3] ANALOG DEVICES INC.: *ADV7185: Professional NTSC/PAL Video Decoder with 10-Bit CCIR656 Output, Data Sheet (Rev.0, 5/02).* http://www.analog.com, 2002.

[4] ASHENDEN, P.: *The Designer's Guide to VHDL.* Morgan Kaufmann Publishers Inc., San Francisco, CA, 1996.

[5] ASHENDEN, P. und J. LEWIS. http://www.ashenden.com.au/new-stuff/.

[6] ASHENDEN, P. und J. LEWIS: *VHDL-2008: Just the new stuff*. Morgan Kaufmann Publishers Inc., San Francisco, CA, 2008.

[7] BATCHER, K. E.: *Sorting Networks and their Applications.* In: *AFIPS Spring Joint Computer Conference*, Bd. 32, S. 307–314, Apr. 1968.

[8] BECKER, B., G. HOTZ, R. KOLLA, P. MOLITOR und H. OSTHOF: *Hierarchical Design based on a calculus of nets.* In: *Tagungsband der 24. Design Automation Conference (DAC)*, S. 649–653, Juni 1987.

[9] BERGERON, J.: *Writing Testbenches: Functional Verification of HDL Models.* Kluwer Academic Publishers Boston / Dordrecht / London, 2000.

[10] BIERE, A., C. CIMATTI, E. CLARKE, M. FUJITA und Y. ZHU: *Symbolic model checking using SAT procedures instead of BDDs..* In: *Tagungsband der 36. Design Automation Conference (DAC)*, S. 300–305, Juni 1999.

[11] BRENT, R. und H. KUNG: *A regular layout for parallel adders.* IEEE Transactions on Computers, 31(3):260–264, März 1982.

[12] BURCH, T.: *Parametrisierte Spezifikation von Schaltkreisen.* Teubner Verlag Stuttgart-Leipzig, 1998.

[13] CHANG, K.: *Digital Design and Modeling with VHDL and Synthesis.* IEEE Computer Society Press, 1997.

[14] CHOCKLER, H., O. KUPFERMAN, R. KURSHAN und M. VARDI: *A Practical Approach to Coverage in Model Checking.* In: *Tagungsband der 13. International Conference on Computer Aided Verification (CAV)*, S. 66–78, Juli 2001.

[15] CLARKE, E. und Y. FENG: *Escher - A Geometrical Layout System for Recursively Defined Circuits*. In: *Tagungsband der 23. Design Automation Conference (DAC)*, S. 650–653, Juni 1986.

[16] COMPTON, K. und S. HAUCK: *Reconfigurable computing: a survey of systems and software*. ACM Computional Survey 34, 2:171–210, Juni 2002.

[17] CORMEN, T., C. LEISERSON und R. RIVEST: *Einführung in Algorithmen*. Oldenbourg Wissenschaftsverlag München, 2004. Deutsche Übersetzung des Buches *Introduction to algorithms*, Cambridge, MA, MIT Press 1990.

[18] DEMPSTER, D. und M. STUART: *Verification methodology manual - Techniques for verifying HDL designs*. Teamwork International, 2001.

[19] EDIF STEERING COMMITTEE: *Introduction to EDIF*, Electronic Industries Association, Washington, DC. http://www.edif.org, 1988.

[20] EMERSON, E.: *Handbook of Theoretical Computer Science: Formal Methods and Semantics*, Kap. Temporal and modal logic, S. 995–1072. MIT Press, 1990.

[21] EMERSON, E. und E. CLARKE: *Characterizing Properties of Parallel Programs as Fixpoints*. In: *Tagungsband des 7. International Colloquium on Automata, Languages, and Programming (ICALP)*, S. 169–181, Juli 1981.

[22] FREESCALE und SYNOPSYS: *Freescale, Synopsys broaden collaboration to cut IC verification cost*. MultiCoreInfo.com – Portal for Multicore Processor News and Information, October 2009. http://www.multicoreinfo.com/2009/10/freescale-synopsys/.

[23] HACHTEL, G. und F. SOMENZI: *Logic synthesis and verification algorithms*. Kluwer Academic Publishers Boston, Dordrecht, London, 1996.

[24] HERVEILLE, R.: *I2C Master Core*. http://www.opencores.org/projects/i2c/, 2000.

[25] HOPCROFT, J., R. MOTWANI und J. ULLMAN: *Introduction to Automata Theory, Languages, and Computation*. Addison-Wesley, Upper Sadde River, 2001.

[26] HOPCROFT, J. und J. ULLMAN: *Einführung in die Automatentheorie, Formale Sprachen und Komplexitätstheorie*. Addison-Wesley, Bonn, 1990.

[27] IEEE: *Institute of Electrical and Electronics Engineers (http://www.ieee.org)*. http://www.ieee.org.

[28] IEEE STANDARDS DEPARTMENT: *IEEE Standard 1076-1987; VHDL Language Reference Manual*, 1987.

[29] IEEE STANDARDS DEPARTMENT: *IEEE Standard 1076-1993; VHDL Language Reference Manual*, 1993.

[30] IEEE STANDARDS DEPARTMENT: *IEEE Standard 1164-1993; Multivalue Logic System for VHDL Model Interoperability*, 1994.

[31] IEEE STANDARDS DEPARTMENT: *IEEE Standard 1076-2008; VHDL Language Reference Manual*, 2009.

[32] INC. DIGILENT. http://www.digilentinc.com/.

[33] KATZ, S., D. GEIST und O. GRUMBERG: *'Have I written enough properties?' - A Method of Comparison Between Specification and Implementation.* In: *Tagungsband der 10. IFIP WG 10.5 Advanced Research Working Conference on Correct Hardware Design and Verification Methods (CHARME)*, S. 280–297, Sep. 1999.

[34] KNUTH, D. E.: *The Art of Computer Programming*, Bd. 3 / Sorting and Searching. Addison-Wesley, 1998.

[35] KOLLA, R., P. MOLITOR und H. OSTHOF: *Einführung in den VLSI-Entwurf*. Teubner Verlag Stuttgart, 1989.

[36] LADNER, R. und M. FISHER: *Parallel prefix computation*. Journal of the ACM, 27(4):831–838, Okt. 1980.

[37] LENGAUER, T.: *Combinatorial Algorithms for Integrated Circuit Layout*. Wiley Teubner Series in Computer Science. John Wiley & Sons – B.G. Teubner, 1994.

[38] MANNERS, D.: *Leackage und Verification Costs both continue to rise, says Cadence*. ElectronicsWeekly.com, Okt. 2008.
http://www.electronicsweekly.com/Articles/23/10/2008/44769/leakage-and-verification-costs-both-continue-to-rise-says-cadence.htm.

[39] MCMILLAN, K.: *Symbolic Model Checking*. Kluwer Academic Publishers Boston, Dordrecht, London, 1993.

[40] MENTOR GRAPHICS CORPORATION. http://www.mentor.com/.

[41] MICHELI, G. DE: *Synthesis and Optimization of Digital Circuits*. McGraw-Hill New York, 1994.

[42] MOLITOR, P. und J. MOHNKE: *Equivalence Checking of Digital Circuits: Fundamentals, Principles, Methods*. Kluwer Academic Publishers Boston / Dordrecht / London, 2004.

[43] MOLITOR, P. und C. SCHOLL: *Datenstrukturen und effiziente Algorithmen für die Logiksynthese kombinatorischer Schaltungen*. Leitfäden der Informatik. B.G. Teubner Stuttgart Leipzig, 1999.

[44] PAYER, M.: *Industrial Experience with Formal Verification*. it+ti Informationstechnik und Technische Informatik, Oldenbourg Verlag München, 2001(1):16–21, Jan. 2001.

[45] PETERSON, L. und B. DAVIE: *Computer Networks*. Morgan Kaufmann Publishers, San Francisco, CA, 1996.

[46] PHILIPS SEMICONDUCTORS: *The I2C-Bus Spezifikation, Version 2.1*.
http://www.semiconductors.philips.com/i2c, Jan. 2004.

[47] RUSHTON, A.: *VHDL for Logic Synthesis*. John Wiley & Sons, 2. Aufl., 1998.

[48] SARRAFZADEH, M., M. WANG und X. YANG: *Modern Placement Techniques.* Kluwer Academic Publishers Boston / Dordrecht / London, 2003.

[49] SYMPHONY EDA: *VHDL Simili 3.* http://www.symphonyeda.com.

[50] SYNOPSYS, INC.: *FPGA Compiler II User Guide.* http://www.es.ele.tue.nl/mininoc/doc/fc2ug.pdf, 2002.

[51] UNIVERSITÄT CHEMNITZ: *Ausgewählte Funktionsblöcke von Digitalrechnern.* http://www-user.tu-chemnitz.de/ knmat/V/Nau14.pdf, Jan. 2004.

[52] VILLA, T., T. KAM, R. BRAYTON und A. SANGIOVANNI-VINCENTELLI: *Synthesis of Finite State Machines: Logic Optimization.* Kluwer Academic Publishers Boston / Dordrecht / London, 1997.

[53] WESTE, N. und K. ESHRAGHIAN: *Principles of CMOS VLSI Design – A Systems Perspecive Principles of CMOS VLSI Design.* Addison Wesley, Boston, MA, 1985.

[54] XILINX, INC.: *Xilinx Application Note XAPP052: Efficient Shift Registers, LFSR Counters, and Long Pseudo-Random Sequence Generators.* http://www.xilinx.com/support/documentation/application_notes/xapp052.pdf, 1996.

[55] XILINX, INC.: *Multimedia Board.* http://www.xilinx.com/support/documentation/boards_and_kits/ug020.pdf, Aug. 2002.

[56] XILINX, INC.: *Xilinx Advanced Product Spezifikation: System ACE CompactFlash Solution.* http://www.xilinx.com/support/documentation/system_ace_solutions.htm, Apr. 2002.

[57] XILINX INC.: *Spartan-3E FPGA Family Data Sheet.* http://www.xilinx.com/support/documentation/data_sheets/ds312.pdf, Aug. 2009.

[58] ZIMMERMANN, R.: *Mode for the VHDL hardware description language.* http://opensource.ethz.ch/emacs/vhdl93_syntax.html, Jan. 2004.

Index

#, 137
&, 21, 89, 127, 166
'-', 130
'H', 130
'L', 130
'U', 130
'W', 130
'X', 130
'Z', 130
*, 75, 78, 125, 144
**, 75, 125
+, 75, 78, 121, 125, 144, 159
-, 75, 78, 125, 144
/, 75, 78, 125
/=, 75, 89, 124
:=, 39
<, 75, 89, 124
<=, 39, 75, 89, 124
=, 75, 89, 124
>, 75, 89, 124
>=, 75, 89, 124
$[\alpha, \beta]_{s,t}$, 157
7-Segment-Anzeige, 12–13, 26, 188

Abbruchkriterium, 37
abs, 75, 78, 125, 144
Absolutbetrag, 75, 78
absorbierender Block, 155
ABSORBING, 159
access, 91
active
    high, 13, 194
    low, 13
active, 73
Addierer, 151–171
    Ladner-Fisher-Prinzip, 18, 169
    serieller, 18, 167
Addition, 75, 78, 151
    Überlauf, 154
    Übertragsbit, 152
    Vorzeichenverdopplung, 152
ADV7185, 213
ADV7194, 213
after, 38, 41
Aktualisierungsphase, 37, 50–52
alias, 133
all, 22, 68, 123
Alphabet
    Ausgabe-, 31
    Maschinen-, 79
Altera, 3
and, 87, 124, 125, 133
    unär, 88
Anfangszustand, 31
Anschluss
    buffer, 57
    in, 57
    inout, 57
    linkage, 57
    out, 57
Anschlussarten, 57–58
Ansteuerung
    7-Segment-Anzeige, 26
    Leuchtdiode, 12
Anweisung
    nebenläufige, 60
    sequentielle, 62, 95
apg_arithmetic, 158
APG-Eigenschaft, 157
append_mode, 93, 128
architecture, 18, 60, 108
    funktionale Beschreibung, 36
    strukturelle Beschreibung, 63
Architekturbeschreibung, 60–67
    funktionale, 61
    strukturelle, 63
arithmetischer Operator
    Integer-Datentyp, 75

physikalischer Datentyp, 78
Real-Datentyp, 77
array, 21, 82
    `ascending`, 87
    `high`, 87
    Konkatenation, 89
    `left`, 86
    `length`, 86
    logischer Operator, 87
    `low`, 86
    `range`, 87
    `reverse_range`, 87
    `right`, 86
    Rotate-Operation, 88
    Shift-Operation, 88
    unbeschränktes, 114
    Vergleichoperator, 89
`ascending`, 80, 87
assert, 60, 79, 86, 103, 105, 115, 123, 126, 179, 186
    `error`, 104
    `failure`, 104
    nebenläufig, 60
    `note`, 104
    report, 104
    severity, 104
    `warning`, 104
asynchrones Reset, 28
Attribut, 21, 72–73, 80–81, 86–87, 107–108, 136
    `active`, 73
    allgemeines, 108
    Anwendungsbeispiel, 114
    `ascending`, 80, 87
    base, 74, 80
    Datentyp, 107
    `delayed`, 72
    `driving`, 73
    `event`, 21, 73, 103, 136
    feldbezogenes, 86, 114
    `high`, 76, 77, 80, 87
    `image`, 80, 87, 104
    `instance_name`, 108
    Klasse, 108
    `last_active`, 73
    `last_event`, 73
    `last_value`, 73, 136

`left`, 80, 86
`leftof`, 81
`length`, 60, 86, 114
`low`, 76, 77, 80, 86
`path_name`, 108
`pos`, 79, 81
`pred`, 81
`quiet`, 73
`range`, 87, 114, 161
`reverse_range`, 87
`right`, 80, 86
`rightof`, 81
selbstdefiniertes, 107
signalbasiertes, 72
`simple_name`, 108
skalarer Datentyp, 80
Spezifikation, 107
`stable`, 72
`succ`, 81
`transaction`, 73, 103
`val`, 79, 81
`value`, 80
vordefiniertes, 108
attribut, 107
Aufzählungstyp, 79
    `bit`, 79
    `boolean`, 79
    `character`, 79
    `file_open_kind`, 80
    `file_open_status`, 80
    `severity_level`, 79
    `std_logic`, 80
    `std_ulogic`, 80
    totale Ordnung, 79
Ausführungsphase, 37, 52
Ausgabe
    -alphabet, 31
    -funktion, 31
    -parameter, 85
    -signal, 15
    -symbol, 32
Automat
    endlicher, 31
    Mealy-, 31

B, *siehe* binäre Darstellung
base, 74

Index

Basisdatentyp, 74
bedingte Verzweigung, 96
Beschreibung
    funktionale, 31, 36, 61
    parametrisierte, 36
    strukturelle, 35–36, 63
Bibliothek, 121–145
`bit`, 79, 124, 127, 133
`bit2integer`, 113
`bit_vector`, 84, 127
Bitfolge, 83
    binäre Darstellung, 83
    dezimale Darstellung, 83
    hexadezimale Darstellung, 83
    oktale Darstellung, 83
    Spezifikation, 83, 84
    vorzeichenbehaftete, 84
Block
    absorbierender, 155
    generierender, 155
    propagierender, 155
body, 121
`boolean`, 79, 123
bottom-up-Entwurf, 24
buffer, 57
Bus
    arbiter, 96
    I^{2}C, 213
    SCSI, 96
`button`, 14

Carry-Ripple-Addierer, *siehe* serieller Addierer
case, 26, 33, 36, 97, 133
case?, 99
`character`, 79, 125, 127
clock
    clock skew, 182
    gated clock, 182
`clock`, 13
component, 24, 63, 108
concurrent, 105
configuration, 61, 67, 108
    for all, 68
    for others, 69
    use configuration, 70
    use, 68

constant, 108
`conv_std_logic_vector`, 208

D, *siehe* dezimale Darstellung
Darstellung
    binäre, 83
    dezimale, 83
    hexadezimale, 23, 83
    oktale, 83
    Zweierkomplement, 85, 144
Datei, 93–95, 128–129
    `input`, 138
    `output`, 138
Datentyp, 73–95
    array, 82
    Attribute, 107
    Aufzählung, 79
    Basisdatentyp, 74
    `bit`, 124, 127
    `bit_vector`, 84, 127
    `boolean`, 123
    `character`, 125, 127
    `delay_length`, 127
    file, 93
    `file_open_kind`, 93, 128
    generischer, 56
    `integer`, 76, 125
    Konvertierung, 74
    `line`, 137
    `natural`, 76, 127
    physikalischer, 19, 77, 126
    `positive`, 76, 127
    `real`, 77, 125
    `resolved`, 130
    `severity_level`, 126
    `side`, 138
    `signed`, 144
    skalarer, 75
    `std_logic`, 130
    `std_logic_vector`, 84
    `std_ulogic_vector`, 84
    `std_ulogic`, 129
    `string`, 84, 127
    `text`, 137
    `time`, 79, 126
    `universal_integer`, 75
    `unsigned`, 144

UX01, 132
UX01Z, 132
width, 138
X01, 132
X01Z, 132
zusammengesetzt, 82, 90
deallocate, 92
Default-Belegung, 59
delay_length, 127
delayed, 72
Delta-Verzögerung, 39, 50–51
Demultiplexer, 88
DESIGN UNDER TEST, 5, 137, 201
digit, 143
Division, 78
    bei physikalischem Datentyp, 79
    ganzzahlige, 75
    Rest, 75
don't care, 16, 99, 130
downto, 20, 75, 80, 83
driving, 73
DUT, *siehe* DESIGN UNDER TEST
dynamische Rekonfiguration, 233

EDIF, *siehe* Electr. Design Interchange Format
Ein/Ausgabe-
    Schnittstelle, 15
    Verhalten, 35
Eingabe
    -alphabet, 31
    -parameter, 85
    -signal, 15
    -symbol, 31, 32
Einheit
    primäre, 77, 126
    sekundäre, 77, 126
Electr. Design Interchange Format, 175
endfile, 94
endlicher Automat, 31
Entity, *siehe* Schnittstellenbeschreibung *sowie* **entity**
entity, 15, 18, 55, 108
    linkage, 57
    Ausgang, 57
    bidirektionaler Anschluss, 57
    buffer, 57

    Eingang, 57
    in, 57
    inout, 57
    out, 57
    port, 57
Entkopplungsregister, 194
Entwurf
    bottom-up, 24
    hierarchischer, 37
Ereignis, 136
error, 79, 104, 126
event, 21, 73, 103, 136
exit, 99, 100

failure, 79, 104, 126
Fallunterscheidung, 97
false, 79, 123
Fanout, 182
Feedback-Signal, 186
Feld, 82–89
    beschränktes, 82
    eindimensionales, 82
    Konkatenation, 21, 89
    logischer Operator, 87
    mehrdimensionales, 82
    Rotate-Operation, 88
    Shift-Operation, 88
    teilweise beschränktes, 86
    unbeschränktes, 60, 82, 84, 86, 114
    Vergleichoperator, 89
    voll beschränktes, 86
    Zugriff, 82
    Zuweisung, 83
Femtosekunden, 126
Festkommazahlendarstellung, 151
field, 143
Field Programmable Gate Array, 15
    Demonstrationsboard, 14
    Xilinx Spartan XC3S500E, 14
file, 93, 108
    input, 138
    output, 138
    read, 94
file_close, 94
file_open, 93, 94, 128
file_open_kind, 80, 93, 128
file_open_status, 80, 94, 128

Index   273

Flipflop, 31, 59, 130, 136, 175
    `clear`, 176
    `enable`, 176
    `load`, 176
    `reset`, 176
    D-, 61
    Master-Slave, 61
    mit asynchronem Reset, 176
Folgezustand, 31
for, 100, 103
for all, 68
for...generate, 65, 168, 171
formale Summe, 151
for others, 69
FPGA, *siehe* Field Programmable Gate Array, 15
`fs`, *siehe* Femtosekunden
function, 108
Funktion, 113–118
    Ausgabe-, 31
    `bit2integer`, 113
    `bitvector2integer`, 114
    generische, 56
    impure, 117
    infix, 124
    pure, 117
    reine, 117
    tabelle, 36
    `To_bit`, 133
    `To_hstring`, 144
    `To_ostring`, 144
    `To_StdULogic`, 135
    `To_string`, 144
    `To_UX01`, 135
    `To_X01`, 135
    `To_X01Z`, 135
    Überführungs-, 31
    überladene, 116
    unbeschränkte Parameter, 114
    unreine, 117, 127

gated clock, *siehe* clock
generate, 105, 168, 171
    for, 65, 168
    if, 65
`GENERATING`, 159
generic, 56, 67, 154

package, 145
generic map, 66
generierender Block, 155
generisch, *siehe* **generic**
    Datentyp, 56
    Funktion, 56
    Konstante, 56
glitch, 182, 191
`good`, 140
group, 108

Hardware Description Language, 1
Hardwarevalidierung, 199
HDL, *siehe* Hardware Description Language
hexadezimale Schreibweise, 23
hierarchischer Entwurf, 37
`high`, 76, 77, 80, 87, 125
`hr`, *siehe* Stunden

I^2C-Bus, 216
IEEE, 1
    Standard 1076, 1
    Standard 1076-1993, 2
    Standard 1076-2008, 2–3
    Standard 1076.3, 2
    Standard 1164, 2, 129
`ieee`, 123
if, 97, 123
if...elsif, 176
if...generate, 65, 171
`image`, 80, 87, 104
impure, 117
in, 57, 85, 118
inertial, 40, 41
infix
    Funktion, 124
    Operator, 113, 159
Initialisierungsphase, 37, 49
inout, 57, 118
`input`, 138
`instance_name`, 108
Instanziierung, 63
    generischer Baustein, 66
    Komponente, 64
    Marke, 64
`integer`, 76, 125

high, 76
low, 76
Subtypen, 127
Integer-Datentyp, 75–76, 125
    Basistyp, 75
integer_vector, 127
Inverter, 41
    idealisierter, 43
IP-Cores, 103
Ist-Verhalten, 201
IsX, 136

justified, 143

kombinatorische Schaltung, 31, 36
Komponente, 24
    Deklaration, 24, 63
    Instanz, 24
    Instanziierung, 25, 63
Konfiguration, 67–71
Konkatenation, *siehe* &
Konstante
    generische, 56
    Integer-Datentyp, 76
    Real, 77
Konstanten
    Deklaration, 71
Konvertierung, 113, 133–135
    bit2integer, 113
    integer zu phys. Wert, 78, 79
    phys. Datentyp zu integer, 79
    To_bit, 133
    To_hstring, 144
    To_ostring, 144
    To_signed, 144
    To_StdUlogic, 135
    To_string, 144
    To_unsigned, 144
    To_UX01, 135
    To_X01, 135
    To_X01Z, 135

label, 108
Ladner-Fisher-Addierer, 18, 169
last_active, 73
last_event, 73
last_value, 73, 136

Latch, 175, 178
    load, 178
    reset, 178
Lauflicht, 173
    Geschwindigkeit, 187
Laufzeiteffekt, 40
LED, *siehe* Leuchtdiode
left, 80, 86
leftof, 81
length, 60, 86, 114
Leuchtdiode, 12–13
    Ansteuerung, 12
lexikografischer Vergleich, 89
LFSR, *siehe* Linear Feedback Shift Register
library, 121, 123
    ieee, 129
    work, 69
line, 95, 137
Linear Feedback Shift Register, 173
linkage, 57
linksstabile Operation, 160
literal, 108
loop, 99
low, 76, 77, 80, 86, 125
LSFR, 211

mapping
    name, 64
    positional, 64
Maschinenalphabet, 79
math_complex, 74
math_real, 74
maximum, 75, 77, 89, 124, 125
    Vektoren, 127
Mealy-Automat, 31
Mentor Graphics, 3
Mikrosekunden, 126
Millisekunden, 126
min, *siehe* Minuten
minimum, 75, 77, 89, 124, 125
    Vektoren, 127
mod, 75, 79, 125
    physikalischer Datentyp, 79
mode_error, 129
Modell
    nichtträges, 44

Index 275

träges, 45
Zeit, 39
ModelSim, 3
Modulo-Berechnung, 75
    physikalischer Datentyp, 79
Morsecode, 11, 12
ms, *siehe* Millisekunden
Multiplikation, 75
    physikalischer Datentypen, 79
    phys. Wert mit Integer-Wert, 78

name mapping, 64
name_error, 129
nand, 87, 124, 125, 133
    unär, 88
Nanosekunden, 126
natural, 76, 127
nebenläufige Anweisung, 105–107
    assert, 186
new, 92
next, 99, 102
nor, 87, 124, 125
    unär, 88
not, 124, 125, 155
note, 79, 104, 126
now, 127
ns, *siehe* Nanosekunden
null, 92, 102, 143
numeric_bit, 74
numeric_std, 74, 144
numeric_std-Package, 144

O, *siehe* oktale Darstellung
open, 59, 93
open_ok, 128
Operator
    arithmetischer, 125, 144
    infix, 113, 121, 159
    Reduktions-, 88
or, 87, 124, 125
    unär, 88
Ordnung
    totale, 75
Oszillator, 17
others, 21, 69, 83, 91, 98, 101
out, 57, 85
output, 138

overflow, 154

Package, 121–145, 158–161
    generisches, 145
    instanziiertes, 145
    nichtinstanziiertes, 145
package, 108, 121, 158
    apg_arithmetic, 121, 158
    body, 121
    math_complex, 74
    math_real, 74
    numeric_bit, 74
    numeric_std, 74, 144
    standard, 73, 76, 77, 79, 123
    std_logic_signed, 33
    std_logic_1164, 74, 80, 129
    work, 123
Parameter
    Ausgabe-, 85
    Default-Zuweisung, 220
    Eingabe-, 85
    generic, 154
    in-, 118
    inout-, 118, 139
    out-, 118
    unbeschränkter, 114
Parametrisierung, 36
Parity-Bit, 88
path_name, 108
physikalischer Datentyp, 77, 126
    Absolutbetrag, 78
    Addition, 78
    Division, 78, 79
    mod, 79
    Modulo-Berechnung, 79
    Multiplikation, 78, 79
    pos, 79
    primäre Einheit, 77
    rem, 79
    sekundäre Einheit, 77
    Subtraktion, 78
    time, 79, 126
    units, 77
    val, 79
    Vergleichsoperator, 78
Pikosekunden, 126
Plausibilitätskontrolle, 115

port, 56, 57
    Ausgang, 57
    bidirektionaler Anschluss, 57
    buffer, 57
    Default-Belegung, 59
    Eingang, 57
    in, 57
    inout, 57
    linkage, 57
    map, 25, 63
    out, 57
port map, 25, 63
    name mapping, 64
    name positional, 64
pos, 79, 81
Position, 81
positional mapping, 64
positive, 57, 76, 127
Potenzierung, 75
pred, 81
primäre Einheit, 77
procedure, 108, 188
process, 19, 21, 26, 61, 62, 105
    Ausführungsteil, 62
    Deklarationsteil, 62
Programmiersprache
    streng getypte, 74, 78, 113, 135
PROPAGATING, 159
propagierender Block, 155
Prozedur, 118–119, 188
    in-Parameter, 118
    inout-Parameter, 118
    out-Parameter, 118
    Sensitivitätsliste, 118
    unbeschränkte Felder, 85
Prozess, 20, 21, 36, 61
    Ausführung, 47–49
    impliziter, 24, 26
    Sensitivitätsliste, 48
ps, *siehe* Pikosekunden
pseudo-zufällig, *siehe* Pseudo-Zufallszahl
Pseudo-Zufallszahl, 173, 185, 211
pulldown-Widerstand, 130
pullup-Widerstand, 130, 216, 224
pure, 117

Quarz-Oszillator, *siehe* Oszillator

quiet, 73

range, 75, 87
range, 114
read, 94, 95, 139, 140
    good-Parameter, 140
readline, 139
read_mode, 93, 128
real, 77, 125
    high, 77
    low, 77
Real-Datentyp, 77
    arithmetischer Operator, 77
    Vergleichsoperator, 77
Real-Konstante, 77
reales Gatter, 40
real_vector, 127
record, 90, 220
Reduktion, 88
Register
    Entkopplungs-, 194
reject, 42, 45
Rekonfiguration
    dynamisch, 233
    partiell, 233
rem, 75, 79, 125
    physikalischer Datentyp, 79
report, 59, 103, 115, 126, 175
reset, 14
    asynchrones, 173
    synchrones, 173
resolved, 130, 224
return, 103
reverse_range, 87
right, 80, 86
rightof, 81
rising_edge, 21, 177
rol, 89
ror, 89

Schaltung
    flankengesteuerte, 176
    kombinatorische, 31, 36
    sequentielle, 31, 173
    synchrone, 173
    zurücksetzen, 173
Schematic-Entry, 35

Schieberegister, 185
    generisches, 67
    rückgekoppelte, 173, 185
Schleife, 99–102
schneller Addierer, 169–171
Schnittstelle
    Default-Wert, 59
    Ein/Ausgabe-, 15
Schnittstellenbeschreibung, 55–60
    assert-Anweisung, 60
    generische, 56
    leere, 59
    Plausibilitätskontrollen, 60
Schreibweise
    binäre, 83
    dezimale, 83
    hexadezimale, 23, 83
    oktale, 83
`SCL`, 216
SCSI, 96
`SDA`, 216
`sec`, *siehe* Sekunden
sekundäre Einheit, 77
select, 28
selektive Auswahl, 179
Sensitivitätsliste, 20, 21, 118
    nichtleere, 48
sequentiell, 95
    Anweisung, 95–105
    Schaltung, 31, 173
    vs. nebenläufig, 95
serieller Addierer, 18, 167–168
severity, 104, 115, 126
`severity_level`, 79, 104, 126
Sicht, 35
    funktionale, 36
    strukturelle, 35–36
`side`, 138
Signal, 71
    `active`, 73
    active high, 13, 194
    active low, 13
    Aktualisierung, 39
    Änderung, 136
    Ausgabe-, 15
    Deklaration, 71
    `delayed`, 72

    `driving`, 73
    Eingabe-, 15
    `event`, 73
    Feedback-, 186
    inertial, 40
    `last_active`, 73
    `last_event`, 73
    `last_value`, 73
    `quiet`, 73
    reject, 42
    `stable`, 72
    `transaction`, 73
    Transaktion, 38
    Transaktionsliste, 38
    transport, 40
    verstärker, 182
    Verzögerung, 40
        Modellierung, 35
    Zuweisung, 26, 35, 38, 47
        nichtträge, 40, 43
        träge, 40, 41
signal, 71, 108
Signalzuweisung, 26, 35, 38
    nebenläufige, 106
    nichtträge, 43
    träge, 40, 41
Simili, 2
`simple_name`, 108
Simulation, 31, 36–53
    Abbruchkriterium, 37
    Ablauf, 37
    Aktualisierungsphase, 37, 50–52
    Ausführungsphase, 37, 52
    Dauer, 37
    Delta-Verzögerung, 50–51
    ereignis-gesteuerte, 36
    Initialisierungsphase, 37, 49
    Stoppregeln, 52
    Zyklus, 37
Simulationszeit, 127
skalarer
    Datentyp, 75
    Wert, 75
skalarer Datentyp, 123–126
    Attribut, 80
        `ascending`, 80
        `base`, 80

high, 80
image, 80
left, 80
leftof, 81
low, 80
pos, 81
pred, 81
right, 80
rightof, 81
succ, 81
val, 81
value, 80

sla, 88
sll, 88
Small Computer System Interface, 96
Soll-Verhalten, 201
Sortierer
  bitonischer, 58
Speicherbaustein
  flankengesteuert, 175
  Flipflop, 175
  Latch, 175, 178
  level-gesteuert, 175
  phasengesteuerter, 178
Speicherelement, 130, 136
Spezifikation
  funktionale, 36, 61
  parametrisierte, 36
  strukturelle, 35–36, 63
sra, 89
sll, 88
stable, 72
standard-Package, 73–79, 123–129
Standardein- und ausgabe, 139
status_error, 128
std_logic, 15, 80, 130–132
std_logic_1164, 15, 74, 80, 143
std_logic_1164-Package, 129–136
std_logic_texio, 140
std_logic_vector, 84, 132
std_ulogic, 15, 80, 129–130, 132–133
std_ulogic_vector, 84
Stimuli, 137
Störimpuls, 40, 182, 191
streng getypt, 74, 113
string, 84, 127
Subtrahierer, 151

Subtraktion, 75, 78, 151
Subtyp, 73–89, 127, 132
subtype, 74, 108
succ, 81
Symbol
  Ausgabe-, 32
  Eingabe-, 32
Symphony EDA, 2
synchrone Schaltung, 173
Synthese
  Direktiven, 179
  Flipflop, 175
  Latch, 175
  selektive Auswahl, 179
Syntheserichtlinien, 57–59, 174–180
synthesis
  off, 179
  on, 179

Takt, 13
  -generator, 15, 17
  -signal, 17
  -teiler, 17–18
  -verschiebung, 182
Taktsignalmodellierung, 19–20
Testbench, 36, 59, 93, 137, 201–203,
    205–211, 224–232
  kommandobasiert, 226
  mit Datei-Ein/Ausgabe, 229
  mit Kommandointerpreter, 229
  Taktgeber, 19
text, 137
Text-Datei, 95
textio-Package, 137–144
time, 19, 38, 79, 126
time_vector, 127
to, 75, 80, 83
To_bit, 133
To_hstring, 144
To_integer, 144
To_ostring, 144
To_signed, 144
To_StdUlogic, 135
To_string, 144
To_unsigned, 144
To_UX01, 135
To_X01, 135

To_X01Z, 135
totale Ordnung
    skalarer Datentyp, 75
Trägheit eines realen Gatters, 40
transaction, 73, 103
Transaktion
    Konzept, 38
    Liste, 38
transport, 40
Treiber, 182
Tristate-Treiber, 179
true, 79, 123
type, 108
Typtransformation, 74

Überführungsfunktion, 31
Übertragsbit, 152
unbeschränkter Parameter, 114
unit, 143
units, 77, 108
universal_integer, 75, 81
Unterprogramm, 113
until, 102, 123
us, *siehe* Mikrosekunden
use, 68, 121
    entity, 70
    configuration, 70
    entity, 69
UX01, 132
UX01Z, 132

val, 79, 81
Validierung, 59, 199
value, 80
Variable, 39, 71
    Deklaration, 71
    Zuweisung, 39
variable, 39, 71, 108
Verbund, 90–91
    Zugriff auf Komponente, 90
    Zuweisung, 90
Vergleich
    lexikografischer, 89, 127
Vergleichsoperator, 124, 127, 144
    Integer-Datentyp, 75
    physikalischer Datentyp, 78
    Real-Datentyp, 77

Verhalten
    Ein/Ausgabe-, 35
    Ist-, 201
    Soll-, 201
Verhaltensbeschreibung, *siehe* funktionale Beschreibung
Verzögerung
    Delta-, 39, 50–51
VHDL, 1
    Aufbau einer Spezifikation, 55–71
    Sichten, 35–36
    Syntheserichtlinien, 57–59, 174–180
    Validierung eines Entwurfs, 59, 199
    VHDL 7.2, 1
    VHDL Simili, 2
    VHDL-2008, 1, 55, 56, 58, 59, 73, 75, 79, 84, 86, 88, 89, 96, 99, 106, 123, 127, 129, 132, 144
    VHDL-87, 1
    VHDL-93, 1
VHSIC, 1
Vorzeichen, 151
    -verdopplung, 85, 152
wait, 20, 47, 102, 175
    for, 103
    on, 102
    until, 102
    implizites, 22
warning, 79, 104, 126
Wert
    Position eines, 81
    skalarer, 75
when, 98, 123
when...else, 97, 106, 179
when...others, 98
while, 100, 123
Widerstand
    pulldown, 130
    pullup, 130, 224
width, 138
with, 28
with...select, 97, 106
with...select?, 99
words per minute, 12
work, 69, 123
wpm, 12

write, 94, 143
    digit-Parameter, 143
    field-Parameter, 143
    justified-Parameter, 143
    unit-Parameter, 143
writeline, 142
write_mode, 93, 128

X, *siehe* hexadezimale Darstellung
X01, 132
X01Z, 132
Xilinx Spartan XC3S500E, 14
xnor, 87, 124, 125
    unär, 88
xor, 87, 124, 125
    unär, 88

Zahlendarstellung, 151
    (n,k)-Bit, 151
    Zweierkomplement, 33, 60, 104, 151
Zeiger, 91–93, 95
Zugriff
    feldweiser, 83
zurücksetzen, 173
Zustand
    aktueller, 31
    Anfangs-, 31
    Folge-, 31
Zustandsmenge, 31
Zuweisung
    feldweise, 83
    nichtträge, 40–43
    Signal, 26, 35, 38
    träge, 40–41
    Variable, 39
    Vektor, 25
Zweierkomplement-Darstellung, 33, 84, 85,
        104, 144, 151
    n-Bit, 151
    Vorzeichenbit, 151

Bei Fragen zur Produktsicherheit wenden Sie sich bitte an:
If you have any questions regarding product safety,
please contact:

Walter de Gruyter GmbH
Genthiner Straße 13
10785 Berlin
productsafety@degruyterbrill.com